OH MY GOLD!

Claudia Höhl · Felix Prinz (Hg.)

OH MY GOLD!
Die Große Goldene Madonna im Wandel

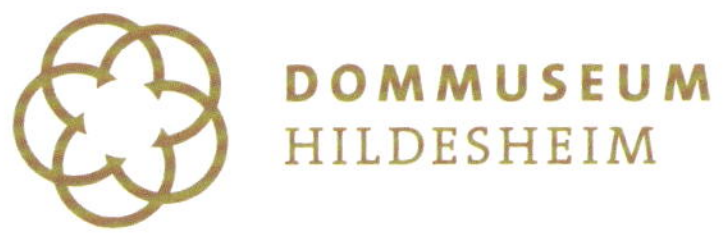

DOMMUSEUM HILDESHEIM

SCHNELL + STEINER

Dieser Katalog erscheint anlässlich der Ausstellung
OH MY GOLD! Die Große Goldene Madonna im Wandel
im Dommuseum Hildesheim
16.08.2024 bis 26.01.2025

Ausstellung

Kuratorin: Claudia Höhl
Wissenschaftlicher Mitarbeiter: Felix Prinz
Restaurierung: Uwe Schuchardt
Verwaltung: Monja-Sarah Dierkes
Praktikantin: Inga Sprengel
Dom-Information und Vermittlung: Eva Malz,
Ulrike Wichmann
Dom-Foyer: Kerstin Hillebrand,
Gabriele Böttcher-Koschitzky, Claudia Kossatz,
Claudia Ossenkopp, Evelyn Otto, N.N.

Dommuseum Hildesheim

Direktorin: Claudia Höhl
Stellvertretender Leiter: Felix Prinz
Wissenschaftliche Mitarbeiterin: Pavla Ralcheva
Verwaltung: Monja-Sarah Dierkes
Praktikantin: Inga Sprengel
Dom-Information und Vermittlung: Eva Malz,
Ulrike Wichmann
Dom-Foyer: Kerstin Hillebrand,
Gabriele Böttcher-Koschitzky, Claudia Kossatz,
Claudia Ossenkopp, Evelyn Otto, N.N.

Leihgeber

Domschatzkammer Aachen, Domschatz Essen,
Niedersächsische Staats- und Universitäts-
bibliothek Göttingen, Museum August Kestner
Hannover, Domschatz Minden, Stiftskirche St.
Johann Osnabrück, Diözesanmuseum Paderborn

Katalog

Herausgeber:innen: Claudia Höhl, Felix Prinz
Autor*innen: Klaus-Gereon Beuckers, Jörg Bölling,
Claudia Höhl, Holger Kempkens,
Katharina Schüppel, Andrea Wegener
Lektorat: Simone Buckreus

Autorenkürzel

MB Mirjam Brandt
CH Claudia Höhl
FP Felix Prinz
HK Holger Kempkens
PR Pavla Ralcheva
Redaktion: Sabine Buckreus

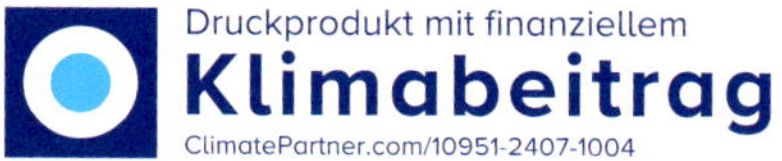

Bibliographische Informationen der Deutschen
Nationalbibliothek: Die Deutsche Nationalbibliothek verzeichnet diese Publikation in der
Deutschen Nationalbibliographie; detaillierte
bibliographische Daten sind im Internet über
https://dnb.de abrufbar.

1. Auflage 2024
© 2024 Verlag Schnell & Steiner GmbH,
Leibnizstraße 13, 93055 Regensburg
Umschlaggestaltung: © Studio Yannick Nuss
Satz: typegerecht berlin
Druck: Gutenberg Beuys Feindruckerei GmbH,
Langenhagen

ISBN 978-3-7954-3906-4

Weitere Informationen zum Verlagsprogramm
erhalten Sie unter: www.schnell-und-steiner.de

INHALT

»OH MY GOLD«
DIE GROSSE GOLDENE MADONNA

Die Große Goldene Madonna fasziniert durch ihre goldschimmernde Gestaltung mit sorgfältig gearbeiteten Goldblechbeschlägen und kostbarem Edelsteinschmuck. Sie ist ein Gottesbild in menschlicher Körperlichkeit, das durch die Vorstellung der gleichermaßen göttlichen wie menschlichen Natur Christi möglich wurde. Die Figurengruppe mit dem auf dem Schoß der Mutter thronenden Christus thematisiert das in der frühmittelalterlichen Theologie zentrale Geheimnis der Menschwerdung Gottes. Der Frau Maria kommt hier eine entscheidende Rolle zu, sie ist der Mensch, dem Gott seine Körperlichkeit verdankt, und damit das wichtigste Bindeglied zwischen Welt und Gott.

Die Große Goldene Madonna ist Zeugnis frühmittelalterlicher Theologie und Kunst, aber auch geprägt von der eigenen Geschichte, von sich verändernden Glaubenshaltungen und ästhetischen Idealen. Nicht zuletzt sind unsere heutige Wahrnehmung und Wertung von der wissenschaftlichen Erforschung beeinflusst, die verschiedene und durchaus wechselnde Aspekte in den Blick genommen hat. Dazu gehören die Diskussionen um die Entstehung großplastischer Werke im frühen Mittelalter, das Verhältnis von Bild und Reliquiarfunktion oder die Frage nach einer spezifisch »bernwardinischen«, von einem individuellen Auftraggeber geprägten Kunst. Mit der Erforschung und Bewertung verbindet sich im musealen Kontext auch die Frage nach der Präsentation, die den Besucher:innen immer auch eine Interpretation des Bildwerks vermittelt. Die Große Goldene Madonna steht heute im Zentrum des Dommuseums. Die Hauptsichtachse verbindet sie mit dem Großen Ringelheimer Kruzifix, dem zweiten mit Bernward verbundenen großplastischen Gottesbild. Aber es geht nicht nur um den historischen Blick. Mit den neu geschaffenen Köpfen des Südtiroler Künstlers Walter Moroder überschreitet die Skulptur die Grenzen ihrer Entstehungszeit. Sie ist nicht nur Zeugnis einer vergangenen Kunstepoche, sondern outet sich als Teil von Veränderungen, die nie abgeschlossen sind. In diesem Sinne will auch der vorliegende Katalog eine Momentaufnahme bieten, die unsere aktuellen Fragen an die Madonna formuliert und hoffentlich zur weiteren Beschäftigung mit dem Bildwerk animiert.

Möglich wurde die Ausstellung durch die Großzügigkeit vieler Museen und Sammlungen, die Leihgaben zur Verfügung gestellt und uns durch eigene Forschungen und Beiträge unterstützt haben. Dank gebührt außerdem allen an der Realisierung Beteiligten, den Katalogautor:innen, dem Verlag Schnell & Steiner, dem Grafikbüro Yannick Nuss, den Mitarbeiter:innen der Öffentlichkeitsarbeit des Bistums Hildesheim und besonders dem ganzen Team des Dommuseums mit Uwe Schuchardt für die viele Arbeit bei Planung und Aufbau.

Claudia Höhl

CLAUDIA HÖHL

DIE GROSSE GOLDENE MADONNA

VERWANDLUNGEN

Die zentrale Positionierung der Großen Goldenen Madonna in der 2015 fertig-
gestellten Neupräsentation des Dommuseums entspricht der Bedeutung, die
dem Bildwerk innerhalb der Sammlung zukommt als eine der ältesten erhaltenen vollplastischen Madonnen, als Stiftung Bernwards und nicht zuletzt aufgrund der großen historischen Bedeutung in der Liturgie des Domes, die sich in
vielfältigem Quellenmaterial niederschlägt[1] (Abb. 1). Als »*unser leben Frowen
Bild beschlagen mit silber und mit goldt und geziehret mit Edelsteinen*« wird
sie in einem spätmittelalterlichen Schatzverzeichnis beschrieben.[2]

Hinweise auf Bernward als Stifter fehlen. Weder in der Vita Bernwardi
noch in den jüngeren Quellen wird die Madonna mit Bernward verknüpft.[3] Erst
die kunsthistorische Forschung, zu nennen ist vor allem Rudolf Wesenberg, erkannte die Parallelen zu Kunstwerken aus ottonischer Zeit und besonders zu
den bernwardinischen Bronzegüssen.[4]

Die Statue besteht aus einem Holzkern, der mit Goldblech verkleidet
ist; die Gewandsäume sind durch Schmuckborten mit Filigran und Edelsteinen
verziert. Außer den originalen Köpfen sind die rechte Hand der Gottesmutter
und beide Hände des Kindes verloren. Höchstwahrscheinlich waren die Gesichter in einem rosa Inkarnatton farbig gefasst, worauf die originalen Farbreste an der erhaltenen Hand Mariens hindeuten. Die Schuhe Mariens waren
rot, die Bodenfläche grün.[5] Im Schatzverzeichnis von 1409 wird erwähnt, dass
die Madonna bekrönt war. Außerdem hielten Mutter und Kind laut der Beschreibung jeweils ein goldenes Kreuz.[6]

Im heutigen Zustand ist die Madonnenfigur eigentlich ein Torso, ein
Fragment, das nur eingeschränkt Aussagen zum ursprünglichen Aussehen und
zur Funktionalität zulässt. Auch der quellenmäßig überlieferte Reliquieninhalt
fehlt.[7] Ob die verschließbare Aushöhlung auf der Rückseite für die Aufnahme
von Reliquien vorgesehen war oder bearbeitungstechnische Gründe hatte,
bleibt unklar.[8] Dennoch bieten Befund und die jüngere Überlieferung wichtige
Anhaltspunkte für die Rekonstruktion des ottonischen Bildwerks. Zunächst
ist die Feststellung wichtig, dass erst seit der Barockzeit Reliquien überliefert
sind. Genannt werden Stücke vom 1000-jährigen Rosenstock, was eine neu-
zeitliche Datierung der Einbringung nahelegt.[9] Die restauratorische Untersuchung hat zudem erwiesen, dass die rückseitige Öffnung nach Anbringung der
Beschläge nicht mehr zugänglich war. Es gibt keine Quellenhinweise aus dem

Zusammenhang der neuzeitlichen Eingriffe zu im Inneren aufgefundenen älteren Reliquien.[10] Ein weiterer wichtiger Aspekt ist die Erwähnung von goldenen Kreuzstäben als Attribut bei Maria und Christus. Hier ist es durchaus plausibel, die Stäbe dem Originalbestand des 11. Jahrhunderts zuzuordnen. Einen Kreuzstab als Attribut trägt die Maria als Gegenüber des thronenden Christus im Petershausener Sakramentar[11] und auch die Illustration zum Visionsbericht des Mönches Rotbertus über die Vollendung einer thronenden Madonna für die Kathedrale von Clermont-Ferrand zeigt zumindest Christus mit einem Kreuzstab. Die Frage, ob sich die Zeichnung auf eine konkrete Statue bezieht, ist in dem Zusammenhang irrelevant.[12] Der Text erwähnt keinen Stab, das Motiv entstammt also einer anderen Quelle, evtl. einer Bildvorlage. Auf dem Essener Theophanu-Buchdeckel korrespondiert der thronende Christus mit dem Kreuzstabattribut mit der im unteren Bildfeld thronenden Madonna.[13] Im Kontext der weiteren Entwicklung thronender Madonnendarstellungen ist das Motiv nicht mehr nachweisbar. Dass die Kreuzstäbe schließlich entfernt und durch die verständlicheren Herrschaftsattribute Zepter und Weltkugel ersetzt wurden, erstaunt nicht. Festzuhalten ist schließlich auch, dass die Große Goldene Madonna nicht komplett mit Goldblech verkleidet war. Die Verknüpfung der goldschimmernden Gewänder mit farbig gefassten Gesichtern und Händen unterscheidet das Hildesheimer Bildwerk entscheidend von der Essener Madonna und belegt die Variationsbreite der Gestaltungsvarianten bereits in dieser frühen Phase der Ausbreitung des Bildtyps. Farbig gefasste, nur teilweise mit Metall verkleidete und völlig mit Gold und oder Silber bedeckte Skulpturen existierten nebeneinander. Auch nachträglich konnten, z. B. nach Beschädigungen, Metallverkleidungen angebracht werden.[14] Die Vorstellung einer Entwicklung vom magischen goldschimmernden sog. Kultbild mit Reliquieninhalt zum menschengestaltigen farbig gefassten Kunstwerk lässt sich nicht nachvollziehen.

Die Verwendung von Gold zur Visualisierung des Göttlichen und als Bild von Schönheit und Reinheit spiegelt sich im christlichen Kontext bereits in der biblischen Überlieferung, besonders des Alten Testaments.[15] Trotz der eben-

Abb. 1: Dommuseum, Blick auf die Große Goldene Madonna und den Großen Ringelheimer Kruzifix

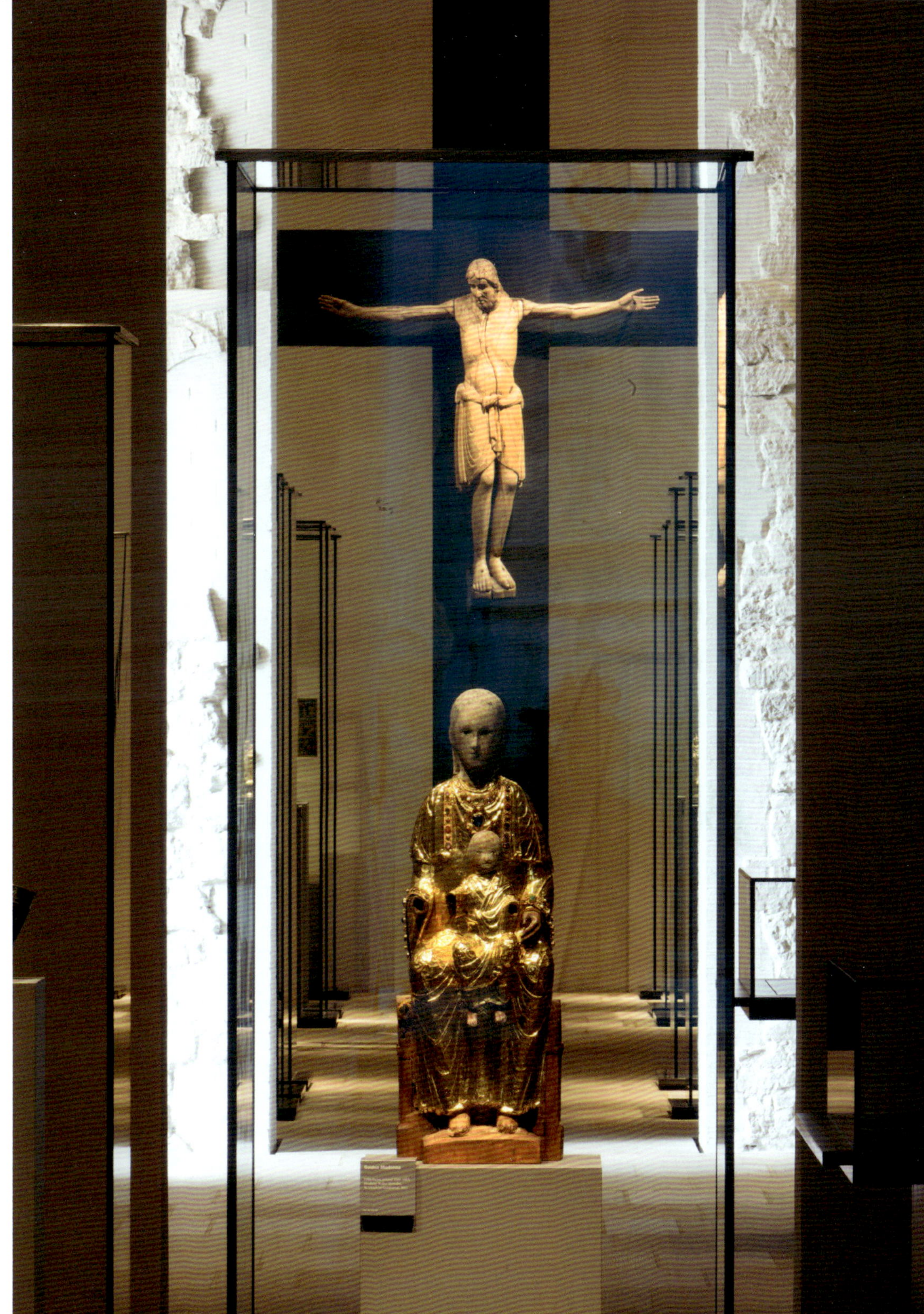

falls dort formulierten und über die Kirchenväter weitergegebenen Kritik am Gold und vor allem an goldenen Bildern bleibt das schimmernde Material ein maßgebliches Gestaltungsmittel für die Sichtbarmachung von Transzendenz.[16] Dreidimensionale Gestaltung und Materialität sind auch keineswegs zwangsläufig mit paraliturgischen Kultpraktiken zu verknüpfen, sondern eignen sich durchaus, die komplexen theologischen Vorstellungen bezüglich der spirituellen und gleichzeitig körperlichen Verbindung von Christus und Maria zu visualisieren.[17] In besonderer Deutlichkeit hatte sich im 9. Jahrhundert Ratramnus von Corbie (gest. nach 869) mit dem körperlichen Aspekt der Mutterschaft Marias auseinandergesetzt und betont, dass Christus »in dem Schoß, in dem er empfangen wurde (›conciperetur‹) auch leiblich ausgestaltet wurde (›formaretur‹)«[18]. Das Motiv des Thronens auf dem Schoß der Mutter und die farbig gefassten Gesichter und Hände, verbunden mit den goldenen Gewandpartien, verbildlicht eindrucksvoll die Durchdringung von menschlicher und göttlicher Ebene im Verhältnis von Gottesmutter und Gottessssohn.

Eine gesonderte Fragestellung ergibt sich aus dem Versuch, das Stifterbild des Kostbaren Evangeliars zumindest als Reaktion, wenn nicht sogar als Abbild des konkreten Bildwerks zu interpretieren, wie es Jennifer Kingsley aufgrund des Goldgewandes der Gottesmutter vorgeschlagen hat.[19] Auch wenn die Gestaltung in beiden Fällen mit den theologischen Vorstellungen von Maria als Himmelskönigin und Heilsvermittlerin verknüpft werden kann, bleibt die Idee der Einbindung des Kunstwerks in das visionäre Bild der Marienkrönung problematisch und scheint eher von der modernen Vorstellung geprägt, dass das Mittelalter zur Differenzierung zwischen menschengeschaffenem Kunstwerk und göttlicher Wirklichkeit nicht in der Lage gewesen wäre.[20] Eine Orientierung an real vorhandenen Skulpturen ist damit nicht ausgeschlossen, jedoch muss differenziert werden, inwiefern es um die künstlerische Gestaltung geht oder um die Verselbstständigung eines »Kultbildes« als Abbild. Zur Vorsicht sollte auch mahnen, dass wir über den Aufstellungsort oder die Verwendung des Bildwerks in ottonischer Zeit nichts wissen. Erst der Bericht über einen Einbruch in den Dom und eine versuchte Beraubung der Madonna im Domnekrolog aus dem 2. Jahrzehnt des 13. Jahrhunderts nennt den Hochaltar als zumindest temporären Aufstellungsort, wobei besonders bemerkenswert ist, dass im selben Kontext das Oswaldreliquiar erwähnt wird. Eine gemeinsame

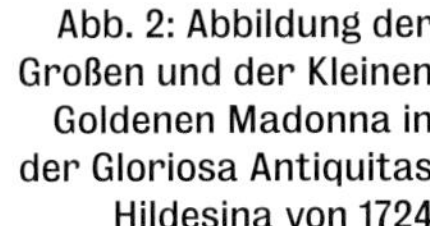

Abb. 2: Abbildung der Großen und der Kleinen Goldenen Madonna in der Gloriosa Antiquitas Hildesina von 1724

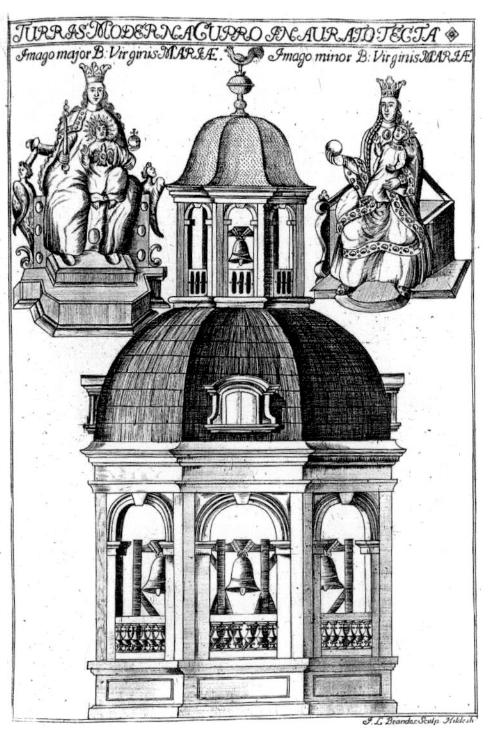

Präsentation wichtiger Bildwerke und Reliquiare auf dem Hochaltar zu besonderen Anlässen erscheint zumindest für das 13. Jahrhundert wahrscheinlich.[21]

Mit dem Bericht über die Beraubung setzte eine umfangreiche Textüberlieferung ein, die in ganz unterschiedlichen Textgattungen Informationen über die Madonna und ihre Veränderungen enthält.[22] Dazu gehören Auflistungen wie die spätmittelalterlichen Schatzverzeichnisse, aber auch liturgische Texte aus dem Dom sowie Archivalien des 20. und 21. Jahrhunderts, in denen vor allem der Zustand der Madonna und die diversen Restaurierungen dokumentiert sind. Dazu kommt Bildmaterial von der barocken Kupferstichfolge der Gloriosa antiquitas hildesina[23] bis zu den aktuellen Fotos aus dem Kontext der derzeitigen Ausstellung. Zentral für die historische Überlieferung ist die 1840 publizierte Zusammenstellung von Johann Michael Kratz, der heute im Original verlorenes Material gesammelt und auch auf ältere Autoren zurückgegriffen hat, vor allem Aussagen des Jesuiten Georg Elbers.[24] Bezeichnend für die Einordnung und den Stellenwert der Madonna ist, dass Kratz sie zusammen mit der sog. Kleinen Goldenen Madonna behandelt. Als »Imago maior beatae virginis Mariae« tritt sie immer wieder auf, z. B. auch in der Gloriosa antiquitas zusammen mit der zweiten Goldenen Madonna des Domes aus dem 12. Jahrhundert, dem »Imago minor beatae virginis Mariae« (Abb. 2). Über die Rollenverteilung der Bildwerke herrscht schon bei Kratz Unklarheit.[25] Auch in Essen gab es eine zweite liturgisch wichtige Madonna aus Silber, die zu bestimmten Anlässen als Ersatz für das Große Bild der Gottesmutter fungierte.[26] Zur genauen Datierung ist aber keine Aussage möglich. Mit großer Wahrscheinlichkeit auch aus dem 12. Jahrhundert stammte die nur in den Schriftquellen überlieferte, aus Silberblechen und Gold hergestellte Madonna in Gandersheim, die ebenfalls bei Prozessionen verwendet, auf den Altar gesetzt und enthüllt wurde, wie es für die Essener Madonna im Spätmittelalter überliefert ist.[27] Als weiteres Beispiel für eine »Goldene« Madonna aus dem 12. Jahrhundert im heute niedersächsischen Raum ist die Madonna im Museum August Kestner in Hannover zu erwähnen, die stilistisch einer farbig gefassten Holzmadonna in Hildesheim nahesteht.[28] Anzuschließen sind die gotische Madonna in Minden und die Madonnen in Osnabrück, im Dom und in St. Johann. Herstellung und Verwendung metallener oder metallverkleideter Madonnen setzten sich also im 12. bis 15. Jahrhundert fort und gingen offenbar mit komplex ausgeformten Liturgien einher.[29] Zur Frage nach einem Reliquieninhalt bei metallverkleideten Madonnen ist auffällig, dass auch für die jüngeren erhaltenen Objekte Nachweise fehlen.[30]

Im Zusammenhang einer weiteren Ausdifferenzierung der liturgischen Praxis und der Verwendung von Objekten in diesem Kontext ist möglicherweise auch das Phänomen der zweiten metallverkleideten Madonna in Hildesheim zu sehen. Grundsätzlich ist festzuhalten, dass die Große Goldene Madonna in einem komplexen Zusammenhang mehrerer wichtiger Marienbilder bzw. Marienreliquiare des Domes gesehen werden muss, zu denen das karolingische Gründungsreliquiar, die sog. Lipsanotheca, und die sog. Hieratheca, das bursenförmige Reliquiar aus dem 10. Jahrhundert, gehören.[31]

Die schriftliche Überlieferung zum Aussehen und zur Materialität der Großen Goldenen Madonna und die Befunde am Objekt sind teilweise widersprüchlich und müssen interpretiert werden. Als Beispiel kann die Angabe bei

Elbers gelten, die Madonna sei aus dem Holz des Rosenstocks geschnitzt, was weniger eine verlässliche Angabe zum Material darstellt als vielmehr einen direkten Zusammenhang zwischen dem Bild der Dompatronin und dem Wunder der Gründungsgeschichte des Bistums herstellen soll. Zu diesem Narrativ passen auch die von Rudolf Wesenberg 1955 im inneren gefundenen Rosenholzpartikel.[32]

Bezeichnend ist durchaus, dass bereits die erste gesicherte Erwähnung eine Veränderung der Madonna zum Thema hat. Denn die im Domnekrolog überlieferte Beschädigung der Goldenen Madonna kann mit einem vielleicht ersten (?) deutlichen Eingriff in den Originalbestand verknüpft werden. Offenbar machte die geschilderte Beraubung den Ersatz eines Teils der filigranverzierten Saumborten erforderlich.[33] Bemerkenswert ist die Qualität der Goldschmiedearbeit, die einerseits eindeutig dem Hochmittelalter zuzurechnen ist, sich aber am Formenrepertoire der ottonischen Borten orientiert.

Parallel zu dem hier offensichtlichen Interesse, den »originalen« Charakter der Madonna zu bewahren, fällt auf, dass sich im 13. Jahrhundert eine erste Phase deutlicher Eingriffe beobachten lässt, die auch den Rückschluss auf eine große liturgische, politische und frömmigkeitsgeschichtliche Bedeutung der Madonna erlauben. Zunächst wurde das Bildwerk durch Votivgaben bzw. Ergänzungen verändert. So kann die heute wieder auf der Brust befestigte Ringbrosche mit einem großen Saphir dem 13. Jahrhundert zugewiesen werden. Michael Brandt hat es aufgrund der Angaben des Jesuiten Elbers sogar für möglich gehalten, dass in staufischer Zeit auch die Gesichter von Mutter und Kind vergoldet worden sein könnten.[34]

Sicher nachweisbar und besonders interessant ist aber eine andere wesentliche und vielleicht programmatische Zutat, der heute verlorene Adlerfürspan, der bis ins 19. Jahrhundert auf der Brust des Kindes montiert war und zumindest im Schatzverzeichnis von 1409 bereits erwähnt wird. Die Abbildungen, die sich in der Gloriosa antiquitas und bei Kratz erhalten haben, erlauben den Rückschluss, dass es sich um einen heraldischen Adler mit ausgebreiteten Schwingen gehandelt hat, auf dessen Brust ein Edelstein eingelassen war. Eine Datierung in die staufische Zeit ist naheliegend. Aus dieser Zeit stammt auch der Adlerfürspan, der sich in Essen erhalten hat und wahrscheinlich in derselben Zeit auf der Brust der dortigen Goldenen Madonna montiert wurde

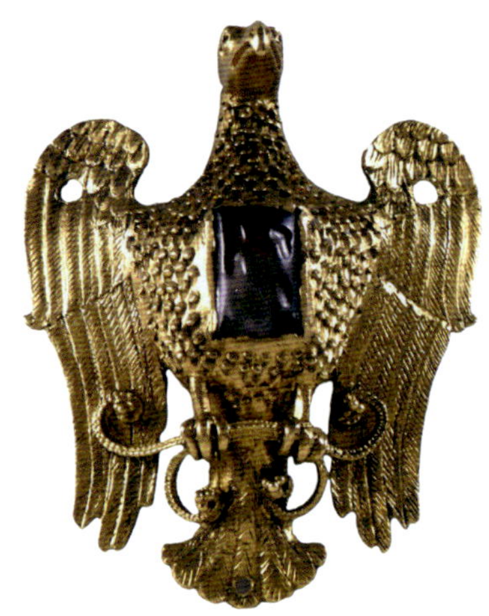

(Abb. 3). Schriftquellen oder andere Hinweise zum konkreten Hintergrund dieser außerordentlich markanten Ergänzung fehlen in beiden Fällen.

Die Anbringung von Adleragraffen auf zwei ottonischen Madonnen scheint kaum als reine Dekoration interpretierbar. Die Frage, ob auf der Brust des Kindes oder der Gottesmutter, war offenbar marginal. Interessant ist vielmehr, dass es offenbar um optimale Sichtbarkeit in der Frontalansicht ging. Adler erscheinen in unterschiedlichen Deutungs- und Bildzusammenhängen, sie können theologisch auf Christus und besonders auf die Auferstehung bezogen werden,[35] daneben bleibt aber auch die Funktion als Symbol göttlicher oder auch weltlicher Herrschaft bestehen. Eine rein dekorative Verwendung erscheint nicht zuletzt aufgrund der Parallele zwischen Essen und Hildesheim eher unwahrscheinlich, zumal so große und plastisch gestaltete Agraffen nur selten vorkommen. Angesichts der Anbringung auf den Skulpturen in der ersten Hälfte des 13. Jahrhunderts stellt sich die Frage, ob über eine theologische Deutung hinaus auch die Politik (einen) Einfluss gehabt haben könnte. Adler spielten als Symbol in der kaiserlichen Selbstinszenierung der Staufer eine wichtige Rolle.[36] In Hildesheim hat sich auf dem kleinen Gerhardkelch ein weiterer Adler aus der fraglichen Zeit erhalten[37] und es erscheint nicht ausgeschlossen, dass Bischof Gerhard diese Preziose aus dem eigenen Domschatz entnehmen konnte. Es ist daher zu diskutieren, ob die ostentative Anbringung der Adler auf den beiden ottonischen Madonnen zumindest mit dem Thema Herrschaft oder sogar mit konkreter Politik im Zusammenhang stehen könnte.

In Bezug auf Hildesheim rückt in diesem Zusammenhang Bischof Konrad II. in den Blick, der zumindest in den 1220er Jahren mit Friedrich II. eng verbunden war und von Friedrich mit der besonderen Sorge um seinen Sohn Heinrich (VII.) betraut wurde, der sich noch 1234 im Zusammenhang des folgenschweren Zerwürfnisses mit seinem Vater an Konrad mit der Bitte um Vermittlung wandte.[38] Eines der Ziele Konrads war es, die territoriale und rechtliche Unabhängigkeit seines Bistums zu stärken, was auch mithilfe der Staufer zumindest teilweise gelang. In Essen im fraglichen Zeitraum ist es vielleicht kein Zufall, dass 1230 die Essener Äbtissin durch Heinrich (VII.) erstmals als Reichsfürstin bestätigt wird, ein Triumph für die Essener Stiftsdamen, die jahrelang von Heinrichs wenig geliebtem Vormund Engelbert von Köln rechtlich und territorial unter Druck gesetzt worden waren.[39] Es erscheint durchaus denkbar, dass Reichsunmittelbarkeit und die Unabhängigkeit von benachbarten Konkurrenten an einem Bildwerk öffentlich demonstriert wurden, an einem Bild, das nicht nur religiöser, sondern politischer Repräsentant war. Der Adler stünde nicht nur für eine aktuelle parteipolitische Ausrichtung, sondern für territoriale und rechtliche Unabhängigkeit, die es auch für die Zukunft zu sichern galt. Hauptprotagonist der Anbringung wäre in Hildesheim möglicherweise Bischof Konrad II. Die bei Kratz überlieferte Leistung des Lehnseides durch die Ritter des Bischofs vor der Großen Goldenen Madonna könnte für eine primär politische Rolle der Figur im Hohen Mittelalter sprechen.[40]

Auch im 14. und 15. Jahrhundert lassen sich die Verwendung der Madonna im liturgischen Kontext und die Stiftung von Votivgaben nachweisen. 1355 erfolgte eine testamentarisch verfügte Stiftung für Kerzen, die bei der alljährlichen Prozession vor dem Bild dem *»ymaginem beatae virginis Mariae«* getragen werden sollten.[41] Im Schatzverzeichnis von 1409 wird auch eine goldene Krone erwähnt, die möglicherweise zum Ursprungsbestand gehört haben könnte.[42] Von Krönungen oder Bekleidungen der Figur im liturgischen Kontext wissen wir nichts. Um 1400 werden Ziernägel und Bergkristalle als Schmuckelemente für den Thron hinzugefügt.[43] Ansonsten sind bis zur Barockzeit keine weiteren substanziellen Eingriffe nachweisbar. Das Schatzverzeichnis von 1438 erwähnt allerdings mehr als 100 Votivgaben und vermerkt, dass die Madonna *»mit eynem syden mantele … mit finen perlen mit manigerleye belden«* bekleidet war, an dem 25 Ringe hingen.[44]

Das 17. Jahrhundert ist der zeitliche Rahmen für die nächste Phase einschneidender Veränderungen der Madonna. Ein erster Eingriff in die Substanz des Bildwerks erfolgte 1644/45. Kratz zitiert aus dem Fabrikregister des Domes, dass im Jahr 1645 auf Befehl des Domdechanten Johann von Westerholt eine silberne Krone, ein Zepter und eine Weltkugel zum Behuf des mit Gold überzogenen Mutter-Gottes-Bildes, welches an hohen Festen auf den Hochaltar gesetzt wird, aus unbrauchbaren Kirchengeräten verfertigt worden sei.[45] Beide barocken Ergänzungen sind heute noch erhalten. Die in den Quellen überlieferten originalen goldenen Kreuzstäbe sind verloren, wahrscheinlich wurde das Material eingeschmolzen. Eine Begründung für diese wichtige Veränderung der Attribute ist nicht überliefert. Auf den Kreuzstab im Kontext ottonischer Marienbilder wurde oben verwiesen. Das Ersetzen durch Zepter und Weltkugel im 17. Jahrhundert war möglicherweise ein Versuch, die Aussage der Madonnenfigur als Herrscherbild zu vereindeutigen und die Figuren von Mutter und Kind stärker zu differenzieren.

Nur 20 Jahre später kam es zu einem weiteren, noch viel stärkeren Eingriff. Nach Kratz berichtete der gelehrte Jesuit Elbers, dass der Hildesheimer Domherr Franz Anton von Wissocque Anstoß an dem Aussehen der Gesichter genommen habe. Erwähnt werden schwarze »Karfunkelsteine« als Augen und eine vollständige Goldverkleidung der Gesichter, was dem Ursprungsbefund widerspricht.[46] Die Abneigung gegen das als abstoßend empfundene Aussehen der Gesichter führte 1664 zur Entfernung der originalen Köpfe, die durch neue mit Echthaarperücken ersetzt wurden, deren Aussehen noch die Fotografien des 19. Jahrhunderts wiedergeben. Spätestens ab diesem Zeitpunkt war die Madonna bekrönt. Auch der Thron wurde verändert mit einem neuen golddekorierten Sockel und Thronwangen in Gestalt von Seraphinen. Ein derart massiver Eingriff in ein liturgisch hochbedeutendes Bild ist ungewöhnlich, zumal die Köpfe bzw. Gesichter den Charakter entscheidend prägen. Grund war offenbar das Bedürfnis, die Madonna als Andachtsbild weiterhin zu nutzen und durch eine Vermenschlichung dem Betrachtenden einen Zugang zum Bild zu ermöglichen[47] (Abb. 4).

Fast 250 Jahre prägte diese Umgestaltung das Madonnenbild, bis Bischof Sommerwerck zu Beginn des 20. Jahrhunderts erneut neue Köpfe in Auftrag gab, die nur fotografisch dokumentiert sind und offenbar eine stärkere

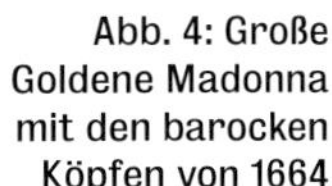

Abb. 4: Große Goldene Madonna mit den barocken Köpfen von 1664

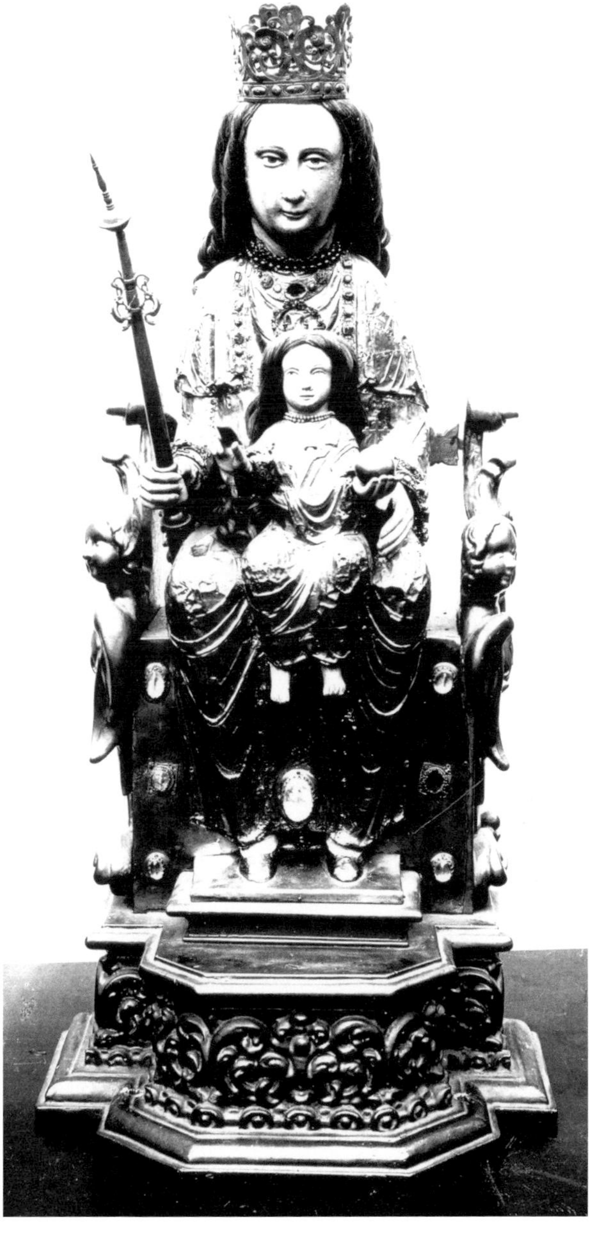

Angleichung an die mittelalterliche Skulptur versuchten.[48] War es Anton von Wissocque um die der Frömmigkeit seiner Zeit angemessene Gestaltung der Madonna gegangen, wurde am Beginn des 20. Jahrhunderts die Frage nach der adäquaten Ergänzung des historischen Kunstwerks gestellt, ein Grundsatzproblem, das von nun an den Umgang mit dem Bildwerk prägte und erneut zu starken Eingriffen führt.

In besonderer Intensität greifbar wird dieses Thema in den Diskussionen über die Gestaltung der Köpfe in den 1950er bis 1970er Jahren.[49] Seit den 1920er Jahren hatte sich im Rahmen der kunsthistorischen Forschung ein verstärktes Interesse an der Kunst ottonischer Zeit und besonders an der Entstehung großformatiger Skulpturen entwickelt, das in Bezug auf die Stiftungen Bernwards in den Arbeiten Rudolf Wesenbergs besonders greifbar wird. Die nun gut begründete Verknüpfung der Madonna mit Bischof Bernward als Auftraggeber verstärkte in der Forschung, aber auch in der Öffentlichkeit, ihre Wahrnehmung als Kunstwerk von höchstem Rang. Zugleich war das Bestreben, sie weiterhin liturgisch zu nutzen, nach wie vor aktuell. Allerdings waren durch die Auslagerung während des Zweiten Weltkriegs Schäden entstanden, die eine Konservierung bzw. Restaurierung erforderlich machten. Das Domkapitel beauftrage den Hildesheimer Kunsthistoriker und Restaurator Joseph Bohland mit entsprechenden Maßnahmen. Bohland entfernte aufgrund eines Schimmelbefalls am Holz die Goldblechbeschläge und nahm Sicherungen am Holzkern vor. In diesem Kontext wurden auch die heute verlorenen Köpfe aus der Zeit Bischof Sommerwercks abgenommen. Nach diesen ersten Maßnahmen kehrte die Madonna als holzsichtige Skulptur in den Domschatz zurück. Die Beschläge blieben über viele Jahre getrennt deponiert bzw. verblieben zunächst im Haus Bohlands.

Der fragmentierte Zustand der Madonna führte ab 1954 zu Überlegungen, die Köpfe neu zu gestalten. Eine Wiederverwendung der Köpfe vom Beginn des 20. Jahrhunderts wurde offenbar nicht erwogen. Beteiligt an den Diskussionen waren zunächst neben Bohland der damalige Landeskonservator Oskar Karpa und Rudolf Wesenberg als kunsthistorischer Experte. In zahlreichen Notizen und Schreiben wird der Sachstand der Planungen dokumentiert und auch immer wieder direkt an Bischof Godehard Machens berichtet. Bereits im März 1954 hatte Oskar Karpa zum Thema Köpfe der Madonna drei Möglichkeiten vorgeschlagen, nämlich die Nachbildung eines zeitlich gleichen Kopfes, eine neutrale neue Form und/oder die Neugestaltung durch »einen bewusst modernen« Künstler. Ein Jahr später wurde der Gedanke weiterentwickelt und erstmals mit einem konkreten Vorschlag verknüpft. Ewald Mataré, der vor allem in Köln tätig und an der dortigen Neuausstattung des Domes beteiligt war, sollte angefragt werden. Zur Gestaltung schrieb Landeskonservator Oskar Karpa 1955 an Mataré: »Bei der Erörterung der Restaurierung dieses Kunstwerks, das wieder dem kultischen Gebrauch an herausragender Stelle zugeführt werden soll, habe ich dem Gedanken widersprochen, hier eine stilisierende Neugestaltung in Anlehnung an zeitlich vergleichbare Kunstobjekte vorzunehmen. Vielmehr scheint es mir richtig, die Ergänzungen in kostbarem Material im Geiste unserer Zeit vorzusehen.« Ausdrücklich betont wird das Einverständnis von Bischof Godehard Machens und mit der Frage abgeschlossen, ob Mataré bereit wäre, »sich dieser reizvollen und zugleich schwierigen Aufgabe zu unterziehen.« Aber Mataré lehnte ab: »Wir [der ottonische und der moderne Künstler] besitzen leider nicht mehr ein einheitliches, handwerkliches Formgefühl« und gerade die Köpfe seien keine »Anbauten«, sondern das »Wesentlichste der ganzen Figur«, schrieb er in seinem Antwortbrief. Noch im selben Jahr 1955 setzte Karpa seine Bemühungen fort, einen Künstler zu gewinnen, allerdings zunächst ohne Erfolg. Schließlich wurde Leo Dierkes aus Kevelaer beauftragt, der in einem Schreiben vom März 1959 anbot, zwei Köpfe nach dem Vorbild der ottonischen Madonnen in Essen und Paderborn zu modellieren, die er in der Publikation »Bernwardinische Plastik« von Rudolf Wesenberg gesehen habe.[50] Nach einem ersten abgelehnten Versuch wurden schließlich 1961 Köpfe und Hände des Kevelaer Schnitzers auf dem Torso montiert, um die Madonna im inzwischen wieder aufgebauten Dom verwenden zu können. Das erhaltene Fotomaterial zeigt die Madonna nach wie vor holzsichtig, die abgenommenen Beschläge lagerten immer noch im Haus der Familie Bohland.

Aber auch diese Lösung war nicht von Dauer. Im Protokoll der Sitzung des Domkapitels am 24. Januar 1971 wird unter Punkt IV vermerkt: »Besichtigung der Bernward-Madonna im Domschatz: ›Der Torso stellt den bernwardinischen Kern dar. Ergänzt sind zuletzt die beiden Köpfe und 3 Hände (die beiden Christushände und eine Marienhand). Diese jetzt geschaffene Ergänzung wird kunstgeschichtlich als unmöglich empfunden, eine Neuschnitzung wird empfohlen. Professor Elbern/Berlin soll um die Empfehlung eines Holzschnitzmeisters gefragt werden. Der erhaltene Beschlag ist reines Gold, eine europäische Seltenheit. Leider fehlen die Steine.‹« Drei Monate später, am 16. April, erfolgte ein erster Schritt zu der angestrebten Restaurierung, denn Victor H. Elbern, der zusammen mit Hermann Reuter den Domschatz untersucht und katalogisiert hatte, gelang die Rückgabe der noch bei Bohland liegenden Beschlagteile.

Die nun schon Jahrzehnte dauernden Diskussionen um den Umgang mit der Madonna gingen in eine neue Richtung. Die Idee einer künstlerischen Ergänzung hatte sich nicht befriedigend realisieren lassen. Ziel war jetzt eine umfassende, auch die Metallbeschläge einbeziehende Restaurierung mit »fachmännische Ergänzungen der Köpfe aus der bernwardinischen Zeit«, wie der nunmehr für den Domschatz verantwortliche Pfarrer Hermann Engfer im April 1971 formulierte. Von einem »bewusst modernen Künstler« war nicht mehr die Rede.

Ab 1972 erfolgte die umfassende Untersuchung, Dokumentation und Restaurierung beim Landeskonservator Westfalen-Lippe in Münster. Maßgeblich beteiligt waren als Spezialist:innen für die Restaurierung mittelalterlicher Holzskulpturen Hilde Claussen und im weiteren Verlauf Klaus Endemann sowie der Kölner Goldschmied Peter Bolg für die Beschläge.[51] Kunsthistorisch begleitet wurde das Vorhaben von Victor H. Elbern. Ein wichtiger Aspekt des Restaurierungsvorhabens war die Schaffung mehrerer Kopien. Zu Forschungs- und Dokumentationszwecken entstand ein Abguss des Holzkerns und für die liturgische Nutzung eine Kopie mit Goldbeschlägen, denn das Original war nun ausschließlich für die museale Präsentation vorgesehen. Für die neuen Köpfe, die der Bildhauer Siegfried Springer aus Hiltrup herstellen sollte, war eine Orientierung an Vorbildern der bernwardinischen Kunst, vor allem der Bronzetüren, gewünscht. Die Ergebnisse fanden allerdings keinen Beifall durch die Fachleute und Hermann Engfer stellte in einem Brief an Bischof Heinrich Maria Janssen im Januar 1975 fast schon resigniert fest: »Es sind bereits sechs Modelle aufgesetzt, die aber bislang noch nicht ganz, nach fachmännischem Urteil (Dr. Claussen und Dr. Endemann) befriedigen.« Trotz aller Bedenken wurde die Madonna mit den Köpfen Springers am 15. August 1975 feierlich in den Dom zurückgeführt und Bischof Heinrich Maria Janssen hob in seinem Dankschreiben an Victor H. Elbern besonders hervor, dass nun »auch Haupt und Antlitz der Madonna und des Jesuskindes nach dem Vorbild der Bernwardtüren wiederhergestellt werden konnten« (Abb. 5).

Erforschung, Restaurierung und Präsentation waren in den Nachkriegsjahrzehnten auf die Frage nach dem ursprünglichen Aussehen und der Funktion in ottonischer Zeit fokussiert. Zu wissen, »wie Bischof Bernward die Figur gesehen hat«, stand im Zentrum des Interesses.[52] Ein weiterer wichtiger Fortschritt in dieser Richtung wurde erreicht, als 1990 die wieder aufgefundenen Schmuckborten auf der Madonna montiert werden konnten.[53] Die Kopfergänzungen Siegfried Springers wurden jetzt allerdings als Verfälschung empfunden und wieder entfernt, nur der Originaltorso sollte im Museum gezeigt werden.[54] In der Ausstellung »Bernward von Hildesheim und das Zeitalter der Ottonen« (1993) und in den Folgejahren wurde die Große Goldene Madonna als kopfloses Fragment ausgestellt und abgebildet[55] (Abb. 6).

Erst im Kontext der Konzeptentwicklung für den Umbau des Dommuseums ab 2010 kam es zu neuen Überlegungen, denn die Madonna sollte als Bild der Menschwerdung Gottes und der göttlichen Herrschaft an zentraler Stelle einen neuen Platz in der Ausstellung finden. Um die Figur auch für die heutigen Besucher:innen begreifbar zu machen, sollten neue Köpfe von einem Künstler geschaffen werden, die das Original komplementär ergänzen, aber in ihrer Eigenwertigkeit erkennbar bleiben. Sehr bewusst wurde im Planungsteam entschieden, keine restauratorische Korrektheit einzufordern, eben keine Ergänzung im Sinne bernwardinischer Kunst anzustreben. Die Wahl fiel auf den Südtiroler Bildhauer Walter Moroder.[56] Dessen Arbeit mit dem Werkstoff Holz, seine lebensgroßen Figuren und die Bedeutung des Themas »Frauen« in seinem Werk waren die Kriterien. In einem mehr als drei Jahre dauernden Prozess experimentierte Walter Moroder mit verschiedenen Materialien, Farbgebungen und Varianten der Augengestaltung. 2014 erfolgte die Montage der neuen Köpfe auf dem Original (Abb. 7). Als weitere Veränderung gegenüber der Präsentation vor 2010 wurde auch die Ringbrosche mit Saphir, eines der Weihegeschenke aus dem 13. Jahrhundert, wieder auf der Madonna montiert sowie zwei der hochmittelalterlichen Bergkristalle auf dem hölzernen Thron. Der Blick auf das Bildwerk hat sich gewandelt. Seine Geschichte, die Veränderungen sind konstitutiver Teil des Objekts und diese sichtbar zu machen, ist Aufgabe der musealen Präsentation.

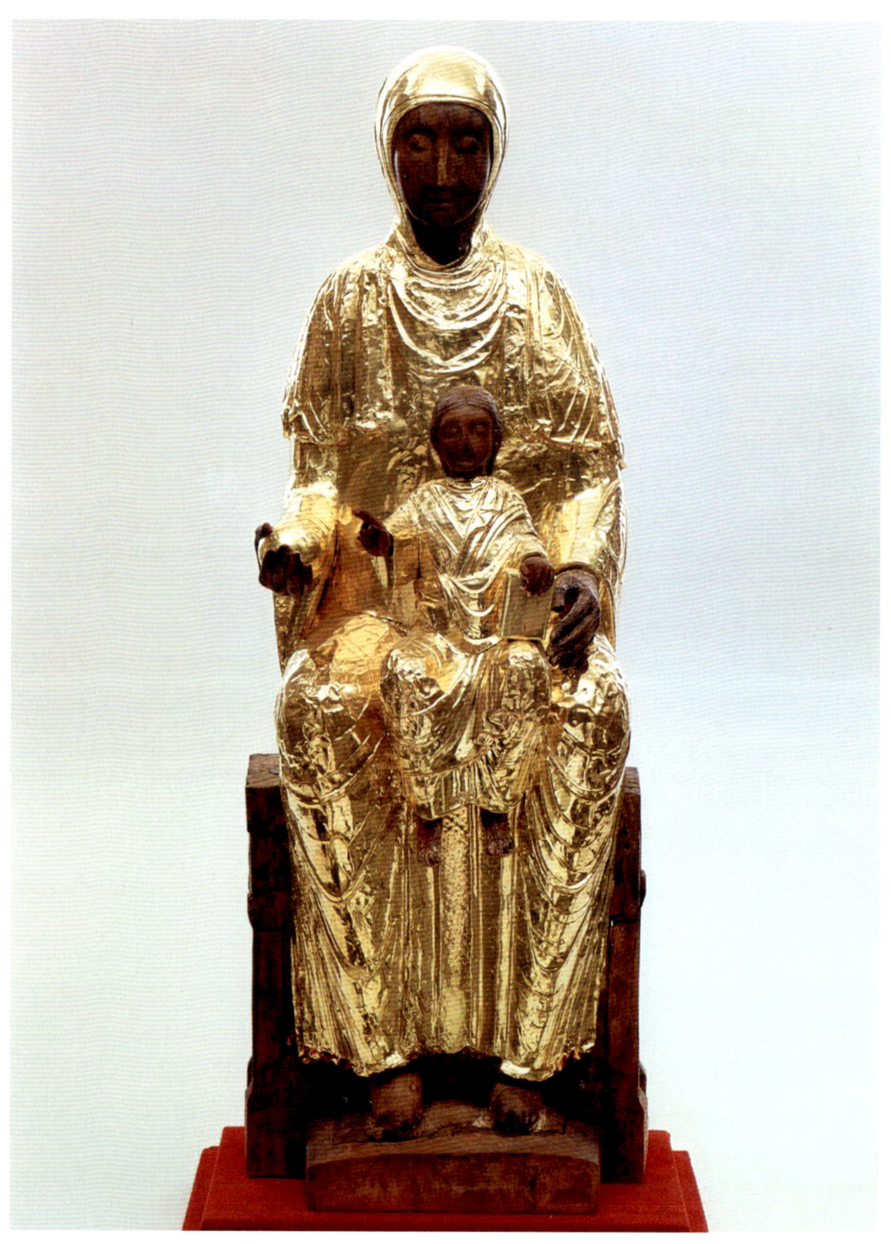

Abb. 5: Große Goldene Madonna mit den Köpfen von Siegfried Springer

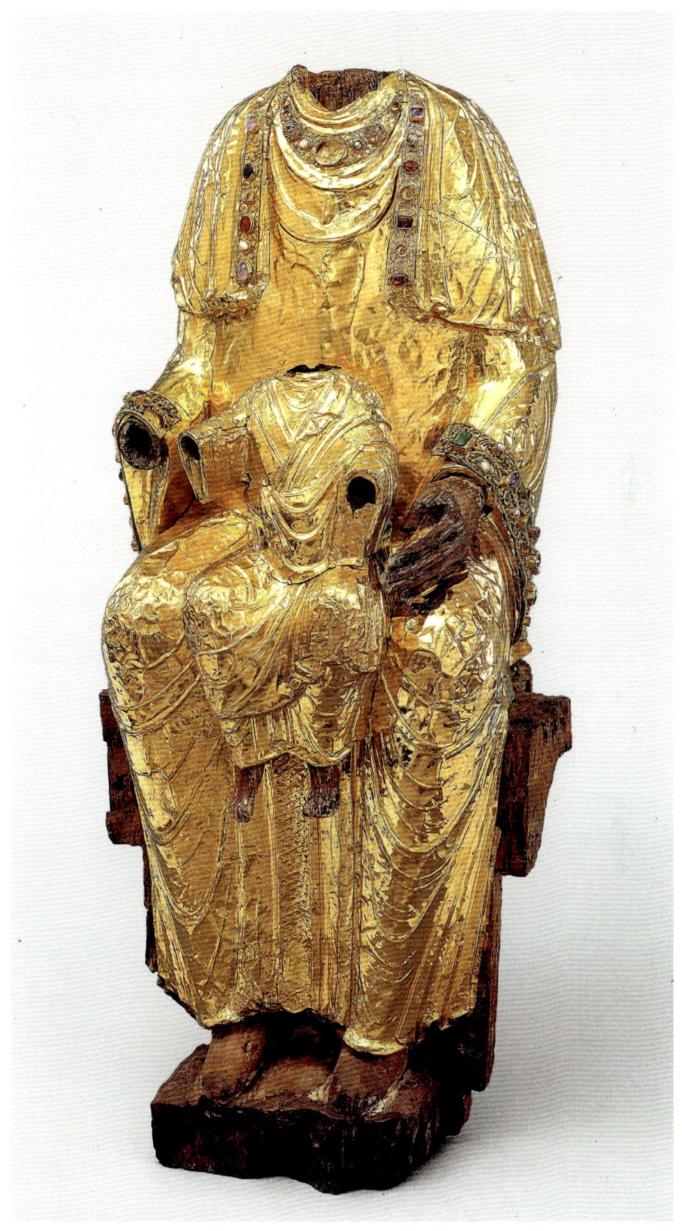

Abb. 6: Große Goldene Madonna ohne Köpfe (Zustand seit 1993)

25

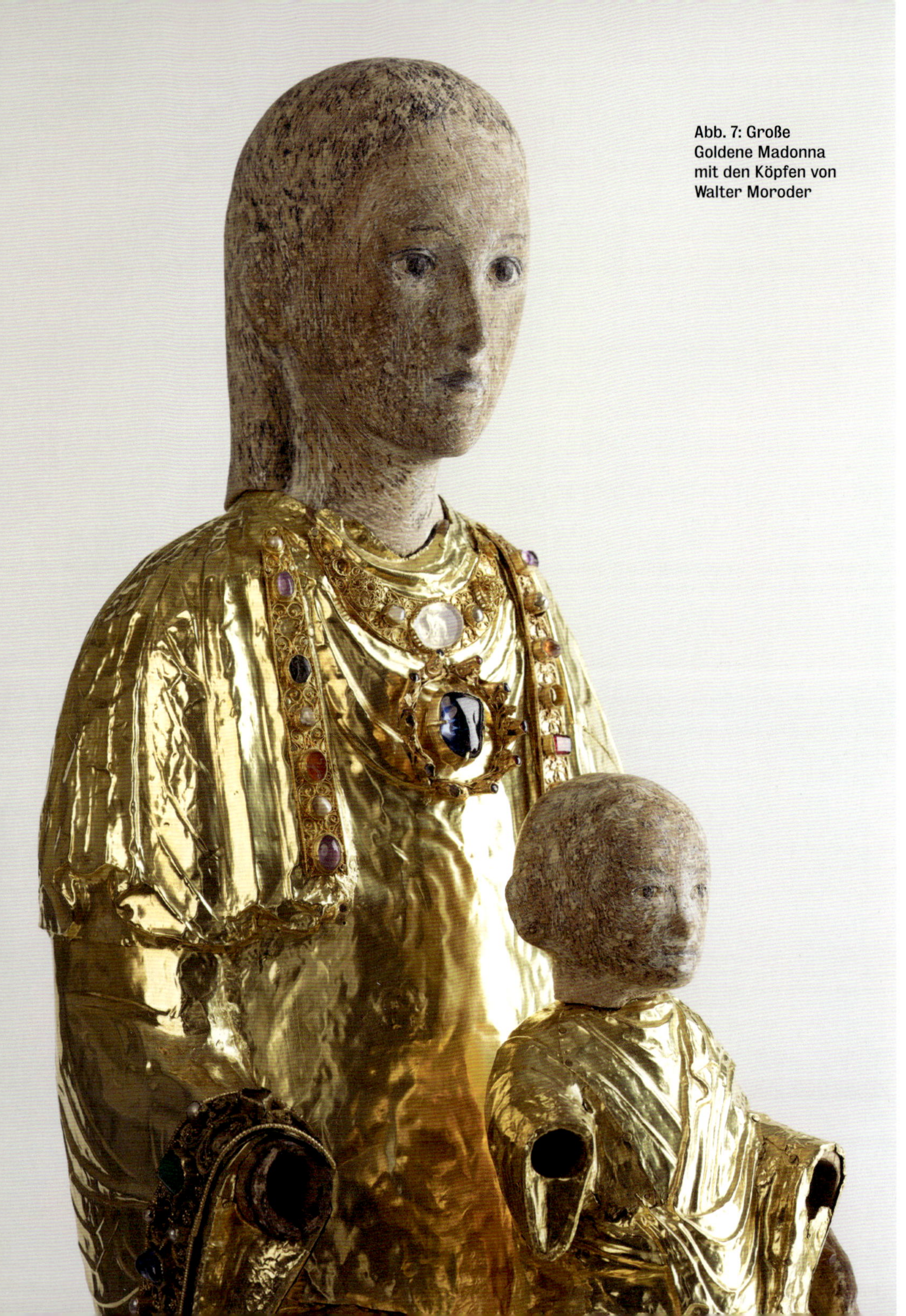

Abb. 7: Große
Goldene Madonna
mit den Köpfen von
Walter Moroder

Anmerkungen

1 Kat. Hildesheim 1989: Kirchenkunst des Mittelalters. Erhalten und Erforschen, hg. von Michael Brandt, Hildesheim 1989, S. 37–84 (Michael Brandt); Kat. Hildesheim 1993: Bernward von Hildesheim und das Zeitalter der Ottonen, hg. von Michael Brandt und Arne Eggebrecht, Hildesheim, Mainz 1993, Bd. 2, S. 500–503 (Michael Peter); Jennifer P. Kingsley: The Bernward Gospels. Art, Memory and the Episcopate in Medieval Germany, Pennsylvania 2014; Anna Pawlik: Das Bildwerk als Reliquiar. Funktionen früher Großplastik im 9. bis 11. Jahrhundert, Petersberg 2013a, S. 234–244 (Nr. 17); Dommuseum Hildesheim. Ein Auswahlkatalog, hg. von Michael Brandt, Claudia Höhl und Gerhard Lutz, Regensburg 2015, Kat. Nr. 8, S. 32 (Claudia Höhl); Kat. Hildesheim 2018a: Claudia Höhl, Hans Peter Riese: Walter Moroder. Hinter den Dingen, Regensburg 2018a.

2 Zitiert nach Michael Brandt: »… und geziehret mit Edelgesteinen«. Zur großen Madonna im Hildesheimer Domschatz, in: Bernwardinische Kunst, Göttingen 1988, S. 195. Nachdruck in: Geschaffen wie aus einem Guss, Festschrift für Michael Brandt zum 65. Geburtstag, hg. von Claudia Höhl und Gerhard Lutz, Regensburg 2013, S. 117.

3 Brandt 1988, S. 195, Nachdruck 2013, S. 117.

4 Rudolf Wesenberg, Bernwardinische Plastik. Zur ottonischen Kunst unter Bernward von Hildesheim, (Denkmäler deutscher Kunst), Berlin 1955, zur Goldenen Madonna S. 59–62.

5 Kat. Hildesheim 1989, S. 59.

6 Das vermerkt das Schatzverzeichnis des Domes von 1409. Kat. Hildesheim 1989, S. 82, Anm. 53.

7 Johann Michael Kratz: Der Dom zu Hildesheim. Seine Kostbarkeiten, Kunstschätze und sonstigen Merkwürdigkeiten, Hildesheim 1840 (Nachdruck Hildesheim 2013), S. 317–321.

8 Brandt 1988, S. 44. In den spätmittelalterlichen Schatzverzeichnissen ist in Bezug auf die Marienstatuen immer nur von den »Imagines« die Rede, nie von Reliquien im Inneren. Das trifft auch für Auflistungen der Schatzkammern an anderen Orten zu, wo oft gerade die Reliquienerwähnungen wichtig sind.

9 Zum Befund bei der Restaurierung Brandt 1989, S. 44.

10 Pawlik 2013a, S. 72–73 nimmt an, dass es bereits ursprünglich einen Reliquieninhalt gab. Es fehlen aber entsprechende Quellenhinweise. Zumindest waren Reliquien nicht für die Bedeutung und Rolle der Figur relevant.

11 Heidelberg, Universitätsbibliothek, cod. Sal. IX b, fol. 40v und 41r. Als doppelseitige Bildinszenierung abgebildet bei Thomas Labusiak: Die Ruodrechtgruppe der ottonischen Reichenauer Buchmalerei, Berlin 2009, S. 93.

12 Pawlik 2013a, S. 173–174; Rebecca Müller: Das geträumte Bild. Die Marienstatue in Clermont, in: Intellektualisierung und Mystifizierung mittelalterlicher Kunst. »Kultbild: Revision eines Begriffs«, hg. von Martin Büchsel und Rebecca Müller (Neue Frankfurter Forschungen zur Kunst, Bd. 10), Berlin 2010, S. 99–131. Das Kreuzstabattribut wird nicht thematisiert. Die Argumentation, dass es sich nicht um eine konkrete Madonnenstatue handelt, weil das Schatzverzeichnis der Abteikirche keine entsprechende Madonna erwähnt, ist allerdings nicht wirklich stichhaltig. Anna Pawlik: Die Gandersheimer Madonna – Annäherung an ein verlorenes Marienbild, in: Der Gandersheimer Schatz im Vergleich. Zur

Rekonstruktion und Präsentation von Kirchenschätzen (Studien zum Frauenstift Gandersheim und seinen Eigenklöstern, Bd. 4), Regensburg 2013b, S. 147–159, S. 149 hat zu Recht darauf hingewiesen, dass in keinem Schatzverzeichnis des 8. bis 13. Jahrhunderts plastische Mariendarstellungen nachweisbar sind.

13 Dass es sich hier um eine Darstellung nach dem direkten Vorbild der Essener Goldenen Madonna handelt, ist nicht anzunehmen. Daniela Krupp: Artikel zum Buchdeckel des Evangeliars der Äbtissin Theophanu in: Kat. Essen 2019: Essen sein Schatz. Die Goldene Madonna (Domschatz Essen 2019/20), Kat. Nr. 15, S. 60–61 hat formuliert, dass die flankierenden Säulen mit Vorhang »die Gottesmutter hier deutlich als Kultbild« kenntlich machen. Allerdings sind solche Säulen mit Vorhängen keineswegs eindeutig auf einen konkreten Architekturzusammenhang zu beziehen, wie die Bandbreite der Verwendung des Motivs in Buchmalerei und Elfenbeinkunst belegt.

14 Pawlik 2013a, S. 51–53.

15 Im Allerheiligsten des Tempels ist nur Gold sichtbar (Ex 25), Goldenes Licht umstrahlt die Erscheinung Gottes in der Vision des Ezechiel (Ez 1,4) und im Hohen Lied steht Gold für die Schönheit des Leibes (Hld 5,11.).

16 Die kunsthistorische Forschung war lange dominiert von vermeintlich bildkritischen frühmittelalterlichen Quellenbelegen, zu nennen sind besonders die Libri Carolini und der Liber Miraculorum des Bernhard von Angers aus dem Beginn des 11. Jahrhunderts. Für eine Problematisierung der Goldenen Madonnen oder der großformatigen Kruzifixe im Entstehungskontext und/oder der späteren liturgischen Verwendung gibt es aber keinerlei Hinweise. Die Kruzifixe wurden auch bei Bernhard von Angers bereits aus jeder Kritik ausgenommen.

17 Dieses Thema beschäftigte intensiv die Theologie des 9. Jahrhunderts und hier besonders Paschasius Radbertus, bezeichnenderweise in seiner Predigt zur Assumptio der Gottesmutter. Leo Scheffczyk: Das Mariengeheimnis in Frömmigkeit und Lehre der Karolingerzeit (Erfurter Theologische Studien, Bd. 5), Leipzig 1959, S. 152–165.

18 Scheffczyk 1959, S. 140.

19 Kingsley 2014, S. 20–24.

20 Martin Büchsel: Einleitung. Abkehr vom Kultbild als Epochenbegriff, in: Büchsel/ Müller (Hg.) 2010, S. 9–25.

21 Brandt 1988 (2013), S. 125.

22 Pawlik 2013a, S. 243–244.

23 Dommuseum Hildesheim, Inv. Nr. 242.

24 Kratz 1840 (Nachdruck 2013), S. 317–321.

25 Er benennt die kleine Madonna als »Retterin des Menschengeschlechts«, die große als »Königin des Himmels.« Kratz, S. 320 erwähnt auch eine parallele Nutzung der Madonnenfiguren bei Prozessionen. Das hat Anna Pawlik (2013a) als nicht gesichert zurückgewiesen.

26 Pawlik 2013a, 141.

27 Pawlik 2013b, S. 152–155.

28 Museum August Kestner, Inv. Nr. 461 und Dommuseum Hildesheim, Inv. Nr. 1989-1; Pawlik 2013b, S. 155.

29 Pawlik 2013b, S. 154–155 hat aufgrund der ab dem 13. Jahrhundert dominierenden Verwendung von Silberblechen die metallverkleideten Madonnen von den zeitparallel verbreiteten Kopf- und Büstenreliquiaren abgeleitet. Das Phänomen des Weiterlebens der »Goldenen« Sitzmadonnen ist aber auffällig, gerade die Kleine Goldene Madonna in Hildesheim ist ein wichtiges Bindeglied.

30 Pawlik 2013b, S. 156–157. Für die gotische Madonna in Münster sind Reliquien erst im 17. Jahrhundert belegt.

31 Dommuseum Hildesheim, Inv. Nr. DS 1 und DS 4, sowie ab ca. 1400 die Kopie des Gründungsreliquiars DS 2.

32 Pawlik 2013a, S. 237.

33 Kat. Hildesheim 1989, S. 75–76.

34 Brandt 1988 (2013), S. 123.

35 Artikel »Adler« im Lexikon der christlichen Ikonographie, hg. von Engelbert Kirschbaum SJ in Zusammenarbeit mit Günter Bandmann, Wolfgang Braunfels, Johannes Kollwitz, Wilhelm Mrazek, Alfred A. Schmid und Hugo Schnell, Bd. 1, Rom, Freiburg, Basel, Wien 1968, Sp. 70–76 (L. Wehrhahn-Stauch).

36 Kat. Hildesheim 1989, S. 84, Anm. 90; Martina Giese: Der Adler als kaiserliches Symbol in staufischer Zeit, in: Stefan Burkhardt, Thomas Metz, Bernd Schneidmüller und Stefan Weinfurter (Hg.), Staufisches Kaisertum im 12. Jahrhundert. Konzepte – Netzwerke – Politische Praxis, Regensburg 2010, S. 323–360.

37 Dommuseum Hildesheim, DS 42.

38 Das Bistum Hildesheim 4. Die Hildesheimer Bischöfe von 1221 bis 1398, hg. von Nathalie Kruppa und Jürgen Wilke (Germania sacra, hg. vom Max-Planck-Institut für Geschichte, Neue Folge 46), Berlin, New York 2006, S. 57–64.

39 https://dom-essen.de/geschichte, abgerufen am 18.03.2024.

40 Kratz 1840 (Nachdruck 2013), S. 320.

41 Abgedruckt bei Pawlik 2013a, S. 244, Nr. 17.10.

42 Kat. Hildesheim 1989, S. 82.

43 Kat. Hildesheim 1989, S. 74.

44 Kat. Hildesheim 1989, S. 72.

45 Kratz 1840 (2013), S. 319, Anm. 60.

46 Das berichtet der Jesuit Elbers: »Maria Haupt gewährte dem Betrachter einen unförmlichen Anblick …, zumal in den beiden Augenhöhlen Karfunkelsteine eingesetzt waren.« Kratz 1840, Nachdruck 2013, S. 319, Anm. 59.

47 Bemerkenswert ist, dass auch die Kleine Goldene Madonna entsprechend verändert wurde. Hier sind Aussagen aber aufgrund der Schäden am Objekt infolge des Diebstahls von 1920 nicht mehr möglich.

48 Diese Köpfe waren 1954 noch vorhanden, was aus einer im Archiv des Dommuseums befindlichen Aktennotiz von Rudolf Wesenberg hervorgeht.

49 Claudia Höhl: Torso oder Bild? Die große Goldene Madonna Bischof Bernwards, in: Kat. Hildesheim 2018a, S. 7–21; dies.: Das Kultbild als Fragment. Die große Goldene Madonna Bischof Bernwards, in: Das Fragment im digitalen Zeitalter. Möglichkeiten und Grenzen neuer Techniken in der Restaurierung, Tagungsband der interdisziplinären Tagung der HAWK Hochschule für angewandte Wissenschaft und Kunst Hildesheim/Holzminden/Göttingen in Kooperation mit der ICOMOS AG Konservierung Restaurierung und dem Verband der Restauratoren e.V. 2021 (Schriften des Hornemann Instituts, Bd. 21, hg. von Angela Weyer), S. 288–299.

50 Die Köpfe von Leo Dierkes sind im Dommuseum erhalten unter der Inv. Nr. DS 82 P 1 und DS 82 P 9.

51 Zu den Restaurierungen der 70er Jahre Brandt 1989, S. 37–84.

52 Kat. Hildesheim 1989, S. 59.

53 Brandt 1988 (2013), S. 200–210.

54 Protokoll des Domkapitels vom 4.3.1991 unter Punkt 3.

55 Kat. Hildesheim 1993, Bd. 2, Abb. S. 501.

56 Kat. Hildesheim 2018a, S. 7–22.

KLAUS GEREON BEUCKERS

BERNWARDS MADONNEN

Man darf Bischof Bernward von Hildesheim (amt. 993–1022) durchaus eine persönliche Marienfrömmigkeit unterstellen. Der Fürsprache der Gottesmutter vertraute er sich an, als er sie zur Patronin des Kryptenaltars im neu erbauten Michaelskloster auswählte, vor dem er bestattet werden wollte. Zwar war die große Zeit der Reliquientranslationen, die insbesondere das 9. Jahrhundert mit der Übertragung ganzer Heiligenleiber geprägt hatten,[1] eigentlich vorbei und auch Bernward hatte von seinen Reisen nur kleinere Partikel an Reliquien mit nach Hildesheim bringen können,[2] aber es gab schon noch Ausnahmen: So hatte um 995 Kaiserin Theophanu den Leib des Priesterheiligen Albinus aus Rom nach St. Pantaleon in Köln transferiert und an dessen Altar ihr Grab bestimmt,[3] und auch Bernward selbst überführte 1001 den unversehrten Leib des Diakonsheiligen Exuperantius im Auftrag Kaiser Ottos III. aus Italien nach Goslar, wie die Vita Bernwardi berichtet.[4] Möglicherweise hätte auch Bernward sich eines solchen Heiligenleibes bemächtigen können, aber er setzte bei seiner Gründung St. Michael auf das Programm vieler Heiliger, deren im Einzelnen relativ unspektakuläre Reliquienpartikel in die Kämpferblöcke der Mittelschiffsäulen eingeschlossen wurden[5] und so aus dem Kirchenraum eine Art ›Allerheiligen‹ unter dem Schutz des Erzengelpatronats machten. Für sich selbst reservierte er jedoch die Gottesmutter als Patronin des 1015 geweihten Krypenaltars. Das wohl im 12. Jahrhundert nachträglich aus Sicht des Michaelsklosters abgefasste ›Testament‹ Bernwards besagt, dass er alle seine Gaben an St. Michael geschenkt habe, »*abgesehen von dem, was ich dem Altar der heiligen Maria im Dom an goldenen Kronen, Kelchen, Leuchtern, Gewändern und sonstigen Paramenten gestiftet habe*«.[6]

*

Dieser persönlichen Zugewandtheit an die Patronin des Hildesheimer Domes und des Kryptenaltars in St. Michael sind mehrere Darstellungen Mariens zu verdanken, die mit Bernward in einem engeren Zusammenhang stehen. Ihnen allen voran steht die Goldene Madonna des Domes (Dommuseum, Inv. Nr. DS 82), die stilistisch der Zeit Bernwards zugewiesen wird (Abb. 1).[7] Die mit ursprünglich etwa 70 cm Höhe deutlich unterlebensgroße, mit Goldblech beschlagene Holzskulptur zeigt die thronende Gottesmutter im Typus des *sedes*

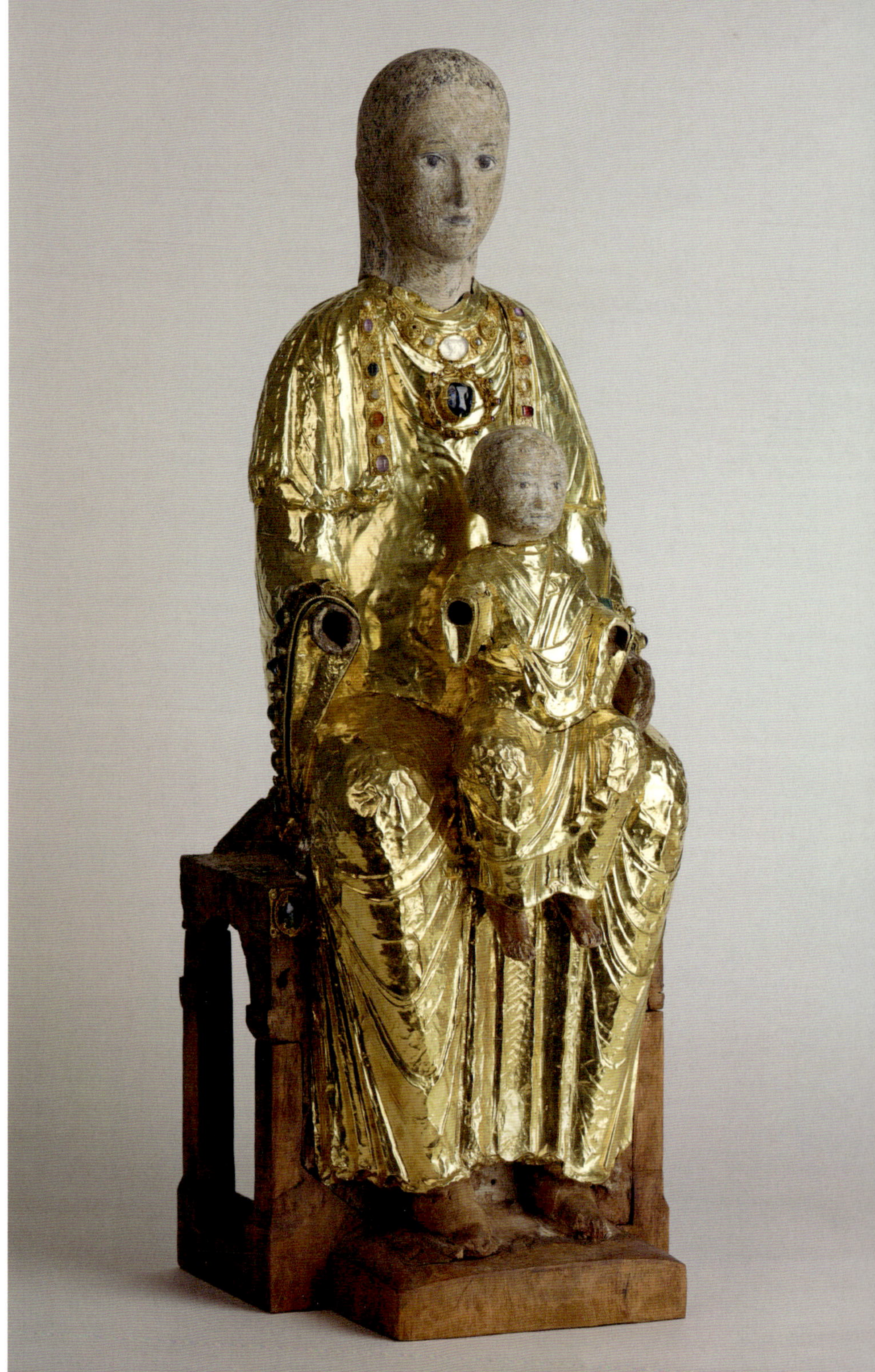

Abb. 2: Madonna aus
Clermont–Ferrand,
Federzeichnung

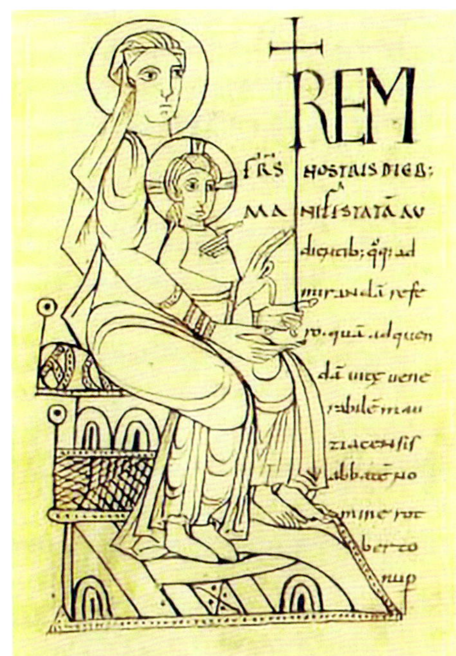

Abb. 1: Große Goldene
Madonna Bischof
Bernwards

sapientiae (Sitz der Weisheit) mit dem Christuskind axial und frontal auf dem
Schoß. Diese hieratische Form der Darstellung ist die mit Abstand verbreitetste
Darstellungsform der thronenden Madonna, der nahezu alle thronenden Madonnen des 11. sowie 12. Jahrhunderts folgen, und geht bereits auf das Frühmittelalter zurück; Bernward selbst wählte sie 1015 auch für das Widmungsbild
des Kostbaren Evangeliars (s. Abb. 4).

Aus der Zeit vor der Mitte des 11. Jahrhunderts sind nur wenige Madonnen als Freiskulpturen überliefert, während in Schatzverzeichnissen solche
Bildwerke immer wieder bezeugt sind, im Alter aber nicht immer bestimmt
werden können.[8] Die erhaltenen oder bildlich bezeugten Madonnen um 1000
sind insbesondere die Goldene Madonna in Essen (um 980/90) (Abb. 1, S. 84),[9]
die silberne Madonna von Saint-Materne in Walcourt (frühes 11. Jahrhundert),[10]
die nur in einer Zeichnung überlieferte Madonna von Clermont-Ferrand (Mitte
10. Jahrhundert) (Abb. 2),[11] und die Imad-Madonna in Paderborn (1051/58)

(Abb. 1, S. 98).[12] Die Madonnen von Walcourt und Paderborn zeigen einen anderen Sitztypus, da hier Christus nicht frontal auf dem Schoß Marien Platz
genommen hat, sondern nach innen gedreht auf ihrem rechten Oberschenkel
sitzt und somit eine Mehransichtigkeit gegeben ist. Hier liegt ein anderes Vorbild zugrunde, das möglicherweise in der von Erzbischof Gero (amt. 969–975)
gestifteten Madonna des Kölner Domes zu suchen ist, die – dem Pilgerblatt von
1671 nach – ebenfalls diesen Aufbau zeigte.[13] In der Essener Madonna wurde
dies zu einem vielansichtigen Prozessionsbild erheblich gesteigert, indem
Christus in einer nahezu diagonalen Position mit über beiden Beinen Mariens
sitzender Haltung präsentiert wird, wie er sonst offenbar nur noch im um 800
in Northumbrien entstandenen Book of Kells (Trinity College Library Dublin,
Ms. 58 [A.I.6], fol. 7v) zu finden ist.[14] Die Sitzanlage wurde in Walcourt und
Paderborn hermetischer gefasst, Christus gegenüber Essen erheblich aufge-
richtet und somit dem hieratischen Typus der Hildesheimer Madonna mehr
angeglichen. Dieser Hildesheimer Aufbau war sonst in ottonischer Zeit verbreitet, wie die Elfenbeinmadonna im Mainzer Landesmuseum zeigt, die stilistisch
um 1000 datiert wird.[15] Bei ihr – und genauso in Hildesheim – wiederholt sich
die Haltung Mariens in dem etwas steif sitzenden, eher präsentierten Christus.
Maria hat in Mainz ihre Rechte zum Gruß aufgestellt, hält mit der Linken ihren
Sohn, der beide Hände unbestimmt vor dem Bauch angeordnet hat. In Hildesheim sind die Hände wie die Köpfe durch spätere Ersetzungen verloren, hier
bezeugen spätmittelalterliche Quellen das Halten eines Kreuzes sowohl durch
Maria als auch Christus. Dem Oberarm nach hat Christus hier seine Rechte
erhoben und weist entweder etwas vor oder segnet mit exponiertem Gestus.
Auch bei den Madonnen von Clermont-Ferrand und in Walcourt hat er seine
Rechte zum Segensgruß erhoben.

Der frontalen Ausrichtung angepasst ist in Hildesheim die feine Falten-
zeichnung mit dünnen Ovalfalten, die auf dem Gewandfont vereinzelt angeordnet sind und die Kurvatur der ruhig und symmetrisch gestellten, schlan-
ken Körperanlage nachzeichnen. Schmuckborten rahmen bei der Gottesmutter
die Säume und fallen vor allem am Oberkörper durch zwei vertikale Bänder
und einen halbrunden Halsschmuck besonders ins Auge. Dies ist an keiner
der anderen Madonnen in Essen, Walcourt oder Paderborn erhalten. In Essen
konzentrieren sich der (erhaltene) Filigranbesatz und die Edelsteine auf den

Codex in Christi Hand und die Sphaira in Mariens Rechten, in Walcourt, wo die Madonna spätestens seit dem Spätmittelalter mit Stoffgewändern bekleidet wird,[16] beschränkt sich der Besatz auf die Plinte des Thrones. Die Imad-Madonna in Paderborn verabschiedete sich von dem Typus der vollständig mit Metall beschlagenen Figur und nahm die bereits bei Kruzifixen seit dem 10. Jahrhundert spätestens mit dem Kölner Gerokreuz eingeführte Inkarnatsichtigkeit auf, bis sie nach einem Brand mit Metall beschlagen wurde.

In allen Fällen repräsentierten diese portablen Skulpturen das Patronat, was besonders in Essen gilt, wo zudem durch den Liber Ordinarius Hinweise auf die liturgische Einbindung des Bildwerks überliefert sind.[17] Offenbar seit der Mitte des 11. Jahrhunderts wurde dort, neben anderen Prozessionen, die Madonna an Mariä Lichtmess (2. Februar) in einer Prozession durch die Stadt geführt und vor den Toren des Frauenstifts mit der bis heute erhaltenen Krone gekrönt.[18] Die Madonna von Walcourt ist bis heute Mittelpunkt einer Flurprozession an Trinitatis (erster Sonntag nach Pfingsten), wenn sich dieser Brauch erst auch auf ihre unbeschädigte Auffindung nach einem Brand 1228 bezieht. Auch sie wird in einer feierlichen Liturgie gekrönt.[19] In Hildesheim, wo die Gottesmutter als Dompatronin besonders prominent war, ist eine ähnliche Nutzung in der Prozessionsliturgie bereits des 11. Jahrhunderts gut vorstellbar, zumal die Bildwerke in Essen und Hildesheim annähernd gleich groß sind; die Walcourt-Madonna ist mit 62 cm nur geringfügig kleiner. Außerhalb solcher Festzeiten wurde das Bildwerk in Hildesheim in der Schatzkammer aufbewahrt.[20] Bei der Imad-Madonna, die mit über 110 cm schon deutlich größer ist, könnte eine andere Aufstellung vorgesehen gewesen sein.

Die Goldene Madonna in Hildesheim personifizierte die Dompatronin zu einer Figur, die Handlungen vollziehen und als personales Gegenüber repräsentieren und juristisch auftreten konnte. Bischof Bernward dürfte mit ihrer Anfertigung an eine bereits eine gewisse Verbreitung gefunden habende Mode angeknüpft haben, die jetzt neben körperhaften Kruzifixen, die es seit karolingischer Zeit in nennenswertem Umfang gegeben hatte, auch plastische Marienbilder für Prozessionen und zur Ausstellung auf dem Altar herstellte. Möglicherweise hat dabei die Gero-Madonna im Kölner Dom eine wichtige Vermittlerrolle gespielt, zumal sich Bernward in mehreren Aspekten seiner Kunst eng an Kölner und Mainzer Vorbildern orientiert hat.[21] Die Überlieferung sol-

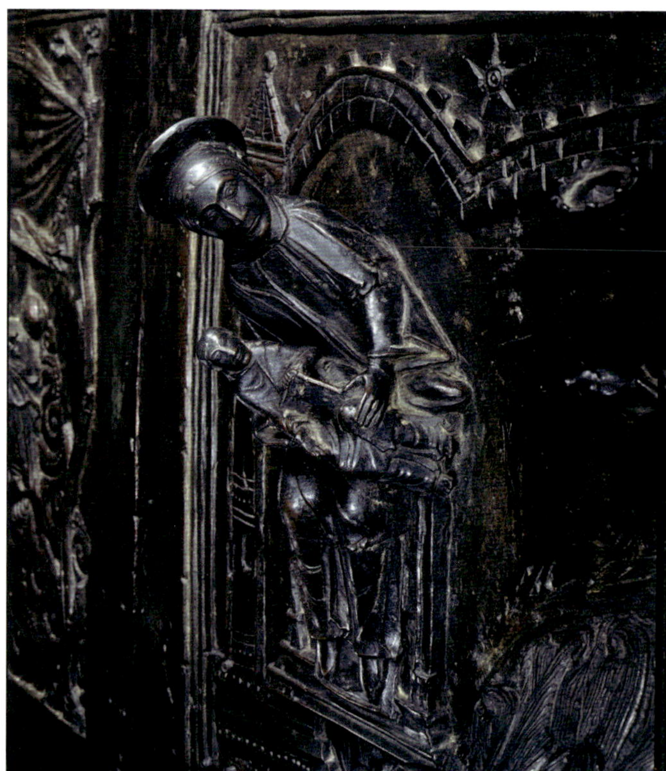

Abb. 3: Thronende Madonna aus der Anbetung der Könige, Bronzetür Bischof Bernwards

cher Bildwerke ist sehr dünn und vermutlich auch nicht repräsentativ für die Entwicklung. Deshalb ist es aussagekräftig, dass die Hildesheimer Madonna mit dem thronenden, hieratischen Typus eine eher frontale Ausrichtung gewählt hat, der eine besondere Feierlichkeit innewohnt.

Auf den Bronzetüren des Hildesheimer Domes, der der Inschrift nach von Bernward 1015 gestiftet wurde, findet sich auf dem rechten Türflügel, relativ prominent im Feld des Löwenkopf-Türziehers angeordnet, die Anbetung Christi auf dem Schoß Mariens durch die Heiligen Drei Könige (Abb. 3).[22] Expressiv sind die Häupter und Schulterpartien der Figuren aus dem Reliefgrund herausgezogen, weshalb auch Maria, die als einzige nimbiert ist (und sich so auch von der im Nachbarfeld Rücken an Rücken mit ihr sitzenden Eva absetzt), etwas verzerrt erscheint. Ist ihr Thron frontal dargestellt, so wenden sich Mutter und Kind nach rechts zu den Königen. Die Beine Mariens haben hier so etwas wie eine leichte Drehung und Ponderation, der hieratische Aufbau ist ganz anders als bei der Goldenen Madonna des Domes. Hier erinnert die Darstellung fast etwas mehr an das Essener Bild mit seiner Variation des Beinmotivs, während die anderen Darstellungen der Zeit um Symmetrie bemüht sind. Die Drehung Mariens in der Türszene ist eine meisterhafte Figurenanlage, die aufgrund ihrer narrativen Einbindung den Bildtypus variiert und so neu erfahrbar macht. Die Starrheit der ohnehin vermutlich noch nicht gefertigten Goldenen Madonna findet man hier nicht, vielmehr zeichnet die Darstellung eine Körperspannung und ein Handlungsmoment aus, das nicht nur Maria als neue Eva zeigt, sondern wie überrascht zur Seite blicken lässt.

*

Das Thema der neuen Eva spielt auch eine wichtige Rolle bei dem Widmungsbild im kostbaren Evangeliar (Dommuseum, Inv. Nr. DS 18) (Abb. 4).[23] Hier ist in ungewöhnlichem Reichtum eine gerahmte Doppelseite als Dedikationsbild ausgestaltet, die auf der linken Seite (fol. 16v) links stehend Bernward in reichem priesterlichen Ornat zeigt, der eine Handschrift nach rechts in die Bildmitte reicht. Die rechte Bildhälfte ist durch einen Altar mit Kelch und Patene eingenommen, vor dem fünf Kerzenleuchter stehen; das Ganze wird durch eine kirchliche Architektur verortet. Adressat des Codex ist die auf der rechten Seite (fol. 17r) frontal thronende Madonna, die von zwei flankierenden Engeln bekrönt wird und ihre Rechte in Richtung Bernward ausstreckt und so dessen Gabe annimmt, was das Christuskind analog wiederholt. Die Gottesmutter ist von einer dreiachsigen Bogenarchitektur hinterfangen, die oben durch einen Überfangbogen zusammengebunden wird. Die linke Säule zu Bernward hin ist durch eine blau gestaltete Pforte mit eingestellter Kreuzstandarte verdeckt.

    Auf die Darstellungen nehmen die ausführlichen Inschriften Bezug.[24] So wird der Dedikationsakt im Rahmen der Bernwardseite (fol. 16v) thematisiert: HOC EVANGELICV(M) M(EN)TE LIBELLUM / VIRGINATIS AMOR DEVOTA P(RAE)STAT TIBI S(AN)C(T)A MARIA + // PRAESVL BERNVVARD(VS) VIX SOLO NOMINE DIGNVS / ORNATVS TANTI VESTITV PONTIFICALI (Dieses Buch der Evangelien gibt Dir, hei-

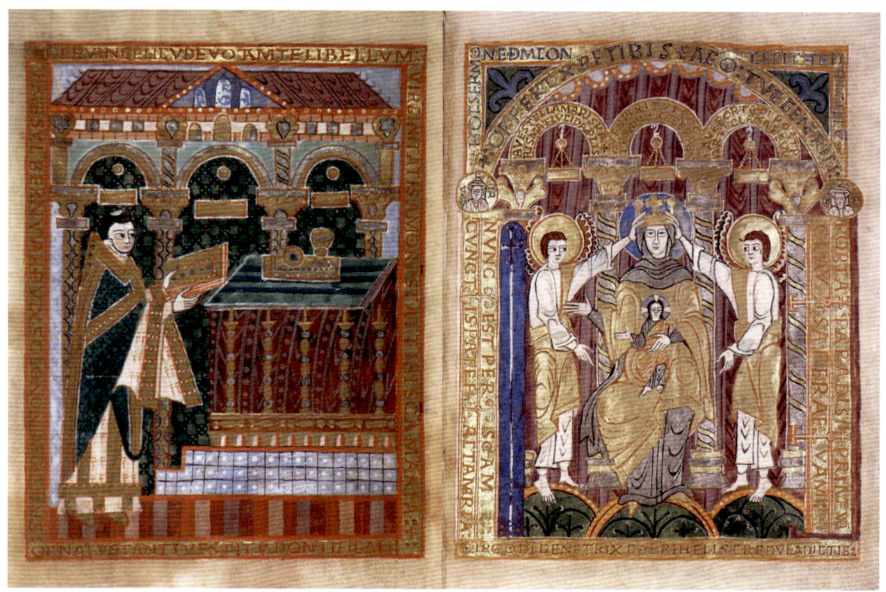

Abb. 4: Stifterbild aus dem sog. Kostbaren Evangeliar Bischof Bernwards

lige Maria, die Du die Jungfräulichkeit liebst, demütigen Sinnes Bischof Bernward, der, kaum des Namens würdig, mit so reichem Ornat geschmückt ist.) Der Überfangbogen der Marienseite (fol 17r) greift dies auf und verkettet so beide Seiten: OFFERT CH(IST)E TIBI S(AN)C(T)AEQ(UE) TVAE GENETRICI (Er bringt es Dir, Christus, und Deiner heiligen Mutter dar.). Die Dedikation gipfelt im Marienlob, das in den Bögen der Dreierarkade untergebracht ist: AVE STELLA MARIS KARISMATE LVCIDA P(RO)LIS // AVE SPRITVI S(AN)C(T)O TEMPLV(M) RESERVATV(M) // AVE PORTA D(E)I POST PATRV(M) CLAVSA P(ER) EVV(M) (Gegrüßet seist Du, Meeresstern, leuchtend durch den Nachkommen. // Gegrüßet seist Du, dem Heiligen Geist vorbehaltener Tempel. // Gegrüßet seist Du, Pforte Gottes, nach dem Herrn auf ewig verschlossen.). Die dort bereits geäußerten theologischen Inhalte der Gottesmutterschaft und der Jungfräulichkeit werden in den oberen und unteren Rahmenleisten um die Folgsamkeit gegenüber dem göttlichen Plan ergänzt: + HOC SERMO/NE D(EU)M CONCEPIT ET ED/IDIT ILLU(M) // VIRGO D(E)I GENETRIX GABRIHELIS CREDVLA DICTIS (Die Jungfrau, die Gottesgebärerin, die den Worten Gabriels glaubte, hat durch diese Reden Gott empfangen, und sie hat ihn geboren.), um dann in den seitlichen Rahmen, die sogar doppelzeilige Texte unterbringen, auf Maria als neuer Eva und ihrer Überwindung der Erbschuld sowie die damit verbundene Erlösung erweitert zu werden: PORTA PAPADISI [irrtümlich für PARADISI] PRIMEVA(M) / CLAVSA PER AEVAM // NVNC EST PER S(AN)C(T)AM / CVNCTIS PATEFACTA MARIA(M) (Die Türe des Paradises, durch die erste Eva verschlossen, ist nun durch die heilige Maria für alle durchschreitbar.) Diese Erlösungsthematik greift über ihre allgemeine eschatologische Bedeutung hinaus, da das Evangeliar wohl 1015 für den Dienst am Marienaltar gestiftet wurde, vor dem Bernward bestattet werden wollte – und 1022 auch bestattet wurde. Die Öffnung der Paradiespforte wird so zu seiner Verheißung.

Das Bildformular des Dedikationsbildes ist in ottonischer Zeit verbreitet, derart reiche Ausgestaltungen sind jedoch selten.[25] Konstitutiv für diese Ikonografie ist die Darbringung einer Stiftung an eine heilige Person und der Annahme durch diese, was sich meist in einem Gestus oder bei näher verbundenen Personen auch das direkte Handanlegen äußert. Dies unterscheidet den Typus von Devotionsbildern, in denen keine Übergabe oder Darreichung stattfindet. Im Kostbaren Evangeliar wird die Übergabe durch die Kontextuierung Bernwards am Altar erweitert, die seinen Zelebrationsakt als Dedikationsakt interpretiert. Im Uta-Codex der Regensburger Buchmalerei (Bayerische Staatsbibliothek München, Clm 13601) erscheint der heilige Erhard bei der Zelebration der Messe (fol. 4r), was auf das Dedikationsbild folgt, in dem Uta der Gottesmutter den Codex überreicht (fol. 2r) (Abb. 5).[26] Der Uta-Codex dürfte wenige Jahre jünger als die Hildesheimer Handschrift sein, jedoch zeigt auch die reiche Verwendung der Inschriften direkte Bezüge zur Regensburger Produktion, sodass hier vielleicht gemeinsame Konzepte anzunehmen sind. Das Dedikationsbild offenbart aber auch die Unterschiede. So thront in Regensburg die Gottesmutter im zentralen Medaillon und neigt sich mit empfangendem Gestus zu der um unteren Bilddrittel angeordneten Uta herunter, hier sind die Bildsphären also deutlich getrennt und auch die Hierarchie ist durch abgestufte Größen gewahrt. In Hildesheim besitzt Bernward die etwa gleiche Größe wie Maria, ihre Häupter sind auf gleicher Höhe angeordnet. Die Ambivalenz der Bernwardseite als Dedikation und als Zelebration wertet den Hildesheimer Bischof zudem selbstbewusst auf.

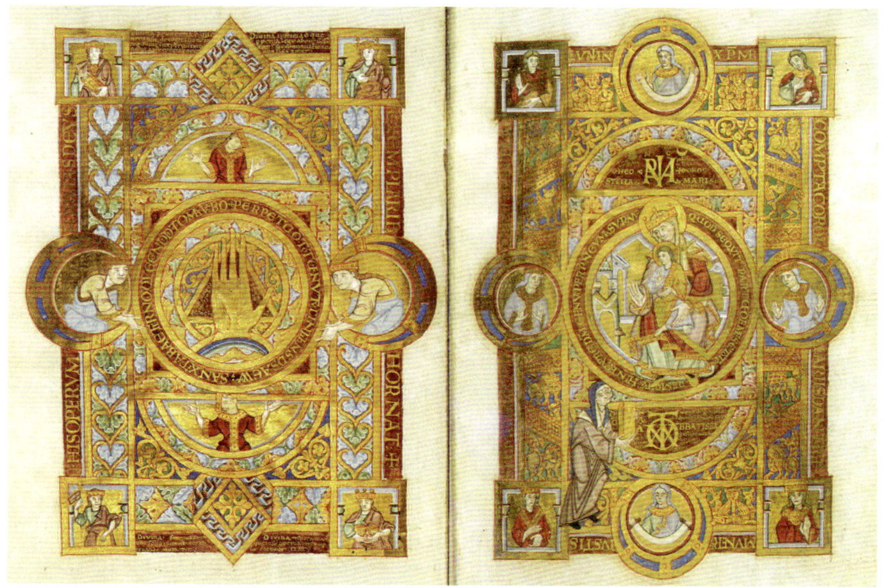

Abb. 5: Stifterbild aus dem sog. Uta-Codex

Ganz im Unterschied zum Regensburger Beispiel ist die thronende Madonna nicht allein, sondern wird in Hildesheim durch die sie bekrönenden Engel kontextuiert. Diese Bildformulierung ist ungewöhnlich, während die Krönung von zwei außenstehenden Personen durch eine Person in der Mitte, meist Christus, häufiger vorkommt.[27] Die Flankierung der Gottesmutter durch Engel ist aus spätantiken Apsisdekorationen wie in Parenzo (Istrien) bekannt und basiert auf Christus flankierenden Engeln insbesondere im ravennatischen Raum.[28] Sie hier zu krönenden Wesen umzuformen, steigert einerseits die Würdigung Mariens im Sinne einer *Maria Regina*, macht sie mit dieser Krone aber vor allem zur Ecclesia, obwohl das die Bildbeischriften nicht explizit thematisieren. Das Bildformular dürfte dabei von Ikonen wie der Anfang des 8. Jahrhunderts entstandenen Madonna della Clemenza aus Sta. Maria in Trastevere in Rom beeinflusst sein, die allerdings keine Krönung, sondern nur das Flankieren zeigen (Abb. 6).[29] Für die Krönung gibt es aus der Reichenauer Produktion eine nahezu zeitgleiche Parallele in der Bamberger Apokalypse,

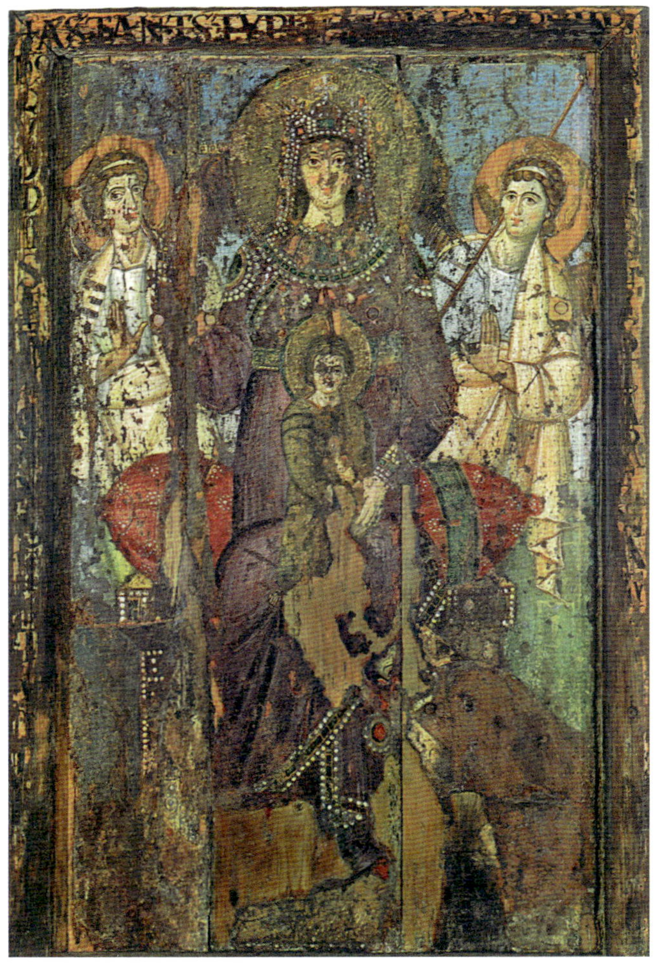

Abb. 6: Madonna
della Clemenza
aus Sta. Maria in
Trastevere in Rom

wo Kaiser Otto III. von Petrus und Paulus, also der römischen Kirche, gekrönt wird (Staatsbibliothek Bamberg, Msc. Bibl. 140, fol. 59v).[30] Ob Bernward diese oder eine vergleichbare Darstellung kennen konnte und mit den Engeln hier zu einer spätantik anmutenden Bildidee umformulieren ließ, ist nicht bekannt.

*

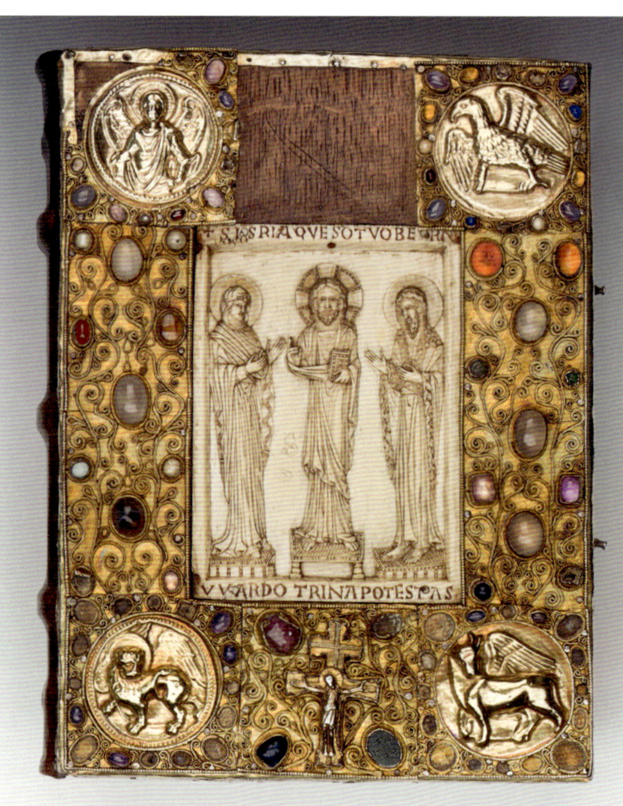

Abb. 7: Sog. Kostbares Evangeliar Bischof Bernwards, Vorderdeckel

Das Kostbare Evangeliar besitzt auch auf seinen beiden Einbandseiten Mariendarstellungen. Die heutige Montage verdankt sich zwei Umarbeitungen im 12. Jahrhundert, als der vermutlich von einem Buchkasten stammende Beschlag zuerst verändert und dann auf die Handschrift selbst übertragen wurde.[31] Die Vorderseite schmückt ein byzantinisches Elfenbein mit dem stehenden Christus in der Mitte, dem die beiden Fürsprecher Maria und Johannes der Täufer in der Form einer an die Deesis erinnernden Dreiheit zugeordnet sind (Abb. 7).[32] Die wohl anlässlich der Montage 1015 auf dem oberen und unteren Rand eingeritzte Inschrift bittet für Bernward: SIS RIA [irrtümlich für PIA] QVESO TVO BERNVVARDO TRINA POTESTAS (Ich bitte Dich, dreifache Macht, sei Deinem

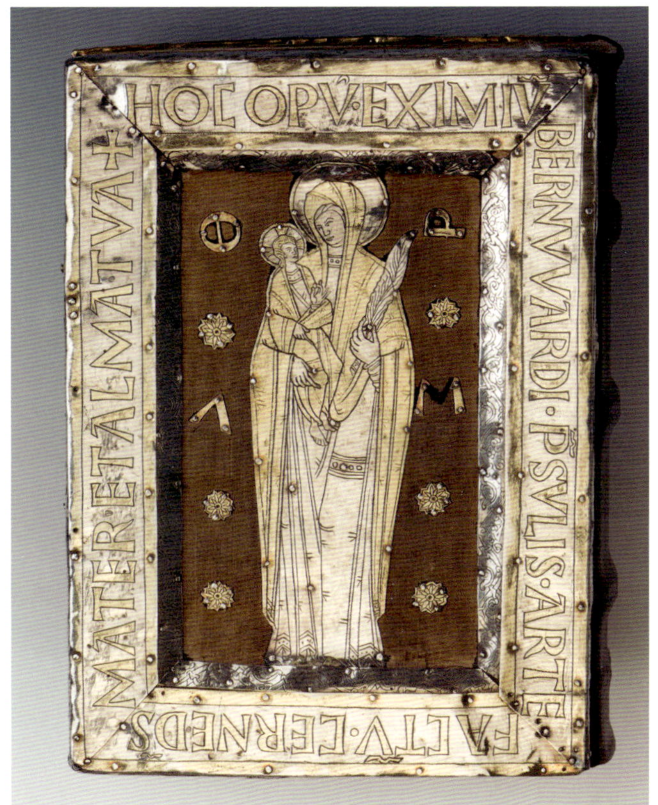

Abb. 8: Sog. Kostbares Evangeliar Bischof Bernwards, Rückdeckel

Bernward gnädig.) Besonders eindrücklich ist die stehende Madonna der Rückseite, wo Maria das Christuskind ungewöhnlicherweise auf dem rechten Arm trägt, damit sie mit der Linken eine Märtyrerpalme aufnehmen kann (Abb. 8). Mutter und Kind sind einander zugewandt und die Forschung hat schon lange erkannt, dass hier ein byzantinisches Bildformular der Hodegetria adaptiert und modifiziert wurde. Verwiesen wird dafür immer wieder auf die Elfenbeinreliefs in der Art der Utrechter Hodegetria, die hier zu einer Gravur umgedeutet wurde und als Ausschnittbild vor einem stoffbeschlagenen Hintergrund montiert wurde.[33] Das ungewöhnliche Motiv der Märtyrerpalme findet sich in der Verkündigungsszene auch auf der gleichzeitigen Bronzetür und wird als Hinweis auf die Passion Christi oder Virginitassymbol gedeutet.[34] Zu beiden Seiten war sie mit ›MP‹ und ›ΘY‹ in Griechisch als Mutter Gottes beschriftet, wovon heute die noch unverstanden montierten Einzelbuchstaben zeugen. Eindrücklich ist die Umschrift auf dem Rahmen HOC OPV(S) EXIMIV(M) / BERNVVARDI P(RE)SVLIS ARTE/FACTV(M) CERNE D(EU)S / MATER ET ALMA TVA + (Dieses herausragende Werk, [wurde] durch die Kunst Bischof Bernwards geschaffen, sieh es, Gott, und [auch] Du, gütige Mutter). Wie auch die Darstellung ist die silberne Rahmenleiste teilvergoldet, was ihr eine besondere Feierlichkeit gibt und in dieser Zeit um 1000 verbreitet war.

Im Gegensatz zu dem Widmungsbild innen verzichtet der Einband weitgehend auf eine explizit theologische Würdigung Mariens. Stattdessen bemüht er mit der byzantinischen Tafel und der byzantinisierenden Gravur die zeitgenössische Mode und eine Orientierung an dem als Inbegriff aller Kultur geltenden Hof von Konstantinopel.[35] Am ottonischen Hof Ottos III. (amt. 983–1002) hatte dieser Bezug durch die Herkunft von Kaiserin Theophanu (gest. 991) eine besondere Rolle gespielt, aber auch nach dem Wechsel der königlichen Linie zu den bayerischen Ottonen mit Heinrich II. (amt. 1002–1024) besaß er noch seine Wirkung. Bernward zeigte damit seine Weltgewandtheit und seine Kontakte, denn es dürfte zu dieser Zeit nahezu nur über den Herrscherhof und dessen diplomatische Geschenke möglich gewesen sein, an eine nahezu zeitgenössische byzantinische Elfenbeintafel zu gelangen; vermutlich stammte sie aus dem Schatz Ottos III. Dass diese auf dem Buchkasten nach außen bei jeder feierlichen Nutzung des Evangeliars vorgewiesen wurde, dürfte eine bewusste Setzung und Markierung der Königsnähe gewesen sein.[36]

Blick man auf die verschiedenen Darstellungen und inschriftlichen Aussagen, in denen Bernward seiner Marienverehrung Ausdruck verlieh, so speisten sich diese aus sehr unterschiedlichen Traditionen. Ihre Verschiedenheit mutet fast wie ein Versuch an, die Mannigfaltigkeit der Bildtradition zu unterstreichen und sich mit dem hieratischen Thronbild an aktuellen Tendenzen der dreidimensionalen Prozessionsbilder zu orientieren, wie auf dem Kostbaren Evangeliar an byzantinischen Bildformulierungen sowie im Widmungsbild dort spätantike Lösungen anklingen zu lassen, die aber zu einem ekklesiologischen Bild weiterentwickelt werden. Die vielfältigen und inhaltlich mehrschichtigen Inschriften, die in seiner Zeit so vor allem in Regensburg gepflegt wurden, zeugen von einer vermutlich sogar eigenen Auseinandersetzung Bernwards, wobei hier die beiden Aspekte Mariens als Mutter Gottes und als neue Eva zusammenfließen, die durch ihre Reinheit und ihre Einwilligung in den göttlichen Heilsplan die Erlösung und damit die Auferstehung der Glaubenden ermöglicht hat. Dafür verehrte Bernward sie besonders und erhoffte sich durch ihre Fürsprache das Ewige Leben. Deshalb vertraute er den Altar an seinem Grab ihrem Patronat an.

Anmerkungen

1 Vgl. Rudolf Schieffer: Reliquientranslationen nach Sachsen, in: 799 Kunst und Kultur der Karolingerzeit. Karl der Große und Papst Leo III. in Paderborn. Beiträge zum Katalog der Ausstellung Paderborn 1999 [Bd. 3], hg. von Christoph Stiegemann und Matthias Wemhoff, Mainz 1999; Hedwig Röckelein: Reliquientranslationen nach Sachsen im 9. Jahrhundert. Über Kommunikation, Mobilität und Öffentlichkeit im Frühmittelalter (Beihefte der Francia, Bd. 48), Stuttgart 2002.

2 Vgl. Hedwig Röckelein: Bernward von Hildesheim als Reliquiensammler, in: 1000 Jahre St. Michael in Hildesheim. Kirche – Kloster – Stifter, hg. von Gerhard Lutz und Angela Weyer (Schriften des Hornemann-Instituts, Bd. 14), Petersberg 2012.

3 Vgl. Helmut Fussbroich: Metamorphosen eines Grabes. Grabstätten der Theophanu in der ehemaligen Benediktinerabtei St. Pantaleon, in: Kaiserin Theophanu. Begegnung des Ostens und des Westens um die Wende des ersten Jahrtausends. Gedenkschrift des Kölner Schnütgen-Museums zum 1000. Todesjahr der Kaiserin, hg. von Anton von Euw und Peter Schreiner, 2 Bde., Köln 1991, S. 231 auf der Grundlage

der Translatio s. Albini Martyris; vgl. auch Klaus Gereon Beuckers: Bemerkungen zur kunsthistorischen Spätdatierung des Westbaus von St. Pantaleon in Köln, in: Jahrbuch des Kölnischen Geschichtsvereins 84 (2021), S. 7–42, hier S. 15 f. und 21.

4 Vita Bernwardi episcopi Hildesheimensis, in: Vitae quorundam episcoporum saeculum X, XI, XII / Lebensbeschreibungen einiger Bischöfe des 10.–12. Jahrhunderts, hg. und übers. von Hatto Kallfelz (Ausgewählte Quellen zur deutschen Geschichte des Mittelalters. Freiherr-vom-Stein-Gedächtnisausgabe, Bd. 22), Darmstadt 1973 (ND 1986), c. 27, S. 320/321.

5 Vgl. Hartwig Beseler, Hans Roggenkamp: Die Michaeliskirche in Hildesheim, Berlin 1954 (ND Hildesheim 1979), S. 102, Anm. 226; Harald Keller: Reliquien in Architekturteilen beigesetzt, in: Beiträge zur Kunst des Mittelalters. Festschrift für Hans Wentzel zum 60. Geburtstag, hg. von Rüdiger Becksmann u. a., Berlin 1975, S. 105–114 mit Verweis auf das Vorbild des Magdeburger Domes Ottos des Großen sowie die Nachfolge in St. Godehard in Hildesheim.

6 Vita Bernwardi episcopi Hildesheimensis,

c. 51, S. 354/355 (dort auch die Übersetzung): »exceptis plurimus, quae altari sanctae Mariae in principali aecclesia in coronisaureis, calcibus, candelabris, palliis aliisque aecclesiastici ordinis ornamentis contuli«.

7 Vgl. Rudolf Wesenberg: Bernwardinische Plastik. Zur ottonischen Kunst unter Bischof Bernward von Hildesheim (Denkmäler deutscher Kunst), Berlin 1955, S. 59–62. Die ältere Literatur in Kat. Hildesheim 1993: Bernward von Hildesheim und das Zeitalter der Ottonen, hg. von Michael Brandt und Arne Eggenbrecht, 2 Bde., Mainz 1993, Kat. Nr. VII-32, Bd. 2, S. 500–503 (Michael Peter). Dort wird aufgrund der Nähe der wenigen aus der Entstehungszeit erhaltenen Edelsteinfassungen eine Datierung um 1020/30, und damit möglicherweise auch nach Bernwards Tod, erwogen. Vgl. zudem Anna Pawlik: Das Bildwerk als Reliquiar? Funktionen früher Großplastik im 9. Bis 11. Jahrhundert (Studien zur internationalen Architektur- und Kunstgeschichte, Bd. 98), Petersberg 2013, Kat. Nr. 17, S. 234–244 und die Beiträge in diesem Ausstellungskatalog. Ob eine Bernward im 16. Jahrhundert zugewiesene Goldene Madonna aus Ringelheim jemals existiert hat, ist der Überlieferung nicht zu entnehmen. Vgl. Pawlik 2013a, Nr. 36, S. 296f.

8 Vgl. Ilene H. Forsyth: The Throne of Wisdom. Wood Sculptures of the Madonna in Romanesque France, Princeton 1972, insb. S. 70 und 112; Martin Büchsel: Ottonische Madonna (Liebieghaus Monographie, Bd. 15), Frankfurt 1993; Manuela Beer: Ottonische und frühsalische Monumentalskulptur. Entwicklung, Gestalt und Funktion von Holzbildwerken des 10. und frühen 11. Jahrhunderts, in: Die Ottonen. Kunst – Architektur – Geschichte, hg. von Klaus Gereon Beuckers, Johannes Cramer und Michael Imhof, Petersberg 2002, S. 129–152, hier S. 146–152; dies.: Orte und Wege. Überlegungen zur Aufstellung und Verwendung frühmittelalterlicher Marienfiguren, in: Luft unter die Flügel… Beiträge zur mittelalterlichen Kunst. Festschrift für Hiltrud Westermann-Angerhausen, hg. von Andrea Hülsen-Esch und Dagmar Täube (Studien zur Kunstgeschichte, Bd. 181), Hildesheim 2010, S. 99–121, hier S. 100f. Weitere Bildwerke bei Pawlik 2013a: Madonna aus Hermalle-sous-Huy, um 1070 (Nr. 7, S. 193–196); Madonna aus Châtillon-sur-Loire, vor 1029 (Nr. 8, S. 196f., nur literarisch bezeugt.); Liebieghaus-Madonna, um 1080 (Nr. 14, S. 223–227); Gero-Madonna, 996/76 (Nr. 18, S. 244–246); Madonna aus Èvegnée, um 1050/60 (Nr. 25, S. 265–167); Madonna aus Meschede, um 990 (Nr. 29, S. 278f., nur literarisch bezeugt); Madonna aus Ringelheim, um 1000 (Nr. 36, S. 296f., nur literarisch bezeugt); Ayler Madonna, um 1060/70 (Nr. 42, S. 311–316); Madonna aus Vézelay, 11. Jh. (Nr. 42, S. 316–318).

9 Zur Essener Madonna vgl. mit älterer Literatur Kat. Essen 2009: Gold vor Schwarz. Der Essener Domschatz auf Zollverein, hg. von Birgitta Falk, Essen 2009, Kat. Nr. 5, S. 62f. (Birgitta Falk); Pawlik 2013a, Nr. 11, S. 205–212; Klaus Gereon Beuckers: Zum Filigran der Goldenen Madonna in Essen, in: Zeitschrift des deutschen Vereins für Kunstwissenschaft 69 (2015), S. 57–76.

10 Zur Madonna in Walcourt vgl. Robert Didier: Notre-Dame de Walcourt. Une vierge ottonienne et son revers du XIIIe siécle, in: Le Bulletin de l'Institut Royal du Patrimoine artistique 25 (1993), S. 9–77; Kat. Walcourt 2000: Le Culte de Notre-Dame de Walcourt, hg. von Georges Dereine, Namur 2000; mit älterer Literatur Pawlik 2013a, Nr. 44, S. 318–320; Katharina Christa Schüppel: Madonnenskulptu-

ren mit silbernen Oberflächen. Zur Medialität weiblicher Heiligkeit im Mittelalter, in: superficies. Oberflächengestaltungen von Bildwerken in Mittelalter und Früher Neuzeit, hg. von Magdalena Bushart und Andreas Huth (Interdependenzen. Die Künste und ihre Techniken, Bd. 6), Köln, Wien 2021, S. 215–236; dies.: Die Madonna bekleiden. Zwölf Apostel auf dem Mantel der Walcourt-Madonna, in: Bamberger Perspektiven. Studien zur Kunst des Mittelalters, hg. von Stephan Albrecht, Lena Ulrich und Clara Forcht (Forschungen des Instituts für Archäologische Wissenschaften, Denkmalwissenschaften und Kunstgeschichte, Bd. 13), Bamberg 2022, S. 9–16.

11 Die Madonna ist in einer Schrägansicht in dem zwischen 985 und 1010 entstandenen Codex Clermont-Ferrand, Bibl. Municipale et Universitaire, Ms. 143, fol. 130v abgebildet. Sie gilt als Stiftung Bischof Etiennes II. (amt. 937–984). Vgl. Forsyth 1972, S. 31 und 99; Rebecca Müller: Das geträumte Bild. Die Marienstatue in Clermont. Mit einer Übersetzung der visio Rotberti, in: Kultbild – Revision eines Begriffs. Intellektualisierung und Mystifizierung mittelalterlicher Kunst. hg. von Martin Büchsel und Rebecca Müller (Neue Frankfurter Forschungen zur Kunst, Bd. 10), Berlin 2010, S. 99–131; Beer 2010, S. 108 f. mit Abb. 3; Pawlik a, S. 172 f.

12 Zur Imad-Madonna vgl. mit älterer Literatur Pawlik 2013a, Nr. 35, S. 290–296 sowie die Beiträge in diesem Ausstellungskatalog.

13 Zur Gero-Madonna vgl. Pawlik 2013a, Nr. 18, S. 244–246.

14 Zum Book of Kells vgl. Kat. Mainz 1993: Irland und das Book of Kells, bearb. von Anton von Euw, Mainz 1993. Zuletzt Bernard Meehan: Book of Kells. Das Meisterwerk keltischer Buchmalerei, Darmstadt 2012 (engl. OA 2012). Eine Herleitung des

Typus aus der Antike bei Peter Bloch: Überlegungen zum Typus der Essener Madonna, in: Kolloquium über frühmittelalterliche Skulptur. Vortragstexte 1968, hg. von Vladimir Milojcic, Mainz 1968, Bd. 1.3, S. 65–69.

15 Zur Mainzer Madonna vgl. Kat. Hildesheim 1993, Kat. Nr. IV-7, Bd. 2, S. 157 f. (Rainer Kahsnitz); Kat. Köln 2014: Die Heiligen Drei Könige. Mythos, Kunst und Kult, hg. von Manuela Beer u. a., München 2014, Kat. Nr. 19, S. 60 f. (Manuela Beer).

16 Vgl. Kat. Walcourt 2000; Schüppel 2022.

17 Vgl. Jürgen Bärsch: Kunstwerke im Dienste der Liturgie. Gebrauch und Funktion liturgischer Sachkultur im mittelalterlichen Gottesdienst des Frauenstifts Essen nach dem Zeugnis des Liber ordinarius, in: … wie das Gold den Augen leuchtet. Schätze aus dem Essener Frauenstift, hg. von Birgitta Falk (Essener Forschungen zum Frauenstift, Bd. 5), Essen 2007, S. 13–38, hier S. 33–35; Pawlik 2013a, S. 205–212; Birgitta Falk, Anna Pawlik: Die Schatzstücke im Essener Liber ordinarius, in: Netzwerke der Memoria [Festschrift für Thomas Schilp], hg. von Jens Lieven, Michael Schlagheck und Barbara Welzel, Essen 2013, S. 119–156, hier S. 146–149.

18 Zur Krone vgl. Kat. Essen 2009, Kat. Nr. 19, S. 92 f. (Birgitta Falk). Zuletzt Kathrin Berghoff: Die Essener Krone. Neue Ansätze zu Datierung und Funktion, in: Das Münster am Hellweg 72 (2021/22) S. 12–67.

19 Vgl. Kat. Walcourt 2000, insb. S. 69–71.

20 Zur Aufstellung solcher Madonnen vgl. dazu grundlegend Beer 2010, zu Hildesheim vgl. die Beiträge in diesem Katalog.

21 Aus St. Pantaleon kam der erste Abt von St. Michael, der von dort wohl auch den Bronzeguss mitgebracht hat. Zu den Mainzer Einflüssen vgl. Klaus Gereon Beuckers: Bernward und Willigis. Zu einem Aspekt

der bernwardinischen Stiftungen, in: 1000 Jahre St. Michael in Hildesheim. Kirche – Kloster – Stifter, hg. von Gerhard Lutz und Angela Weyer (Schriften des Hornemann-Instituts, Bd. 14), Petersberg 2012, S. 142–152.

22 Zur Hildesheimer Tür vgl. Kat. Hildesheim 1993, Kat. Nr. VII-23, Bd. 2, S. 503–512 (Rainer Kahsnitz); Michael Brandt: Bernwards Tür (Schätze aus dem Dom zu Hildesheim, Bd. 3), Regensburg ²2016 (OA 2010).

23 Zum Kostbaren Evangeliar vgl. Das Kostbare Evangeliar des Heiligen Bernward, hg. von Michael Brandt, München 1993; Kat. Hildesheim 1993, Kat. Nr. VIII-30, Bd. 2, S. 570–578 (Michael Brandt, Ulrich Kuder); Jennifer Kingsley: The Bernward Gospels. Art, Memory, and the Episcopate in Medieval Germany, Philadelphia 2014; Harald Wolter-von dem Knesebeck: Bernward von Hildesheim und sein kostbares Evangeliar (Vorträge im Europäischen Romanik Zentrum, Bd. 6), Halle 2016.

24 Zu den Inschriften vgl. Kat. Hildesheim 1993, Kat. Nr. VIII-30, Bd. 2, S. 570–578 (Michael Brandt, Ulrich Kuder); Christoph Schulz-Mons: Das Michaeliskloster in Hildesheim. Untersuchungen zur Gründung durch Bischof Bernward 993–1022 (Quellen und Dokumentationen zur Stadtgeschichte Hildesheims, Bd. 20), 2 Bde., Hildesheim 2010, Bd. 1, S. 465–473; Christine Wulf: Die Inschriften der Stadt Hildesheim (Die Deutschen Inschriften, Bd. 58; Göttinger Reihe, Bd. 10), 2 Bde., Wiesbaden 2003, Bd. 1, S. 181–183.

25 Zum ottonischen Stifterbild vgl. allgemein Klaus Gereon Beuckers: Das ottonische Stifterbild. Bildtypen, Handlungsmotive und Stifterstatus in ottonischen und frühsalischen Stifterdarstellungen, in: Die Ottonen. Kunst – Architektur – Geschichte, hg. von Klaus Gereon Beuckers, Johannes

26 Zum Uta-Codex vgl. Adam S. Cohen: The Uta Codex. Art, Philosophy, and Reform in Eleventh-Century Germany, Pennsylvania 2000; Elisabeth Klemm: Die ottonischen und frühromanischen Handschiften der Bayerischen Staatsbibliothek Bamberg (Katalog der illuminierten Handschiften der Bayerischen Staatsbibliothek in München, Bd. 2), 2 Bde., Wiesbaden 2004, Kat. Nr. 18, S. 43–49; Karl-Georg Pfändtner, Brigitte Gullath: Der Uta Codex. Frühe Regensburger Buchmalerei in Vollendung. Die Handschrift Clm 13601 der Bayerischen Staatsbibliothek, Luzern 2012.

27 Vgl. Joachim Ott: Krone und Krönung. Die Verheißung und Verleihung von Kronen in der Kunst von der Spätantike bis um 1200 und die geistige Auslegung der Krone, Mainz 1998, S. 87–126, zum Hildesheimer Bild S. 146–148. Er wendet sich gegen die Lesart als *Maria Regina* und verweist auf pagane antike Bildformulare.

28 Vgl. Christa Belting-Ihm: Die Programme der christlichen Apsismalerei vom vierten Jahrhundert bis zur Mitte des achten Jahrhunderts (Forschungen zur Kunstgeschichte und Christlichen Archäologie, Bd. 4), Wiesbaden 1992 (OA 1960) mit verschiedenen Beispielen.

29 Zur Madonna della Clemenza vgl. Kat. Hildesheim 1993, Kat. Nr. III-17, Bd. 2, S. 138 f. (Gerhard Wolf).

30 Zur Bamberger Apokalypse vgl. Kat Bamberg 2000: Das Buch mit 7 Siegeln. Die Bamberger Apokalypse, hg. von Gude Suckale-Redlefsen und Bernhard Schemmel, Wiesbaden 2000; Gude Suckale-Redlefsen: Die Handschiften des 8. bis 11. Jahrhunderts der Staatsbibliothek Bamberg (Katalog der illuminierten Handschriften der Staatsbibliothek Bamberg, Bd. 1), 2 Bde., Wiesbaden 2004, Kat. Nr. 65, S. 90–100;

Walter Berschin, Ulrich Kuder: Reichenauer Buchmalerei 850–1070, Wiesbaden 2015, Kat. Nr. 34, S. 110 f. (Walter Berschin, Ulrich Kuder); Bernd Schneidmüller u. a.: Die Bamberger Apokalypse. Visionen vom Ende der Zeit, Darmstadt 2022.

31 Vgl. dazu ausführlich Klaus Gereon Beuckers: Hoc opus eximium Bernwardi praesulis arte factum cerne deus mater et alma tua. Der Einband des Kostbaren Evangeliars Bischof Bernwards, in: Das Kostbare Evangeliar Bischof Bernwards von Hildesheim. Faksimile der Handschrift DS 18 der Dombibliothek Hildesheim, bearb. von Klaus Gereon Beuckers, Martina Giese und Harald Wolter-von dem Knesebeck, Luzern 2025 (in Vorbereitung). Zum Einband vgl. zudem Brandt 1993, S. 56–64; Kat. Hildesheim 1993, Kat. Nr. VIII-30, Bd. 2, S. 570–574 (Michael Brandt); Kat. Hildesheim 1999: Buch und Bild im Mittelalter, hg. von Ulrich Knapp, Petersberg 1999, Kat. Nr. 5, S. 49–51 (Elisabeth Scholz); Kat. New York 2013: Medieval Treasures from Hildesheim, hg. von Peter Barnet, Michael Brandt und Gerhard Lutz, New York 2013, Kat. Nr. 32, S. 90–93 (Charles T. Little). Zum Buchkasten im Mittelalter vgl. allgemein Hans-Walter Storck: Mittelalterliche Buchkästen, in: Scrinium Kilonense. Buchkunst im Mittelalter und Kunst der Gegenwart. Festschrift für Ulrich Kuder, hg. v. Hans-Walter Stork, Babette Tewes und Christian Waszak, Nordhausen 2008, S. 291–319.

32 Überzeugend gegen die Lesart als Dreiheit der dargestellten Personen im Sinne einer Deesis Wulf 2003, S. 183, Anm. 7.

33 Zur Utrechter Tafel vgl. Adolf Goldschmidt, Kurt Weitzmann: Die byzantinischen Elfenbeinskulpturen des X.–XIII. Jahrhunderts, Zweiter Band: Reliefs, Berlin 1934, Nr. 46, S. 39, Tafel XX; Kat. New York 1997: The Glory of Byzantium. Art and Culture of the idle Byzantine Era A. D. 843–1261, hg. von Helen C. Evans und William D. Wixom, New York 1997, Kat. Nr. 86, S. 138 f. (Olenka Z. Pevny). Zur Montage vor der Seide vgl. Regula Schorta: Seidengewebe und Schließe, in: Das Kostbare Evangeliar des Heiligen Bernward, hg. von Michael Brandt, München 1993, S. 61–62.

34 Vgl. Wesenberg 1955, S. 77, Anm. 188; Brandt 1993, S. 57; Wulf 2003, S. 182, Anm. 2.

35 Vgl. dazu auch Michael Brandt: Bernward und Byzanz, in: Scrinium Kilonense. Buchkunst im Mittelalter und Kunst der Gegenwart. Festschrift für Ulrich Kuder, hg. von Hans-Walter Stork, Babette Tewes und Christian Waszak, Nordhausen 2008, S. 43–54.

36 Gelegentlich mit Bernward verbunden wird das auf der Reichenau entstandene Kollektar in der Dombibliothek Hildesheim, Ms. 688, das auf fol. 76v die byzantinisch beeinflusste Ikonografie des Todes Mariens zeigt, bei dem Christus die Seele seiner Mutter als kleine Figur zum Himmel hinaufreicht. Auch sonst zeigt der Codex byzantinische Einflüsse, beispielsweise bei der Höllenfahrt Christi fol. 57r. Der Marientod tritt in dieser Form bei insgesamt sieben Reichenauer Handschriften auf; das erste Mal im Bamberger Tropar (Staatsbibliothek Bamberg, Lit. 5), das wohl 1001 entstanden ist. Die Datierung der Hildesheimer Handschrift scheint jedoch in die 1020er Jahre zu gehören und ist damit wohl nicht mehr Bernward zuzuschreiben. Zum Codex vgl. Kat. Wolfenbüttel 1991: Mittelalterliche Handschriften der Dombibliothek in Hildesheim, hg. von Jochen Bepler und Helmar Härtel, Wolfenbüttel 1991, S. 49–66 (Marlies Stähli); Berschin/Kuder 2015, Kat. Nr. 41, S. 124 f. (Ulrich Kuder).

JÖRG BÖLLING

DIE MARIENLITURGIE IM HILDESHEIMER DOM

»An den höchsten Festtagen, wenn das goldene Bildnis der seligen Jungfrau
Maria im Umgang getragen wird, dann gehen dem Bildnis zwei Leuchten vor-
aus, und sie werden bedient von den Vikaren aus einem bestimmten Haus im
Brühl, das ein gewisser Laie, genannt Selde, den Vikaren gegeben hat; und sie
sollen an Gewicht zwölf Pfund Wachs haben; und diese Aktennotiz findet sich
im alten Ordinarius, der im Heiligtum der Kirche von Hildesheim liegt, hinten
bei anderen Aktennotizen. – Das Haus, von dem oben die Rede ist, wurde den
Brüdern in der Kongregation verkauft im Jahre 1444.«[1]

Mit diesen Worten wird die im Jahre 1355 getätigte Stiftung eines ge-
wissen Heinrich, genannt von Selde, dokumentiert, der als Diener des Hildesheimer Domherrn Bernhard von Hardenberg fungierte. Mitte des 14. Jahrhunderts war also die liturgische Nutzung der Hildesheimer Goldenen Madonna
bereits fest etabliert. Mit dieser Stiftung kam nun noch hinzu, dass der feierlich glänzenden Marienfigur fortan zwei genau bemessene Wachsfackeln als
Leuchten vorangetragen werden sollten. Das angeführte Haus ist noch heute
nach diesem Zweck benannt: der »Lüchtenhof« im Brühl (mit heutigem Haupt-
eingang an der Neuen Straße 3). Im Jahre 1444 wurde dieses von Heinrich 1317
vom Domkapitel erworbene und der Vikarienkommunität geschenkte Gebäude
in der Tat, wie in der zitierten Quelle angegeben, dem Fraterherrn Berend van
Buederick und seiner – hier »Kongregation« genannten – im Geist der Devo-
tio moderna lebenden Gemeinschaft der »Brüder vom gemeinsamen Leben«
übergeben, worauf es dann 1611 zum Seminar wurde, 1631 an die Kapuziner
ging, nach der Säkularisation ab 1824 als zusätzliches, seit 1834 dann allei-
niges, vom heutigen Gymnasium Mariano-Josephinum getrenntes Priester-
seminar diente.[2] Im Innenhof ist auf der Hauswand rechts von der barocken
Hauptfassade der Seminarkirche eine Darstellung Mariens im Strahlenkranz
zu sehen (Abb. 1). Diese Muttergottes trägt über ihrem offenen dunkelblonden
Haar eine stilisierte goldene Lilienkrone, umfängt stehend mit ihrer Linken das
Jesuskind und hält mit ihrer Rechten, neben der unter dem vornehm weiten
weißen Gewand ein roter Ärmel hervorlugt, einen von ihrem Sohn mit dessen
linker – und vielleicht auch dahinter nicht sichtbarer rechter – Hand berührten
schlichten roten Apfel. Flankiert wird sie von zwei hohen, auf repräsentati-
ven Kandelabern angebrachten brennenden Kerzen. Die Darstellung erinnert
an die Goldene Madonna in ihrer barocken Gewandung.[3] Allerdings erscheint

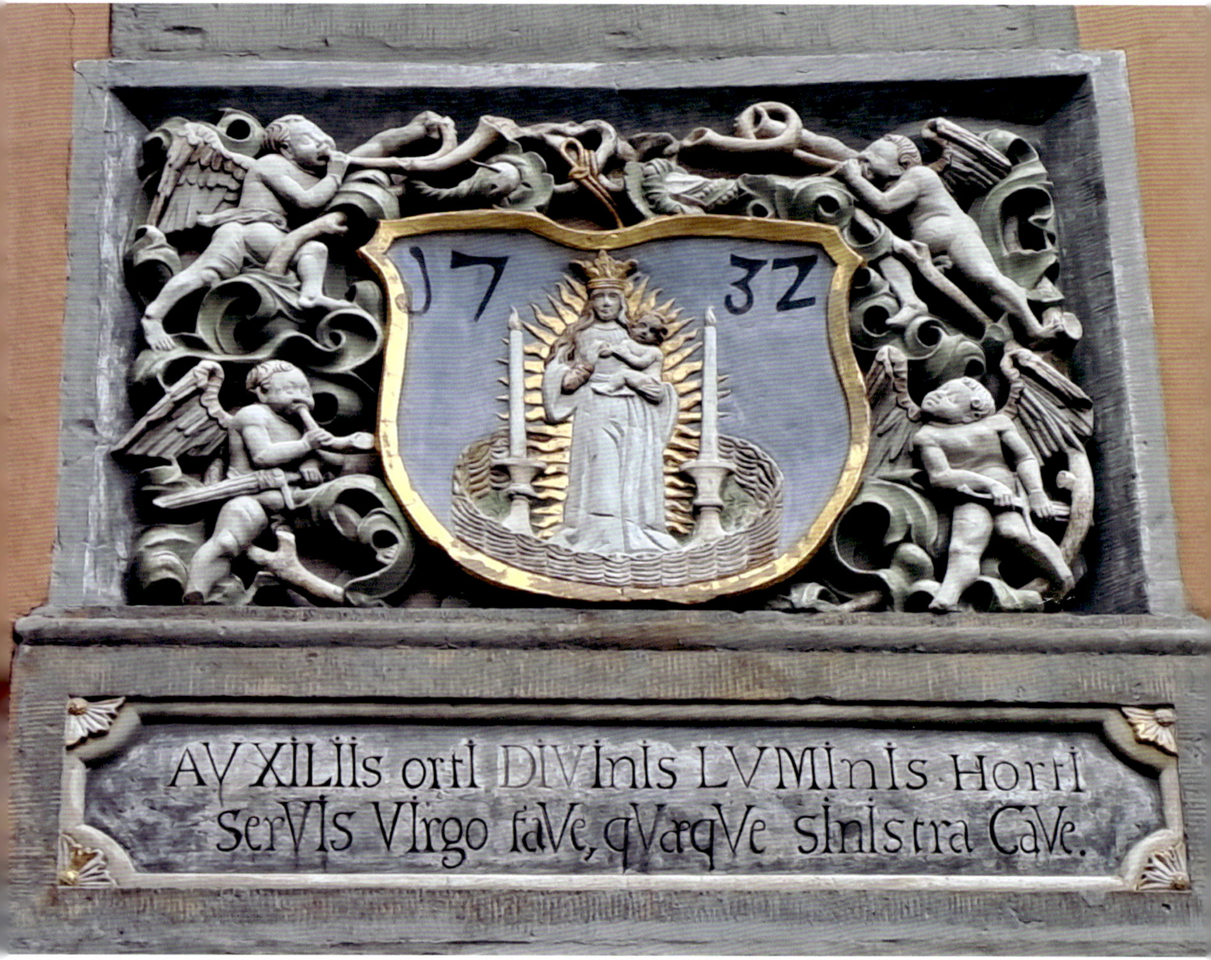

Abb. 1: Mariendarstellung mit als Chronogramm gestaltetem Epigramm im Lüchtenhof

Maria hier in leicht anderen äußeren Formen: mit breiterer Krone, schlichtem Gewand, stehend und dementsprechend einem statt auf dem Schoß sitzenden auf den Arm genommenen Jesuskind – ganz ähnlich wie das Siegel des Domkapitels von 1650, einschließlich des Strahlenkranzes.[4] Hinzu kommt, dass Jesus anstelle der Weltkugel eine Art Reichsapfel in – heute – natürlichem Rot und

ohne Kreuz hält, und dies nur mit maßgeblicher Hilfe seiner Mutter. Dargestellt ist also offenbar die himmlische Frau selbst, nicht ein irdisches Abbild.
Die Muttergottes selbst soll hier im Bild von den beiden flankierenden Leuchten, die dem Lüchtenhof seinen bis heute bestehenden Namen geben, geehrt
werden, nicht das goldene Kunstwerk, dem diese Kerzen gemäß der Stiftung in
Prozessionen voranzutragen sind.

Die in arabischen Ziffern ausgeführte Jahreszahl 1732 findet sich als
Chronogramm in einem darunter angebrachten lateinischen Epigramm, d.h.
in einem sechshebigen und einem darauffolgenden fünfhebigen Vers, Hexameter und Pentameter: Die darin als lateinische Zahlzeichen infrage kommenden
Großbuchstaben, I, V (identisch mit U), X, L, D und M, im vorliegenden Fall
als hochgestellte Majuskeln hervorgehoben, ergeben in der Summe ebenfalls
die erwähnte Jahreszahl. Zudem reimen sich dabei zwei einschlägige Silben
jeweils so, dass man von einem leoninischen Reim bzw. einem Versus Leoninus
spricht, wie er bei zahlreichen anderen mittelalterlichen Hildesheimer Domin-
schriften und auch in den Versprologen der älteren und jüngeren Lebensbe-
schreibung des heiligen Godehard bezeugt ist.[5] Eine Besonderheit dieses Epigramms besteht jedoch darin, dass es ein »leoninisches Distichon« ist, bei dem
sich die Reime nicht allein beim Hexameter, sondern auch beim Pentameter
finden. Nach allen Regeln der Kunst sind darüber hinaus schon klassisch-an-
tike Gesetzmäßigkeiten der einzelnen Längen und Kürzen eingehalten:

AVXILIIs ortI DIVInIs LVMInIs hortI
serVIs VIrgo faVe, QVaeQVe sInIstra CaVe.

In deutscher Prosafassung heißt dies in etwa: »Sei gewogen, Jungfrau, den
Dienern des Lichtgartens, der mit göttlichen Hilfsmitteln entstand, und halte
fern, was auch immer widrig ist.« In deutscher Nachdichtung von Hexameter
und Pentameter, in Form eines leoninisch gereimten Epigramms, mag dies in
etwa folgendermaßen klingen:

Dieses Gesichtes, im göttlich gewirkten Hofe des Lichtes,
Dienern, Jungfrau, zeig Huld – hüte auch vor aller Schuld!

Bedauerlicherweise ist der in der Aktennotiz erwähnte »alt[e] Ordinarius« nicht überliefert. Erhalten ist aber sein 1473 verfasster Nachfolger, im Original »ordinarius novus« genannt, der noch immer in der Dombibliothek Hildesheim verwahrt wird (Abb. 2, das abgekürzte Wort »nou9«, für »novus«, »neu«, ist oberhalb der roten Überschrift mit brauner Tinte eigens ergänzt worden).[6]

Dabei handelt es sich um eine Art liturgisches Regiebuch, in dem alle wichtigen Gebete, Gesänge, Gottesdienstorte und Kultgegenstände im liturgischen Jahreslauf und für bestimmte Heiligenfeste genau benannt und teilweise auch näher beschrieben werden.

Die Goldene Madonna wird darin allerdings ebenso wenig erwähnt wie andere Bilder. Lediglich von bestimmten Marienreliquien ist die Rede. Deren heute so verehrte Reliquiare dienten in erster Linie ihrer Verwahrung und Präsentation und verwiesen ihrerseits – wie die Mariendarstellung im Lüchtenhof – auf die himmlischen Heiligen.

Im Fokus dieser liturgischen Handschrift stehen hingegen die Festtermine samt den jeweils hierfür zu lesenden und zu singenden Texten. Der Liber Ordinarius beginnt daher – nach einem überblicksartigen Kalender – mit einem Mariengebet, das zugleich der Zeitrechnung dient. Im Folgenden soll nun zunächst dieses Gebet kurz vorgestellt werden (1), um dann anhand des Liber Ordinarius die Marienfeste zu beleuchten (2) und schließlich die Marienreliquien in der Domliturgie in den Blick zu nehmen, wobei abschließend das Augenmerk erneut der Goldenen Madonna gilt (3).

1 Das »Schöne Gebet von unserer Lieben Frau«

»Sei gegrüßt, hervorleuchtende Himmelskönigin, sanftmütige Anwältin der Elenden, leuchtende Leuchte der Irrenden, gütige Mutter der Armen, Arznei der Kranken, strahlender Glanz der Heiligen, ruhmreiche Herrin der Engel [...]«

Mit diesen Worten, die in literarischer Form gewisse Nuancen von dem sichtbaren leuchtenden Glanz der Goldenen Madonna anklingen lassen, beginnt das »Schöne Gebet von unserer Lieben Frau« (»Notre Dame«), (vgl. Abb. 3).[7]

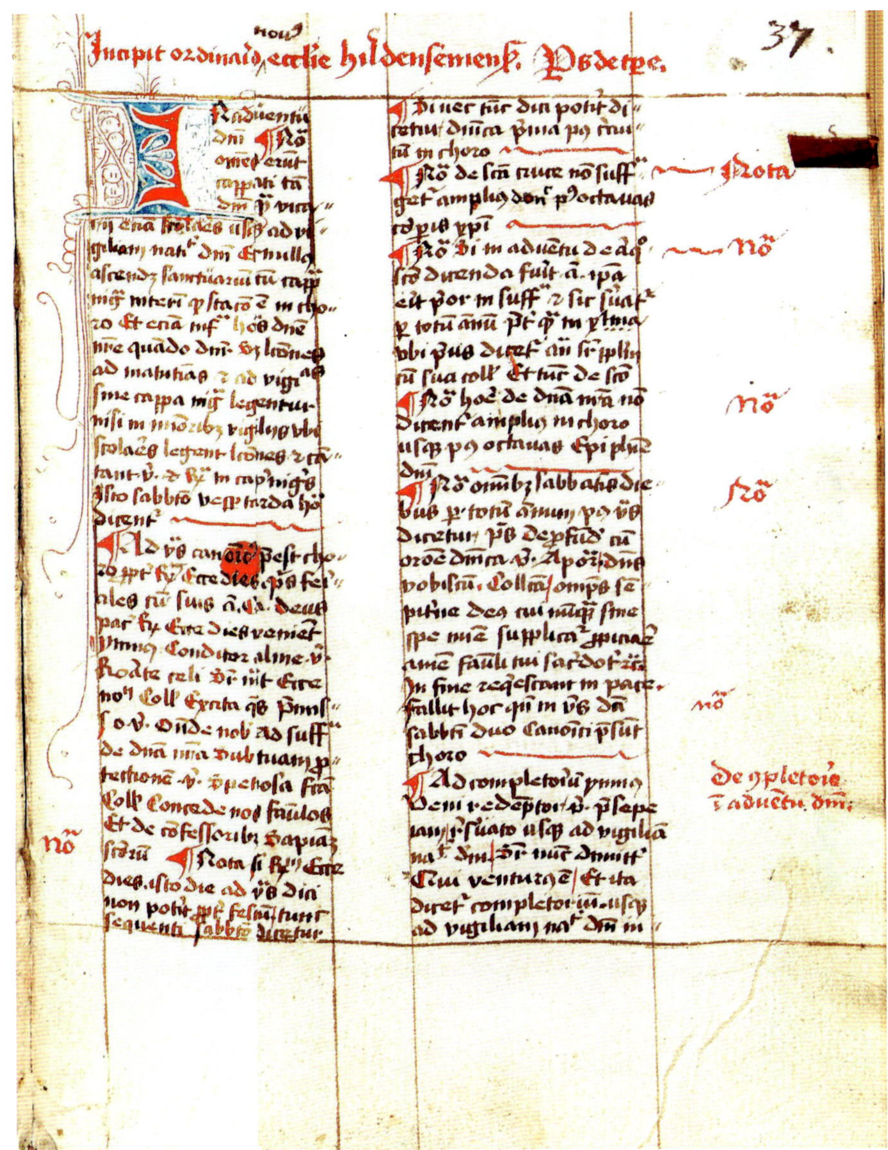

Abb. 2: Ordinarius novus, Dombibliothek Hildesheim, Hs 793, S. 37

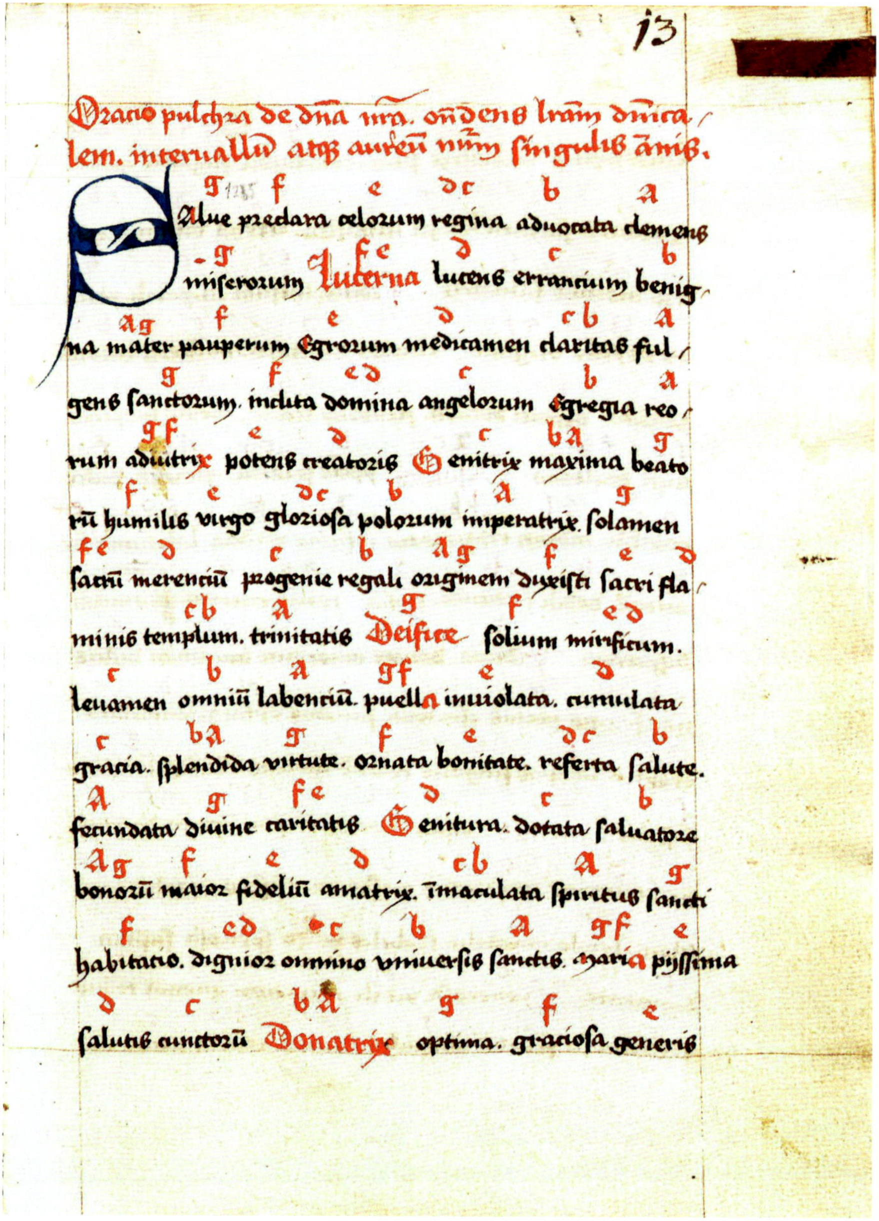

Abb. 3: Ordinarius novus, Dombibliothek Hildesheim, Hs 793, S. 13

Wie bereits erwähnt, hat dieses Mariengebet neben seiner besonders feierlichen, hymnisch preisenden Anrufung der Gottesmutter und Dompatronin zugleich den rein pragmatischen Zweck der Zeitrechnung. Auf den Tag genau lässt sich an den einzelnen sprachlich-ästhetisch gestalteten sowie mathematisch-kalendarisch berechneten, dadurch jedoch nur umso geheimnisvoller wirkenden Worten ablesen, wie die sieben Wochentage sich auf die 365 bis 366 Tage eines jeden Jahres im Zyklus von 1285 bis 1479 – sowie dessen unendlich möglichen Wiederholungen – verteilen und in welchem Verhältnis Mond- und Sonnenjahr dabei jeweils zueinander stehen. Dargestellt wird dies hier, wie in mittelalterlichen Kalendern und Zeitrechnungstraktaten üblich, durch drei jährlich wechselnde Angaben: den »Sonntagsbuchstaben« (a bis g), das »Intervallum« (den genauen Zeitraum zwischen Weihnachten und dem letzten Sonntag vor der 40-tägigen Fastenzeit, andernorts ist er der erste Fastensonntag) und die vom Mondzyklus abhängige Goldene Zahl (1 bis 19), durch die sich die »Epakte«, das jeweilige »Alter des Mondes« im neuen Jahr, ermitteln lässt.[8] All diese Daten dienen letztlich einem einzigen zentralen Zweck: der Berechnung des wichtigsten christlichen Festes, noch heute gefeiert am ersten Wochentag, dem Sonntag, nach dem ersten Frühlingsvollmond, also dem Vollmond nach der Tagnachtgleiche des Sonnenjahres: Ostern. Während alle Heiligenfeste, auch die marianischen, wie Weihnachten auf einen bestimmten Tag des kalendarischen Sonnenjahres fallen, so verschränken sich beim Osterfest und allen davon abhängigen beweglichen Fast- und Feiertagen der Sonnen-, Mond- und Wochenzyklus.

Dieses Mariengebet hat somit weit mehr als eine liturgisch-kalendarische Funktion in einem rein technischen Sinne. Vielmehr verleiht es der Dompatronin – zumal an derart prominenter Stelle im Liber Ordinarius – eine geradezu kosmisch-schöpfungstheologische Aura, die alle einzelnen im Jahreslauf gefeierten Marienfeste miteinschließt. Mag dieses Mariengebet in formaler ästhetischer Hinsicht an den Glanz der Goldenen Madonna gemahnen, so ruft seine Funktion ein weiteres Marienbild in Erinnerung: Wie in Gestalt der Tintenfassmadonna im Dominneren die Gottesmutter ihrem Sohn die Tinte reicht (Abb. 4), so erscheint Maria hier im Liber Ordinarius als Garantin der Beschreibung der christlichen Zeitrechnung, Kalenderausführung und Feier des Kirchenjahres mit seinen Marienfesten.

2 Marienfeste in der Domliturgie

Auf den Kalenderblättern des neuen Liber Ordinarius, seinen ersten zwölf Seiten, sind folgende Tage als marianische Feste gekennzeichnet:

- 2. Februar: »*Purificationis beate Marie virginis*« (»Reinigung der seligen Jungfrau Maria«, Mariä Lichtmess, Darstellung des Herrn),
- 9. Februar: »*Octava purificationis*« (»Oktavtag von Mariä Reinigung«),
- 25. Februar: »*Annunciacio domine nostre*« (»Verkündigung unserer Lieben Frau«, Verkündigung des Herrn),
- 2. Juli: »*Visitacionis beate Marie*« (»Besuch der seligen Maria« [bei Elisabeth], Mariä Heimsuchung),
- 9. Juli: »*Octava visitacionis beate Marie*« (»Oktavtag des Besuchs der seligen Maria«, Oktavtag von Mariä Heimsuchung«),
- 14. August: »*Vigilia*« (Vortag von Mariä Aufnahme in den Himmel),
- 15. August: »*Assumpcionis beate Marie*« (»Aufnahme der seligen Maria« [in den Himmel]«, Mariä Himmelfahrt),
- 22. August: »*Octava assumpcionis beate Marie virginis*«, Oktavtag von Mariä Himmelfahrt),
- 7. September: »*Vigilia*« (Vortag von Mariä Geburt),
- 8. September: »*Nativitatis beate Marie*« (»Geburt der seligen Maria«),
- 15. September: »*Octava nativitatis Marie*« (»Oktavtag von Mariä Geburt«),
- 26. November: »*Illacionis beate Marie virginis*« (»Übertragung [der Reliquien] der seligen Jungfrau Maria«),
- 8. Dezember: »*Adventus reliquiarum domine nostre*« (»Ankunft der Reliquien unserer Lieben Frau«, am Tag von Mariä Empfängnis),
- 15. Dezember: »*Octava conceptionis beate Marie*« (»Oktavtag von Mariä Empfängnis«).

Als Hochfeste oder Feste markiert sind diese Termine durch bestimmte Gebete und Gesänge, die Messe meist mit Gloria (Te Deum im Stundengebet), teilweise sogar mit Credo, nicht anders als in der regelmäßigen Sonntagsmesse und an sonstigen hohen Festtagen. Feierliche Melodien und prächtige Gewän-

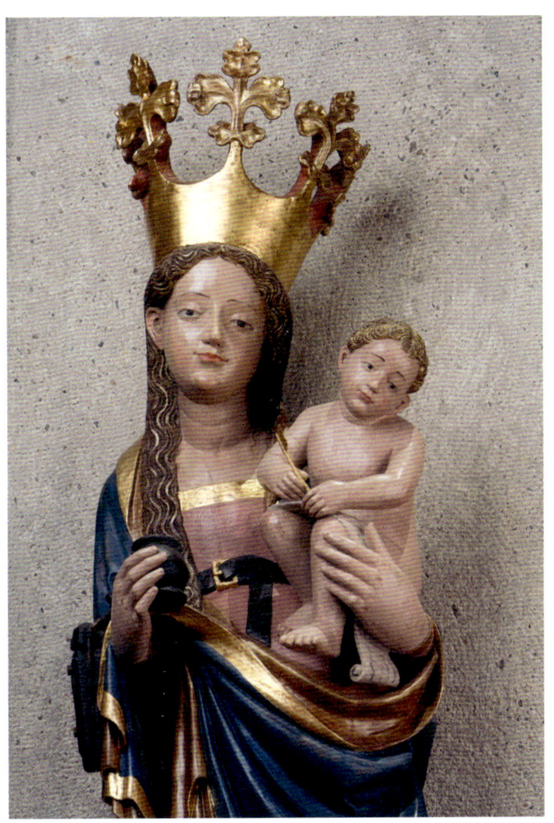

Abb. 4: Tintenfassmadonna
im Hildesheimer Dom

der mit anlassbezogen wechselnden Formen und Farben verdeutlichen, kommentieren und variieren den jeweiligen Festinhalt. Alle Beteiligten, auch die Lateinunkundigen und musikalisch-künstlerisch weniger Versierten, wird aber vor allem ein zeremonielles Mittel rezeptionsästhetisch erreicht und vielfach sicherlich auch performativ persönlich mit einbezogen haben: die Prozession. Hierzu lassen sich über die Jahrhunderte entstandene und wieder veränderte ganze Systeme mit jeweils verschiedenen Binnenstrukturen und wechselnden Ausformungen erkennen.[9] Für die Frage der Marienliturgie sind letztlich zwei Kategorien zu unterscheiden: Prozessionen ohne und – unten im dritten Kapitel zu behandeln – mit Marienreliquien.

Die reliquienlosen Prozessionen haben ihren Ursprung fast ausnahmslos im Stufengebet des feierlichen sonntäglichen Hochamtes, das jeweils vor der Eucharistiefeier begangen wurde, teilweise aber auch im Stundengebet, vor allem im Rahmen der ersten Vesper (Abendlob), mit der ein Fest jeweils am Vortag buchstäblich eingeläutet wurde und wird.[10] Einige dieser Prozessionen erfolgten regelmäßig in jedem Jahr, allein aufgrund ihrer eigenen Bedeutung, in Analogie zu denen an Sonn- oder sogar höheren Festtagen. Andere hingegen fanden überhaupt nur dann statt, wenn sie zufälligerweise auf einen Sonntag fielen, wobei sie der Liturgie dann immerhin eine gewisse marianische Prägung verliehen.

Regelmäßig waren Prozessionen laut Liber Ordinarius an fünf Marienfesten zu begehen, von denen zwei bezeichnenderweise nach heutigem liturgischen Verständnis ohnehin als Herrenfeste gelten: die Hochfeste Mariä Lichtmess (Darstellung des Herrn) am 2. Februar und Verkündigung Mariens (Verkündigung des Herrn) am 25. März, wobei die Ebenbürtigkeit der Prozession mit der an Ostern eigens hervorgehoben wird. Der marianisch geprägte 25. März hatte somit – ebenso wie der 2. Juli – eine größere Bedeutung als das bewusst neun Monate später, am 25. Dezember, gefeierte Christfest; denn an Weihnachten fand die Prozession bemerkenswerterweise nur statt, wenn es auf einen Sonntag fiel. Zum Patronatsfest am 15. August sollte die Prozession erwartungsgemäß besonders feierlich ausfallen, wozu eigens alle Orden und Gemeinschaften der gesamten Stadt einbezogen wurden.[11] Eine vergleichbare Ehrung erfuhr sonst nur das Fest des Nebenpatrons Godehard. In bildlichen Darstellungen, etwa im Siegel des Domkapitels, flankiert er zusammen mit Epiphanius die Gottesmutter auf scheinbar gleicher Ebene. In Variation älterer Vorgänger erinnert die zentrale Mariendarstellung des Domsiegels aus der Zeit um 1300 an die Goldene Madonna, die mit ihrer nun hinzutretenden Krone beide Nebenpatrone deutlich überstrahlt (Abb. 5).[12] Im Liber Ordinarius hingegen tritt Godehards liturgischer Festtag gegenüber dem des Epiphanius stärker in den Vordergrund. Dies mag auch damit zusammenhängen, dass am Vortag zugleich die Kirchweihe mit kleinerer Prozession gehalten werden sollte.[13] Als fünftes Marienfest kommt schließlich Mariä Geburt am 8. September hinzu.[14] Dessen Vortag wurde wiederum – analog zum Vortag des Godehardfestes – als Weihetag des Godehardchores begangen.

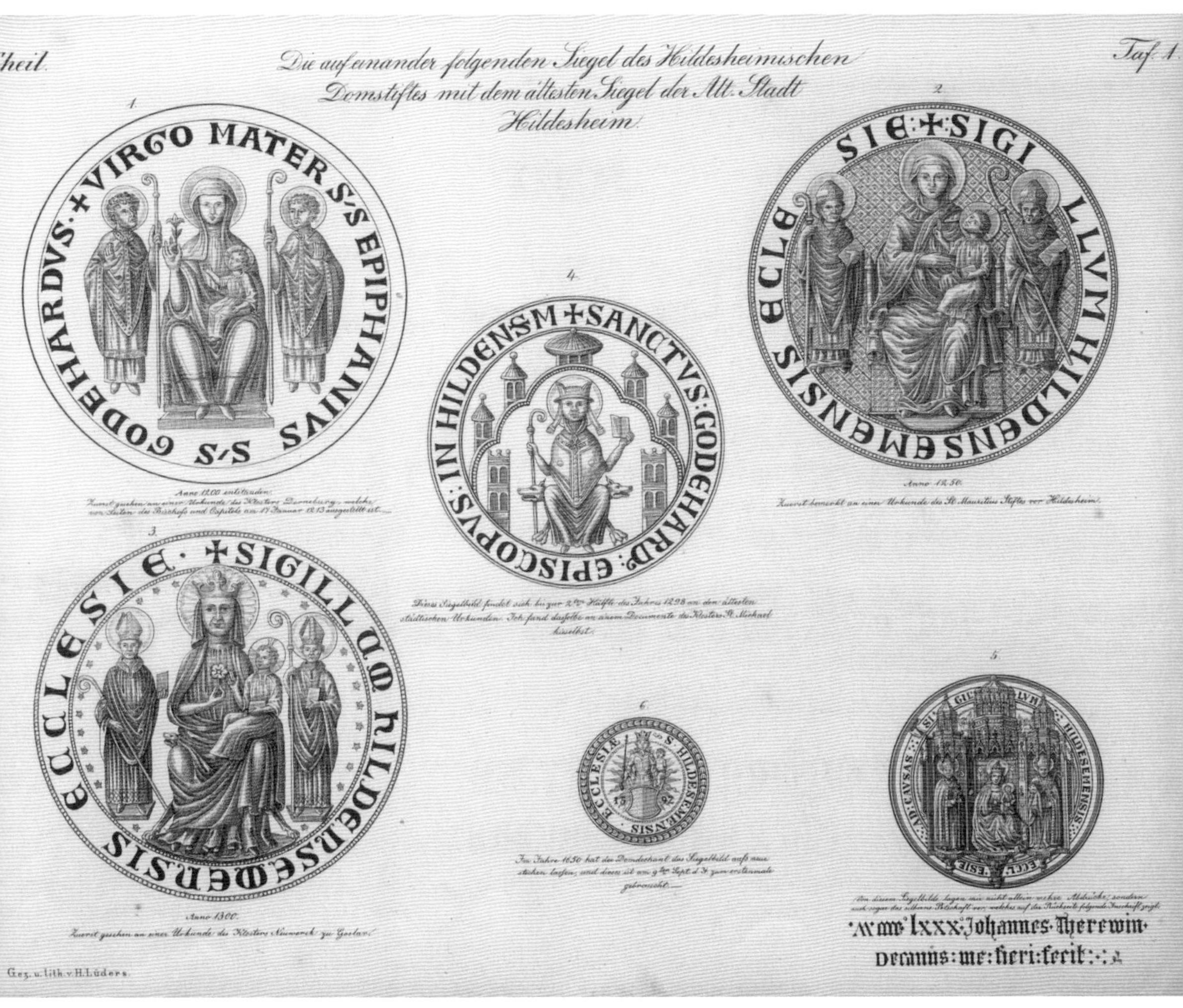

Abb. 5: Siegel des Hildesheimer Domkapitels mit Anspielung auf die Goldene Madonna (1300), Nr. 3

Marienfeste, an denen Prozessionen nur in den Jahren stattfinden soll-
ten, in denen sie auf einen Sonntag fielen, also immerhin in der Kategorie des
Domnebenpatrons Epiphanius und des ersten Weihnachtstages, sind folgende:
Ankunft der Marienreliquien, gefeiert am Hochfest von Mariä Empfängnis

(»Immaculata Conceptio«), dem 8. Dezember, und die Oktavtage von »Immaculata« am 15. Dezember, von Lichtmess am 9. Februar und von Heimsuchung am 9. Juli. Der Tag der Ankunft der Marienreliquien ist zwar durch die deutlich seltenere Prozession weit weniger prominent als das Hochfest Mariä Verkündigung am 25. März, doch die Gesänge von dessen nächtlichen Gebetsstunden sind nach dem Vorbild des 8. Dezember gestaltet.[15]

3   Marienreliquien in der Domliturgie

Die Einbeziehung der Marienreliquien hing – im Unterschied zu den reliquienlosen Prozessionen – zu keinem Zeitpunkt davon ab, ob es sich um einen Sonntag handelte. Genau umgekehrt waren bestimmte Sonntage und sogar Freitage ausdrückliche Termine, selbst wenn sie keinen direkten marianischen Charakter aufwiesen. Der ausschlaggebende Unterschied ist darin zu sehen, ob die Reliquien regulär, also obligatorisch, mitzuführen waren oder nur ad libitum.

In jedem Fall wirkten die Gründungsreliquien gewissermaßen als Kern des gesamten Domes. Durchaus möglich ist es daher, dass die laut Tradition aus dem Holz des Rosenstocks gefertigte Goldene Madonna beim Tragen des darin ursprünglich angeblich unbeweglich verbliebenen Gründungsreliquiars mitgeführt wurde. Dieses Gründungsreliquiar war bereits seit dem Hochmittelalter fester Bestandteil der Umgänge und Prozessionen, wie zahlreiche Urkunden bezeugen. 1153 und 1158 erscheint es zunächst nur bei Rechtsgeschäften, Ende des 12. Jahrhunderts bereits für das Mitführen durch eine Tragekette, ab der zweiten Hälfte des 13. Jahrhundert dann schließlich für Prozessionen. Ihren Höhepunkt erreichte diese Entwicklung im Spätmittelalter aufgrund von spezifischen Ablässen und besonderen Bußgängen. Doch nach ersten konterkarierenden Persiflagen wurden Prozessionen schließlich infolge der Reformation aus dem öffentlichen städtischen Raum ganz verbannt.[16]

Gemäß dem Liber Ordinarius von 1473 waren es jedoch nicht die großen Marienfeste selbst, an denen Prozessionen mit den Marienreliquien und den Schreinen Godehards und Epiphanius' durchgeführt wurden, sondern zum einen das Fest Kreuzerhöhung am 14. September,[17] zum anderen die sechs Freitage zwischen Mariä Heimsuchung am 2. Juli und Mariä Himmelfahrt am 15. August.[18] Vergleichbare Prozessionen gab es sonst vor allem am Fest des heiligen Markus und an den drei Rogationstagen (Montag, Dienstag und Mittwoch) vor Christi Himmelfahrt[19] sowie an Petri Kettenfeier, dem 1. August, wenn dieser auf einen der beiden wöchentlichen Fastentage fiel, einen Mittwoch oder einen Freitag. Auch an den Festtagen der Sieben Brüder, des Königs Heinrich und am Oktavtag von Maria Magdalena fand die Prozession mit den Marienreliquien nur dann statt, wenn diese auf einen Freitag fielen – und an einem Sonntag entsprechend ohne Reliquien.[20] Im Vordergrund standen bei der Mitführung der Marienreliquien also Motive des Kreuzgedenkens, Fastens und Büßens.

Am Vortag des 1. August wiederum fand eine Prozession nur statt, wenn dieser ein Sonntag war oder aber die Marienreliquien mitgeführt werden sollten. Hier hatten also die Marienreliquien eine regelrecht konstitutive Funktion für die Prozession – und nicht umgekehrt.

Als regelmäßiger Teil der Prozessionen wurden die Marienreliquien sonst nur noch in der durch die Krypta gehenden Vesper-Prozession am Tag des heiligen Albanus mitgeführt.[21] Anlässlich verschiedenster weiterer Festtage konnten, jedoch mussten die Reliquien nicht mitgeführt werden. Bei großen Prozessionen außerhalb der Kirche waren dem Marienheiligtum dann von Knaben zu haltende Fahnen voranzutragen.[22] An bestimmten Tagen hatte die Entscheidung für die Mitführung der Marienreliquien auch musikalische Auswirkungen: Bei solchen Gelegenheiten, etwa am Sonntag nach Christi Himmelfahrt (»Exaudi«), am Sonntag in der Oktav von Mariä Heimsuchung (2. Juli) sowie an Fronleichnam, wurden die Gesänge in diesem Fall entsprechend angeglichen, indem jeweils die Antiphon »Sancta Maria« erklang, an Fronleichnam – an dem die Reliquienprozession eigentlich nicht stattfinden sollte – anstelle des gleichnamigen Responsoriums.[23] Dieser gegenüber der rein kehrversartigen Antiphon musikalisch deutlich aufwendigere Antwortgesang sollte an dem wichtigen Herrenfest offenbar die zugunsten des Allerheiligsten regulär ausbleibende Tracht des marianischen Heiligtums ausgleichen, wohingegen durch den textlich ebenfalls passenden, aber musikalisch schlichteren Mariengesang die Aufmerksamkeit umso mehr den Marienreliquien galt.

Zusammenfassung und Ausblick

Die Hildesheimer Domliturgie des Mittelalters war geprägt von einer Reihe von
marianischen Festen. Darüber hinaus war der gesamte christliche Kalender
im spätmittelalterlichen Liber Ordinarius anhand eines – analog zum Glanz
der Goldenen Madonna – prachtvoll klingenden Mariengebetes zu erkennen
und dadurch der Gottesmutter selbst anvertraut. Die heute als Herrenfeste be-
trachteten Termine am 2. Februar und am 25. März hatten bereits aufgrund
ihrer Bezeichnung als »Mariä Reinigung« (statt »Darstellung des Herrn«) und
»Verkündigung Mariens« (statt »Verkündigung des Herrn«) eine markante marianische Bedeutung. Besonders feierlich wurde das Dompatrozinium, die Aufnahme Mariens in den Himmel am 15. August, begangen, in seiner Bedeutung
dicht gefolgt von Mariä Heimsuchung am 2. Juli und vom Fest Mariä Geburt
am 8. September. Das neun Monate davor gefeierte Hochfest Mariä Empfängnis am 8. Dezember stand ganz im Zeichen der Erinnerung an die Ankunft
der Marienreliquien, derer vorausdeutend bereits am 26. November gedacht
wurde. In einem solchen Sinne wirkten auch die jeweils als einleitende Vigil
gehaltenen Vortage zum 15. August und zum 8. September. Oktavtage verlän-
gerten zudem die Festfreude des 15. August (am 22. August), 8. September (am
15. September), 8. Dezember (am 15. Dezember), 2. Februar (am 9. Februar) und
2. Juli (am 9. Juli).

Hierfür spielten nun die Prozessionen eine zentrale Rolle, und zwar
eine weitaus größere als die Möglichkeit, Reliquien oder Bilder mitzuführen.
Die dezidiert marianischen Hochfeste am 15. August, 2. Juli und 8. September sowie – nach zeitgenössischem Verständnis ebenfalls besonders auf Maria
zu beziehen – am 2. Februar und 25. März zeichneten sich dadurch aus, dass
stets eine Prozession abzuhalten war, wobei Festgehalt und formaler Auf-
wand jeweils genauestens austariert wurden. An allen anderen Marienfesten
einschließlich der Vigil- und Oktavtage war jedoch nur dann eine Prozession
vorgesehen, wenn dieser Kalendertag auf einen Sonntag fiel, da an diesem Wochentag ohnehin Prozessionen abzuhalten waren, die somit lediglich eine gewisse zusätzliche marianische Prägung erhielten. Reliquien hingegen wurden
nur dann mitgeführt, wenn Bittgänge anstanden oder Buße geleistet werden
sollte. Entscheidender Wochentag war hier – neben den drei Rogationstagen

vor Christi Himmelfahrt – nun anstelle des Sonntags sinnigerweise der Freitag. Die gesamtstädtischen großen Prozessionen mit den Reliquiaren und Schreinen fanden keineswegs am 2. Juli und 15. August selbst statt, sondern an den dazwischenliegenden sechs Freitagen. Am 1. August wiederum wurden derartige Prozessionen nur durchgeführt, wenn dieser Tag auf einen Freitag oder – ebenfalls als Fasttag begangenen – Mittwoch fiel. Bildnisse, Schreine, Reliquiare und Ostensorien dienten später im Barock vielfach der Prachtentfaltung und Konfessionsfeier, in Romantik, Kulturkampf und staatskritischem katholischen Milieu des 19. und 20. Jahrhundert dem persönlichen wie korporativen Bekenntnis, heute mancherorts womöglich auch der institutionellen Kult- und Kulturförderung. In der Liturgie des mittelalterlichen Domes waren Bilder wie die Goldene Madonna Ausdruck von persönlicher Bitte und Buße sowie marianischer Demut und Anmut.

Anmerkungen

1 *»In summis festivitatibus quum ymago aurea beate marie virginis fertur per circuitum, tunc due facule precedentes yماginem ministrantur de quadam domo per vicarios in brulone, quam dedit quidam laycus, dictus Selde, vicariis, et habebunt in pondere duodecim libras cere, et istud notabile reperitur in antiquo ordinario jacenti in sanctuario ecclesie hildens[is], retro in aliis notabilibus. – Domus, de qua supra, vendita est fratribus in congregatione per viacarios anno MCCCCXLIIII.«* Copion. Commun. Vicar. 16. Saec. P.I. p. 53a. Vgl. – hier mit leicht abweichend normalisierter Zeichensetzung – Johann Michael Kratz: Der Dom zu Hildesheim, seine Kostbarkeiten, Kunstschätze und sonstigen Merkwürdigkeiten (Hildesheimer historische Mitteilungen, Bd. 2), Hildesheim 1840 (Nachdruck Hildesheim 2013), S. 320 mit Anm. 63.

2 Vgl. Kratz 2013, S. 321. Zu den Fraterherren im Lüchtenhof s. etwa Bertram Lesser: Zwischen Kloster und Stadt. Das Semireligiosentum im spätmittelalterlichen Hildesheim, in: Kat. Hildesheim 2019: ZeitenWende 1400. Hildesheim als europäische Metropole im Mittelalter, hg. von Claudia Höhl, Gerhard Lutz und Felix Prinz, Regensburg 2019, S. 109–123, hier S. 109–120. S. auch ebd., Kat. Nr. 25, S. 280 f. (Claudia Höhl).

3 Vgl. dazu Claudia Höhl: Torso oder Bild. Die Große Goldene Madonna Bischof Bernwards, in: Kat. Hildesheim 2018a, S. 6–23, hier S. 10, Abb. 3: »Große Goldene Madonna mit den barocken Köpfen von 1664«. S. auch ebd. mit Anm. 4.

4 Vgl. dessen Umzeichnung durch Kratz 2013, Tafelband, II. Theil, Taf. 1, Abb. 6. Auch hier erscheint Maria mit breiter Lilienkrone, offenem Haar, stehend mit

Jesuskind auf ihrem linken Arm sowie umgeben von einem Strahlenkranz. Allerdings trägt sie in ihrer Rechten, das Motiv der Lilie des Siegels von 1200 (ebd., Abb. 1) aufgreifend, einen langen Lilienstab.

5   Vgl. hierzu Christine Wulf: Die Inschriften der Stadt Hildesheim (Die deutschen Inschriften, Bd. 58), Wiesbaden 2003 sowie Jörg Bölling: Godehards Heiligkeit. Mittelalterliche Reformanliegen im Spiegel Hildesheimer Hagiographie, Liturgie und Siegelverwendung, in: Bischof Godehard von Hildesheim (1022–1038). Lebenslinien – Reformen – Aktualisierungen, hg. von Jörg Bölling, Thomas Scharf-Wrede und Monika Suchan (Quellen und Studien zur Geschichte und Kunst im Bistum Hildesheim, Bd. 16), Regensburg 2024, S. 303 und 308.

6   Dombibliothek Hildesheim, Hs 793, S. 37.

7   Dombibliothek Hildesheim, Hs 793, S. 13–19. Der lateinische Originaltitel lautet: »*Oratio pulchra de domina nostra ostendens literam dominicalem, intervallum atque aureum numerum singulis annis.*« In einer vor Ort als Typoskript verwahrten Transkription wird das Wort »Oratio« fälschlich mit »Gratia« wiedergegeben, das Partizip »ostendens« irrig mit »ostensiens«.

8   Grundlegend ist nach wie vor Hermann Grotefend: Zeitrechnung des Deutschen Mittelalters und der Neuzeit, Bd. 1–2, Hannover 1891 u. 1892.

9   Vgl. dazu Jörg Bölling: Prozessions- und Pilgerwege der Hildesheimer Kathedrale im Spiegel mittelalterlicher Quellen. Godehard-Viten – *Liber Ordinarius* – *Liber precum*, in: Die Kathedrale im Kontext der mittelalterlichen Stadt. Liturgie und ihre sakraltopographischen Bezüge, hg. von Jürgen Bärsch und Stefan Kopp (Liturgiewissenschaftliche Quellen und Forschungen, Bd. 116), Münster 2023, S. 143–198.

10   Vgl. Bölling 2023. Diese Verbindung zwischen erster Vesper und Prozession, zudem zwischen Kirche, Kirmes, Stadtfest und Kulturforum besteht noch heute beim Paderborner Liborifest, das am Vortag des 23. Juli beginnt, wenn dieser ein Sonntag ist, und ansonsten auf den folgenden Samstag als Vortag, Sonnabend, des festtäglich begangenen Sonntags verschoben wird.

11   Vgl. Bölling 2023, S. 174 mit Anm. 85 f.

12   Vgl. Kratz 2013, Tafelband, II. Theil, Taf. 1, Abb. 3 (mit Lilienkrone) gegenüber den Vorgängern von etwa 1200 (Abb. 1) und 1250 (Abb. 2) ohne Krone. Im Unterschied zur Goldenen Madonna hält Maria in ihrer rechten Hand eine Rose, was jedoch nach Kratz, S. 318 mit Anm. 58, der die Frage der Krone unerwähnt lässt, gerade auf diese aus dem Holz des Hildesheimer Rosenstocks gefertigte Marienfigur hinweist. In der Tat hält Maria auf dem Siegel von 1200 statt der Rose eine Lilie und verweist im Siegel von 1250 mit ihrer Rechten lediglich auf ihren Sohn. Weitere von der Goldenen Madonna abweichende Details des Siegels von 1300 entsprechen hingegen der älteren Siegeltradition: Wie auf beiden Vorgängersiegeln sitzt das Jesuskind schräg auf dem linken Bein Mariens und trägt in der Rechten keine Kugel, sondern formt – wie schon 1250 – die Finger zur Segenshand (1200 verwies es noch auf die Mutter), während es (wie schon 1250) mit der Linken – in Analogie zu den Mutter und Kind flankierenden Heiligen Epiphanius und Godehard – ein Buch umschließt.

13   Vgl. Bölling 2023, S. 174 mit Anm. 87.

14   Vgl. hierzu und zum Folgenden Bölling 2023, S. 175 mit Anm. 90.

15   Dombibliothek Hildesheim, Hs 793, S. 138: »*Antiphone et responsoria sicut in adventu reliquiarum domine nostre sunt notata.*«

16 Vgl. Nikolaus Gussone: Das Marienheiligtum im Domschatz zu Hildesheim. Gründungsheiligtum und Gründungsgedenken
im Lebensrhythmus von Bistum, Stadt
und Gesellschaft, in: Rhythmus in Saisonalität. Kongreßakten des 5. Symposions
des Mediävistenverbandes in Göttingen
1993, hg. von Peter Dilg, Gundolf Keil
und Dietz-Rüdiger Moser, Sigmaringen
1995, S. 272–286. Zum Domschatz selbst
s. zuletzt Saskia Roth: Der Hochaltar des
Hildesheimer Domes und sein Reliquienschatz. Der Ort und seine Geschichte
(Quellen und Studien zur Geschichte und
Kunst im Bistum Hildesheim, Bd. 13.1),
Regensburg 2018.

17 Vgl. Bölling 2023, S. 164 mit Anm. 61.

18 Vgl. Bölling 2023, S. 183 mit Anm. 122.

19 Graduale Romanum. Graduale Sacrosanctae Romanae Ecclesiae de tempore et de
sanctis SS: D. N. Pii. X. Pontificis Maximi
iussu restitutum et editum ad exemplar
editionis typicae concinatum et rhythmicis signis a Solesmensibus monachis
diligenter ornatum, Paris, Tournai, Rom,
New York 1961, S. 274–281: In Litaniis Majoribus in Festo Sancti Marci Evangelistae,
et in Minoribus in Feriis Rogationum ante
Ascensionem. Ad Processionem; Liber
usualis missae et officii pro dominicis et
festi cum cantu gregoriano ex ditione Vaticana adamussim excerpto et rhythmicis
signis in subsidium cantorum a Solesmensibus monachis diligenter ornato, Paris,
Tournai, Rom 1937, S. 835–840: In litaniis
majoribus et minoribus. Ad processionem.

20 Dombibliothek Hildesheim, Hs. 793,
S. 179 f. und 187: »*Septem fratrum:* [...] *si
hoc festum feria sexta fuerit, post sextam
erit processio cum reliquiis quo tunc fuerit eundum et in albis id est superpelliciis
fiat.* [...] *In festo Hinrici regis:* [...] *Si sexta
feria fuerit, post sextam itur cum reliquiis
sine cappis in albis et duabus crucibus.
[...] Nota: Processio non erit in hac octava, nisi dominica fuerit. [...] Si feria
sexta fuerit, missa dicetur post tertiam
in choro. Et post sextam eundum est cum
reliquiis in albis.*«

21 Dombibliothek Hildesheim, Hs. 793,
S. 166: »*Albani martiris. Ad vesperas
psalmi feriales cum suis antiphonis* [...]
Post psalmum ›*De profundis*‹ *et collectas
pro defunctis in choro dictas descenda-
tur ad criptam juxta altare sancte crucis.
Cum resp.* ›*Terribilis est*‹, *quod canonicus
cantabit, et cum reliquiis domine nostre,
precedentibus processionem duobus
cereis, quos portabunt duo pueri ad hoc
preparati.*«

22 Dombibliothek Hildesheim, Hs. 793,
S. 94 f.: »*Nota: Si processio cum vexillis
descendit ad monasterium ad fontem
et reliquie domine nostre fuerint suscipiende, pueri cum vexillis precedent processionem in exitu monasterii et in reditu
et stabunt in loco, ubi prius steterant,
donec ad chorum fuerit revertendum.*«

23 Dombibliothek Hildesheim, Hs. 793, S. 112
(generelle Regel gegen Ende des ersten
Teils): »*Si autem reliquie domine nostre
fuerint sucipiende, dicetur in ascensu
antiphona* ›*Sancta Maria*‹«, am Sonntag
Exaudi (S. 102): »*Si autem domina nostra
fuerit eodem die suscipienda, tunc can-
tabitur antiphona* ›*Sancta Maria*‹«, am
Sonntag in der Oktav von Mariä Heimsuchung (S. 174): »*In ascensu responsorium
*›*Sancta Maria*‹ *vel antiphona iuxta su-
sceptionem reliquiarum domine nostre*«,
an Fronleichnam (S. 110): »*In ascensu
responsorium* ›*Sancta Maria*‹, *quia
ista die reliquie beate virginis non sunt
suscipiende. Si vero suscipiende forent,
dicetur antiphona* ›*Sancta Maria*‹. *Missa
suo ordine dicetur.*«

KATHARINA CHRISTA SCHÜPPEL

KO-PRÄSENZEN

MITTELALTERLICHE MADONNENSKULPTUREN MIT METALLENEN OBERFLÄCHEN IN PERFORMATIVEN KONTEXTEN*

Mittelalterliche Artefakte wie die Goldene Madonna in Hildesheim entfalten ihre vollständige Wirkung in performativen Kontexten: in Situationen der Ko-Präsenz mit Personen und Objekten, an spezifischen Orten und unter konkreten Umwelteinflüssen.[1] Unterschiedliche Aspekte ihres Objektstatus – Kultbild, Kunstwerk, kulturelles Erbe? – können dabei in den Vordergrund treten. Zu den performativen Kontexten mittelalterlicher Madonnenskulpturen zählen aus Perspektive der *object histories*[2] längst nicht nur der multisensorische Kirchenraum, in dem die Madonna, kostbar bekleidet und reich geschmückt, inszeniert und verehrt wird, sondern auch museale Settings, das Zeigen der Madonnen in Wechselausstellungen sowie aktuelle *living-religion*-Praktiken, die auf ältere liturgische Verwendungen Bezug nehmen können, dies aber nicht müssen.

Die Performativität des Materials

Als metallbekleidete Holzskulptur besitzt die Hildesheimer Madonna eine überaus fragile und zugleich besonders lichtreaktive Materialität.[3] Diese teilt sie mit den aus Gold, Silber, Kupfer und Blei sowie deren Legierungen gefertigten Madonnen des 10. bis 13. Jahrhunderts. Schlüsselobjekte sind die Goldene Madonna im Essener Münster (ca. 980, H. 74 cm, Abb. 1), die silbernen Madonnen in Walcourt (1. Hälfte 11. Jh., H. 72 cm) und Orcival (ca. 1170, H. 74 cm), die ebenfalls silberne *Virgen de los Reyes* im Schatz der Kathedrale von Pamplona (Mitte/3. Viertel 12. Jh., H. 93 cm), die aus einer Bleilegierung gefertigte Madonna aus Plandogau (Barcelona, Museu Frederic Marès, ca. 1200, H. 51,5 cm), oder die *Virgen de la Vega* (ca. 1200, H. 72 cm) aus vergoldetem Kupfer in der Kathedrale von Salamanca. Im Fall der goldenen und silbernen Madonnen wurden weniger als millimeterdünne Gold- bzw. Silberbleche mit Nägeln auf einem Holzkern befestigt, bei dem es sich um eine voll ausgearbeitet Skulptur handeln konnte – wie das Beispiel der heute holzsichtigen, ursprünglich silberbekleideten Madonna im Domschatz von Girona (2. Hälfte 12. Jh., H. 44 cm) zeigt. Die deutlich stärkere Hülle der aus Blei-Zinn-Legierungen gefertigten Madonnen umschließt dagegen nur die Vorderseite eines blockartigen Holzkerns, der zugleich den Thron bildet. Die kupfernen Madonnen existieren in

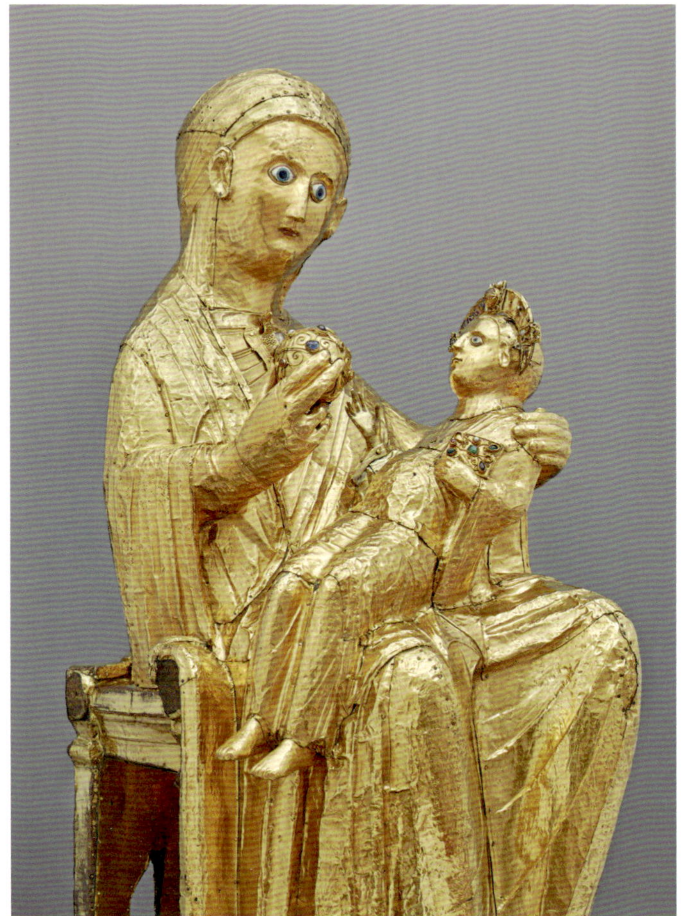

70

beiden Varianten: als mit dünnen Blechen bekleidete Holzskulptur und als sich selbst tragende Konstruktion aus stärkerem Metall ohne Holzkern. Während einige Madonnen vollständig metallsichtig sind, besitzen andere farbig gefasste Gesichter und Hände. Einzelne Skulpturen wie die *Vierge de Baroilles* (Paris, Musée du Louvre, ca. 1200, H. 53 cm), die zur gleichen Serie gehört wie die *Virgen de Plandogau*, sind heute nicht mehr metallsichtig, sondern besitzen mehrere übereinanderliegende Farbfassungen (Abb. 2).[4]

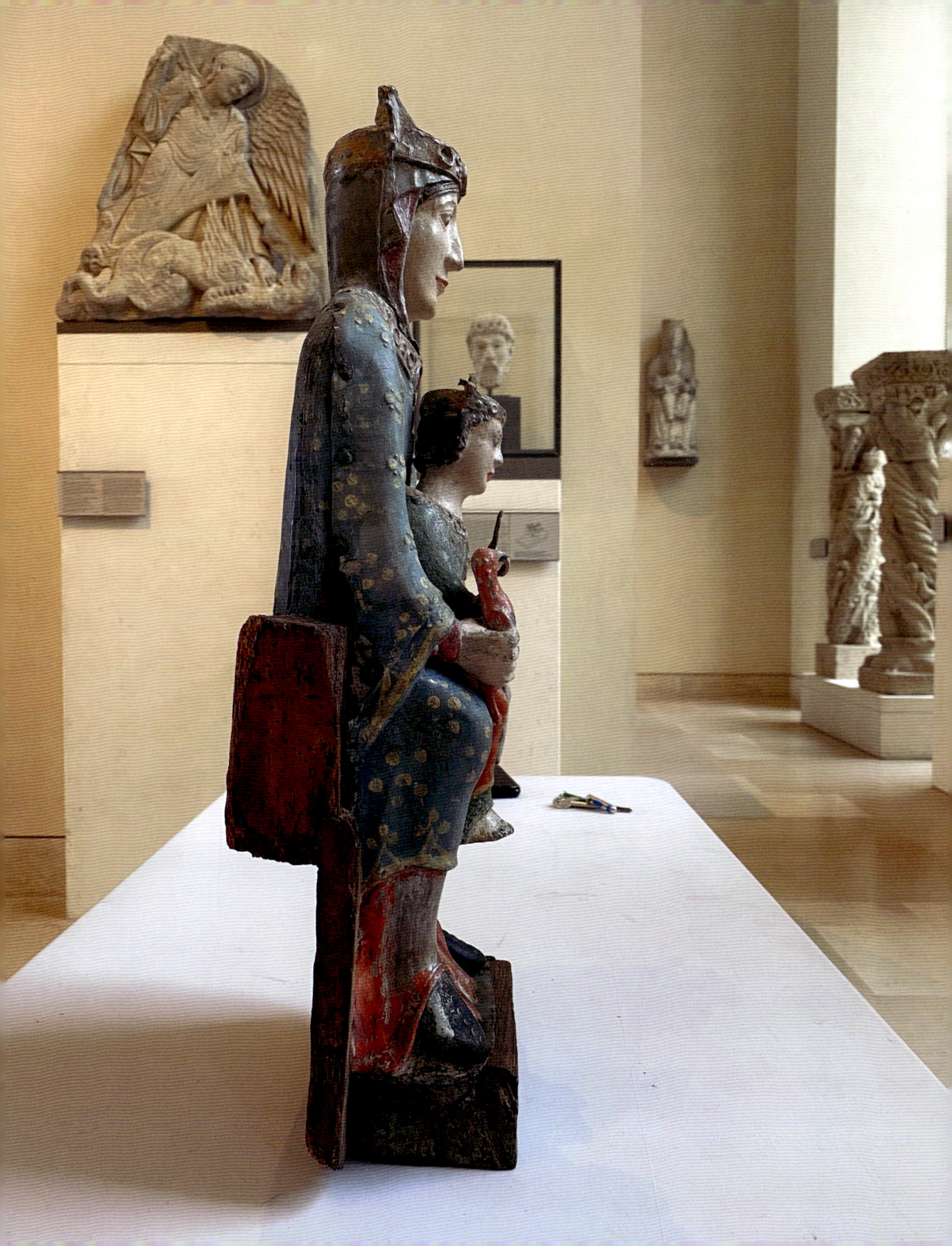

Was alle Madonnen verbindet, ist die belebte Wirkung ihrer metallenen Oberflächen, die aus deren Lichtreaktivität resultiert – eine Eigenschaft, die im westlichen Europa ebenso wie in Byzanz überaus wertgeschätzt wurde.[5] Die Interaktion der Skulptur mit dem natürlich einfallenden Licht, das sich im Laufe des Tages und der Jahreszeiten veränderte, oder mit dem künstlichen, unregelmäßigen Licht von Kerzen und anderen Leuchtmitteln, variierte dabei abhängig von der Oberflächenstruktur. Als Materialien einer Madonnenskulptur konnten Gold, Silber und auch Blei, wie sich anhand der mittelalterlichen Bedeutungszuweisungen an die drei Metalle rekonstruieren lässt, unterschiedliche Wesensaspekte der Muttergottes betonen: Gold verweist auf die Reinheit Mariens als wesentliche Voraussetzung für ihre körperliche Auferstehung; Silber betont die menschliche Natur Christi und die Rolle Marias als *Theotokos*, während das nicht nur aus heutiger Sicht ambivalente Blei gerade wegen seiner Schwere Sinnbild des Wunders der Auferstehung war.[6]

Gebrauchskontexte und Gebrauchsspuren

Über den Gebrauch der Madonnen und ihre Position im Kirchenraum wissen wir (zu) wenig. Waren sie kostbare Schatzkammerstücke, die nur anlässlich hoher Festtage auf dem Altar inszeniert wurden, ansonsten aber nicht sichtbar waren?[7] Ein Traumbericht des späten 10./frühen 11. Jahrhunderts, die Visio Rotberti (Clermont-Ferrand, Bibliothèque du Patrimoine, Ms. 145), beschreibt als Teil einer Ekphrasis der Kathedrale von Clermont auch deren neues Kultbild, die von Stephan II., Abt von Conques und Bischof von Clermont (942–984) gestiftete goldene Madonna, und deren zukünftigen Aufstellungsort: auf einer von einem mächtigen Kapitell bekrönten Säule hinter dem Altar der »dreizehnten Krypta«.[8]

Eine vergleichbare Aufstellung hat Francesca Español für die silberne Madonna der Kathedrale in Girona vorgeschlagen (Mitte 12. Jh., H. 44 cm). Als die Kathedrale im 14. Jahrhundert ein neues silbernes Retabel erhielt, mag dieses neue Möglichkeiten der Inszenierung geboten haben.[9] In einer Nische des Retabels über dem Hauptaltar befand sich im 19. Jahrhundert die anders als ihre Schwester in Clermont den Zerstörungen der Französischen Revolu-

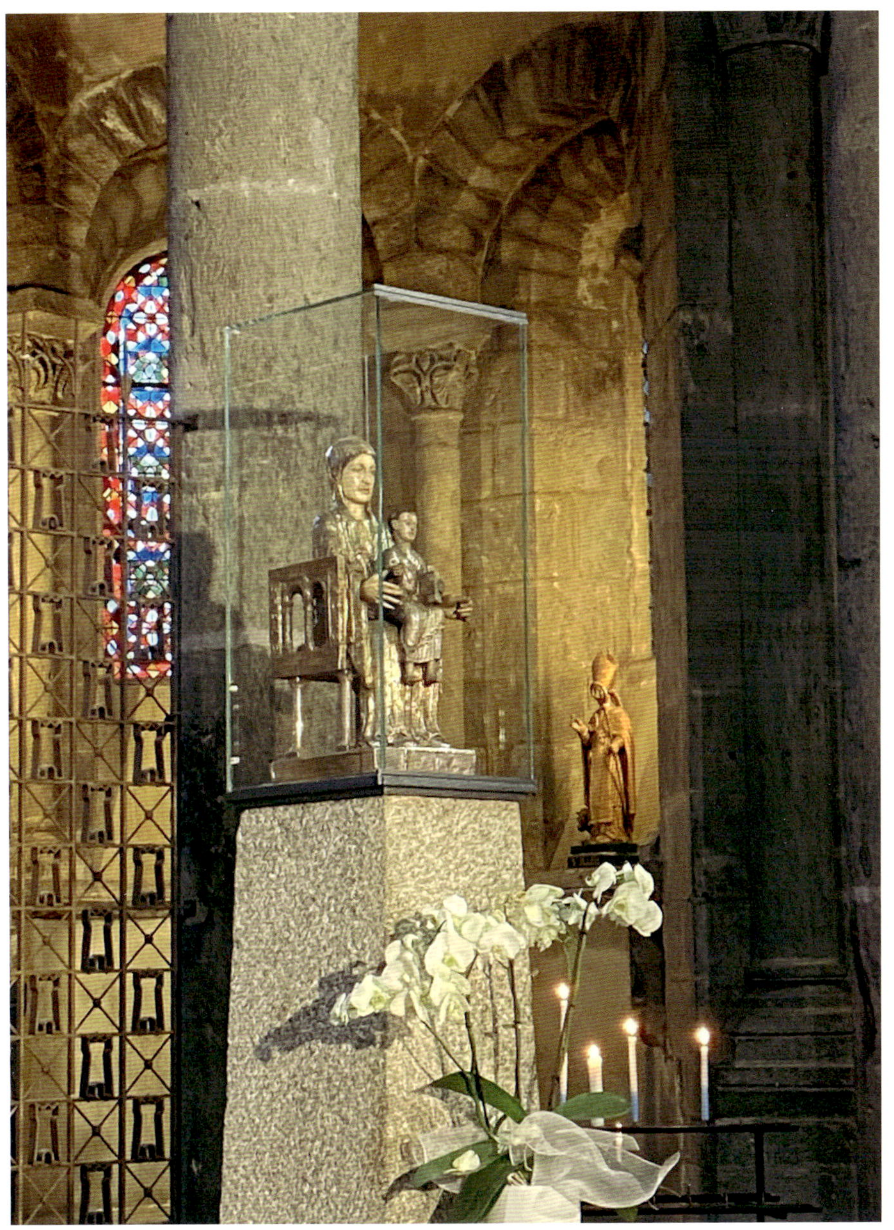

Abb. 3: Silberne Madonna (ca. 1170), Orcival, Notre-Dame

tion entgangene silberne Madonna (12. Jh.) im französischen Orcival. Noch im 16. Jahrhundert war sie am Choreingang positioniert. Anlässlich der Neugestaltung des Chores 1956 erhielt die Madonna einen neuen Platz auf einem stelenartigen erhöhten Sockel hinter dem Altar (Abb. 3).[10] Kirchenausstattungen erweisen sich so als flexible Systeme, die Aufstellungsgeschichten der Madonnen als lokal spezifisch und vor allem nicht-linear. Und die Madonnen, die als mobile Artefakte mühelos den Kontext wechseln können, lassen sich unendlich neu »erfinden«: Beispiele sind die Inszenierung der ursprünglich mit dem Sieg Karls des Großen über die Sarazenen assoziierten *Vierge de la Victoire* im südwestfranzösischen Thuir (Blei, frühes 13. Jh.) als Lepanto-Madonna in der zentralen Kapelle des neuen barocken Hochaltars ebenso wie die Re-Aktualisierung der Goldenen Madonna des Essener Münsters als Kultbild und Patronin des neu gegründeten Ruhrbistums im Jahr 1959.[11]

Zu den Madonnen mit metallenen Oberflächen, die bereits früh Prozessionsfiguren waren, gehört die Goldene Madonna in Essen. Von den Essener Prozessionen anlässlich der Feste Mariä Lichtmess (2. Februar) und Mariä Himmelfahrt (15. August) sowie in der Bittwoche vor Christi Himmelfahrt berichtet der Liber Ordinarius der Essener Stiftskirche aus dem späten 14. Jahrhundert.[12] Neben die Prozessionen an liturgischen Festtagen traten Bittprozessionen, die auf aktuelle Ereignisse reagierten: In den Jahren extremer Trockenheit 1567, 1571, 1584 und 1588 wurde die aus Blei gefertigte Thuir-Madonna nach Perpignan und weiter bis an die Mittelmeerküste getragen, um sie ins Meerwasser zu tauchen und mit ihrem Beistand Regen zu erbitten.[13]

Zu einer besonderen Form der Ko-Präsenz kommt es in Pamplona: Die Madonna der Kathedrale in Pamplona ist Reliquiar, Prozessionsbild und »Virgen juradera«: Vor ihr schworen die Könige von Navarra den Eid auf die »niedergelegten Rechte«, die *Fueros*.[14] Die silbernen Madonnen in Pamplona und Orcival befindet sich bis heute in liturgischem Gebrauch. In Orcival »besucht« die Madonna, festlich gekleidet und gekrönt, am Himmelfahrtstag (Christi Himmelfahrt) den als »Tombeau de la Vierge« bekannten Ort westlich oberhalb der Basilika, an dem sich eine Ädikula mit einer Replik des Kultbildes befindet. Liturgischer Höhepunkt in Pamplona ist die Prozession mit der silbernen Madonna durch den Kreuzgang der Kathedrale am Ende der Oktav des Festes Mariä Himmelfahrt (Abb. 4).[15]

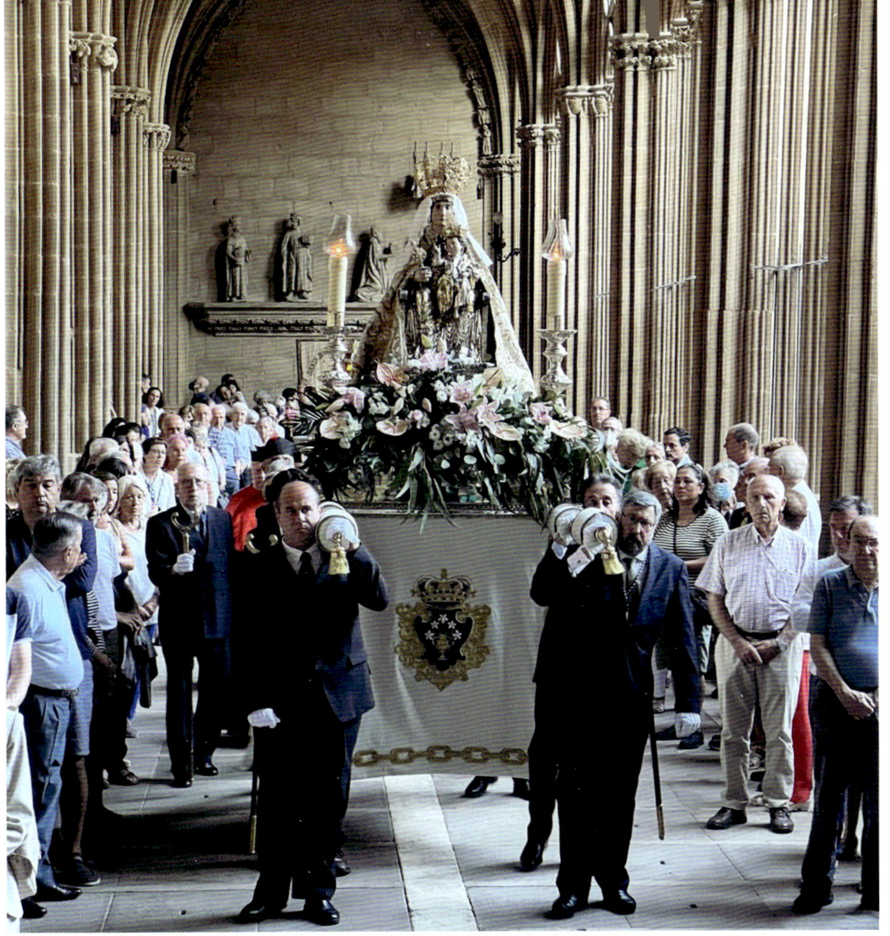

Abb. 4: Pamplona, Prozession mit Santa María la Real im Kreuzgang der Kathedrale im Jahr 2022

Aus der Verehrung der fragilen Madonnen als Kultbilder resultierten Gebrauchsspuren, insbesondere an denjenigen Stellen der Oberflächen, an denen Kontakt durch Berührung bestand. Deren Reparatur, nicht selten mit anderen Materialien, erlaubte es neuen Akteuren, sich in die permanent in Veränderung begriffenen Oberflächen der Madonnen einzuschreiben: Im 19. Jahrhundert wurden Fehlstellen in der silbernen Oberfläche der Madonna in Orcival durch Messing ergänzt; Fehlstellen im Silber im Bereich der Knie der Walcourt-Madonna wurden durch silberne Medaillen geschlossen, die auf andere Marienkultorte verweisen.[16] Dass wie in Hildesheim 1664 die Köpfe von

Madonna und Kind vollständig ersetzt wurden, um einen neuen Echtheits- und Unmittelbarkeitseffekt zu erzielen, bleibt dagegen die Ausnahme.[17] Einen vergleichbaren Effekt, jedoch durch die Mittel der Schichtung und Überlagerung, erzielen die Masken der silbernen Madonna in Walcourt (11. Jh.), die Mutter und Kind in den 30er Jahren des 17. Jahrhunderts erhalten und die deren mittelalterliche Gesichtszüge vollständig verdecken.[18]

Andere Möglichkeiten des Sich-Einschreibens in die Geschichte einer mittelalterlichen Madonna als religiöses Objekt sind bis heute Praktiken des Schenkens. Kostbare Geschenke an die Madonna sind Schmuckstücke, Kronen oder Mäntel.[19] Sie ergänzen das Kultbild, sind Ausdruck beständiger oder erneuerter Verehrung und halten die Erinnerung an die Schenkenden lebendig.

Museale Settings und Wechselausstellungen

Der für religiöse Artefakte wohl fundamentalste Kontextwechsel ist ihre Musealisierung.[20] Dies gilt auch für mittelalterliche Madonnenskulpturen. Grund für die Musealisierung ist oft die religiöse Außer-Gebrauchsstellung, der Wandel des Objektstatus vom Kult- zum privaten Andachtsbild und schließlich zum Kunstobjekt. Eine Sonderstellung nehmen die zwar nicht mehr dauerhaft im Kirchenraum präsenten, dafür aber in Kirchen- und Kathedralschätzen bewahrten Madonnen ein, die der religiösen Praxis nicht dauerhaft entzogen sind. Dies gilt auch für die Goldene Madonna in Hildesheim. Der mehrfache Entwurf neuer Köpfe für Maria und Kind seit den 1950er Jahren (als Ersatz für die verlorenen mittelalterlichen Originale) verdankte sich nicht zuletzt dem Wunsch, die Madonna wieder in die Liturgie zu integrieren.[21] Zwei historische museale Displays der Hildesheimer Madonna lassen die Wirkung der Inszenierung auf die Wahrnehmung der Madonna als – beispielsweise – »Geschichtsding« oder religiöses Objekt deutlich werden (Abb. 5 – 6).

Insbesondere seit der zweiten Hälfte des 20. Jahrhunderts begegnen die Madonnen zudem in großen Wechselausstellungen mit Mittelalterschwerpunkt. Die von diesen Ausstellungen entworfenen Mittelalterbilder sind keineswegs neutral, sondern entspringen spezifischen Zeitkontexten. Ein Beispiel ist die Präsentation der Goldenen Madonna aus Essen in der Ausstellung »Wer-

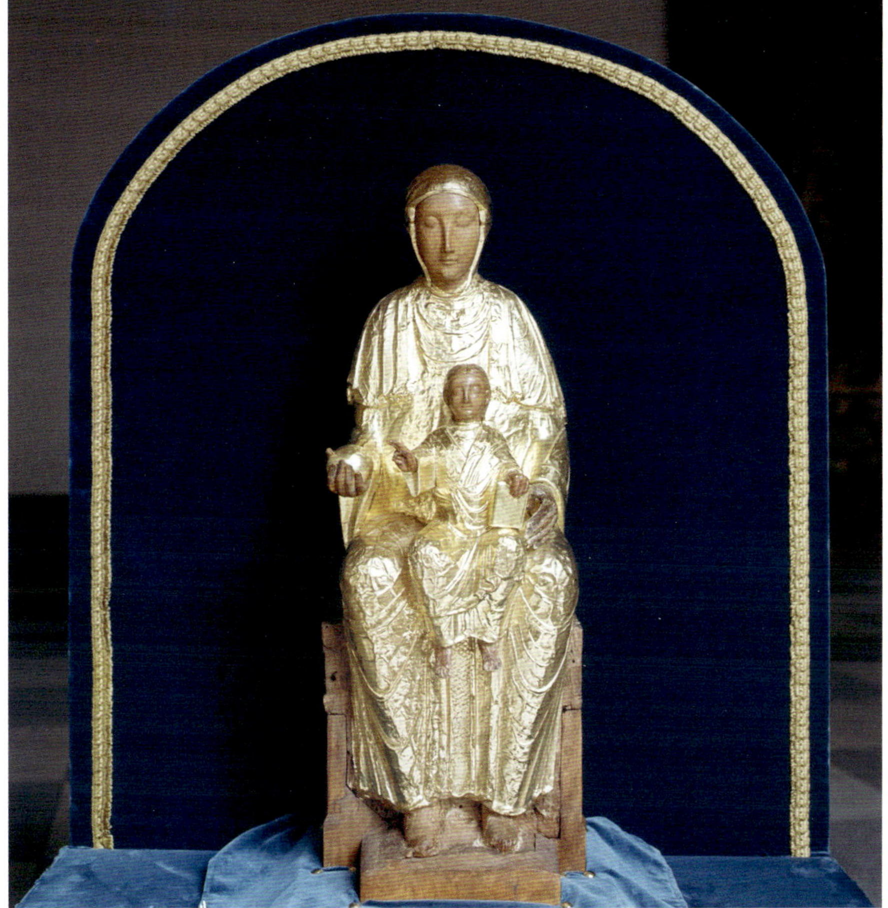

Abb. 5: Hildesheim, Inszenierung der Goldenen Madonna nach der 1975 abgeschlossenen Restaurierung

dendes Abendland« (Essen, Villa Hügel, 18. Mai – 15. September 1956, Abb. 7). In den Vorworten erklärtes Ziel der Ausstellung war es, anhand von Exponaten aus Österreich, Belgien, Deutschland, England, Frankreich, Italien, Irland, der Schweiz und dem Vatikan vor allem das frühe Mittelalter als »europäisches Mittelalter« zu erzählen. Wenige Jahre nach dem Ende des Zweiten Weltkriegs diente das europäische Narrativ der Abgrenzung von Nationalismen aller Art, an die Stelle des »dunklen Mittelalters« trat die Vorstellung eines Netzwerks kreativer Zentren.[22]

Nicht unerwähnt bleiben darf an dieser Stelle, dass die Fragilität insbesondere der gold- und silberbekleideten Madonnen in Verbindung mit dem

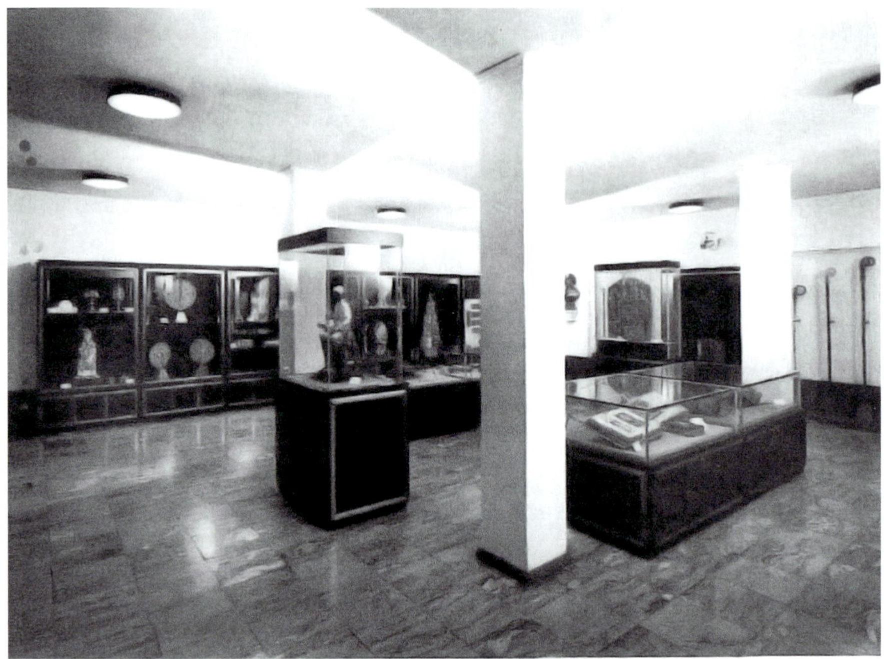

Abb. 6: Hildesheim, Präsentation der Großen Goldenen Madonna im 1978 wiedereröffneten Dommuseum

Wunsch nach gemeinsamer Präsentation und vergleichender Betrachtung eine weitere Objektkategorie ins Leben gerufen hat: die Ausstellungskopie, die – nicht notwendigerweise als solche, sondern beispielsweise für die oben beschriebenen liturgischen Funktionen geschaffen – das originale Artefakt vor Reisestress schützt und an seiner Stelle in Ko-Präsenz mit dem Publikum tritt. Die aktuelle Ausstellung zeigt nicht nur moderne Kopien der Hildesheimer Madonna (Kat. Nr. 2 und 3), sondern auch die Theater-Kopie der Goldenen Madonna aus Essen für das Musical »Jesus Christ Superstar« (2006; Kat. Nr. 42) sowie Kopien des Holzkerns der ursprünglich metallbekleideten Paderborner Imad-Madonna (Kat. Nr. 46 und 47). Längst sind die Kopien Artefakte eigenen Ranges mit spezifischen Objektgeschichten – und als solche sind sie in der gegenwärtigen Ausstellung präsent.

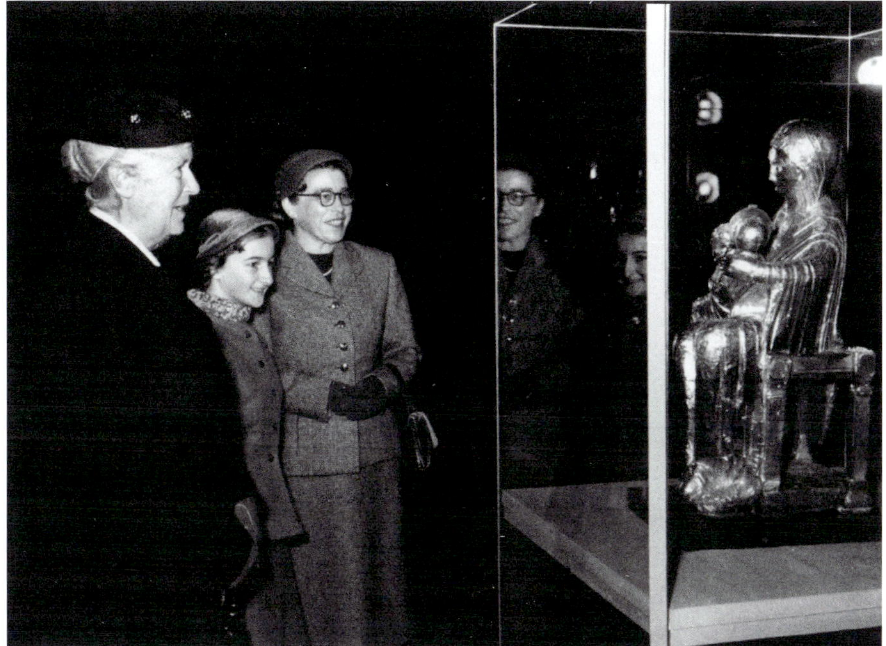

Abb. 7: Goldene Madonna (ca. 980) aus dem Essener Münster in der Ausstellung Werdendes Abendland, Essen, Villa Hügel, 1956

Die Situationen der Ko-Präsenz, in der Madonnen mit metallenen Oberflächen gestern und heute begegnen, sind somit vielfältig. Und sie zeigen vor allem eines: Die Madonnen sind nie »auserzählt«. In wechselnden Kontexten, im Kontakt mit Menschen, anderen Artefakten und sogar den Elementen erweisen sie sich als unendlich wandelbar – jede neue Konstellation lässt andere Bedeutungsaspekte hervortreten, immer wieder neue, auch unerwartete Akteur:innen schreiben die Geschichte der Madonnen fort, indem sie sich in deren materielle Kontexte einschreiben: durch Reparaturen, Geschenke, die Erschaffung einer Kopie. Performativität bedeutet deshalb immer auch Transformation.[23] Dem kann eine Kunstgeschichte als Objektwissenschaft Rechnung tragen, indem sie Vergangenheit und Gegenwart mittelalterlicher religiöser Artefakte in den Blick nimmt und diese als *entangled objects*, verflochtene Objekte, diskutiert.

Anmerkungen

* Der Text basiert auf Recherchen für das Projekt »Mittelalterliche Madonnenskulpturen in performativen Kontexten. Madonnen aus Gold, Silber, Blei und anderen Metallen« (gefördert von der Deutschen Forschungsgemeinschaft – Projektnummer 456489762).

1 Erika Fischer-Lichte: Ästhetik des Performativen, Frankfurt am Main ⁹2014, S. 47.

2 Zur objektgeschichtlichen Forschungsperspektive: Hans Peter Hahn, Hadas Weiss: Introduction. Biographies, Travels and Itineraries of Things, in: Mobility, Meaning & Transformation of Things. Shifting Contexts of Material Culture Through Time and Space, hg. von Hans Peter Hahn und Hadas Weiss, Oxford, Oakville 2013, S. 1–14.

3 Zur Goldenen Madonna s. Kat. Nr. 1 im vorliegenden Katalog (mit Literatur).

4 Grundlegend bis heute: Ilene H. Forsyth: The Throne of Wisdom. Wood Sculptures of the Madonna in Romanesque France, Princeton, NJ, 1972. In Auswahl zu den im Text genannten Madonnen: Birgitta Falk: ›ein Mutter gottesbild mit gold plattirt…‹. Zum Erhaltungszustand der Goldenen Madonna des Essener Doms, in: Das Münster am Hellweg 56 (2003), S. 159–173; Robert Didier: Notre-Dame de Walcourt – Onze-Lieve-Vrouw van Walcourt. Une vierge ottonienne et son revers du XIIIᵉ siècle, in: Bulletin Institut Royal du Patrimoine Artistique 25 (1993), S. 9–33; Francesca Español: El escenario litúrgico de la catedral de Girona (s. XI–XIV), in: Hortus Artium Medievalium 11 (2005), S. 213–232; Clara Fernández Ladreda: Imagineria medieval mariana (en Navarra), Pamplona 1988, S. 42–59 (zu Pamplona); Jean-René Gaborit: La Vierge de Thuir et ses ›sœurs‹. Un cas de production sérielle à la fin de l'époque romane, in: Le plaisir de l'art du Moyen Âge. Commande, production et réception de l'œuvre d'art. Mélanges en hommage à Xavier Barral i Altet, hg. von Rosa Alcoy, Paris 2012, S. 522–529; Véronique Notin: Les Vierges médiévales limousines en cuivre doré, in: L'œuvre de Limoges et sa diffusion. Trésors, objets, collections, hg. von Danielle Gaborit-Chopin und Frédéric Texier, Rennes 2011, S. 89–102, zu Salamanca: S. 92.

5 Bissera V. Pentcheva: Phenomenology of Light. The Glitter of Salvation in Bessarion's Cross, in: The Oxford Handbook of Light in Archeology, hg. von Costas Papadopoulos und Holley Moyes, Oxford 2018, S. 374–392.

6 Katharina Christa Schüppel: Madonnenskulpturen mit silbernen Oberflächen. Zur Medialität weiblicher Heiligkeit im Mittelalter, in: superficies. Oberflächengestaltungen von Bildwerken in Mittelalter und Früher Neuzeit, hg. von Magdalena Bushart und Andreas Huth (Interdependenzen. Die Künste und ihre Techniken, Bd. 6), S. 215–236; dies.: De l'encre sur du parchemin. Dessiner la Vierge dans Clermont-Ferrand, Bibliothèque du Patrimoine, 145, f. 130v, in: Rivista di Storia della Miniatura 27 (2023), S. 17–28 (zum Thema Gold); Paul Bellendorf, Leander Pallas, Katharina Christa Schüppel: Seriality in the Middle Ages. Lead as a Material for Medieval Sculptures of the Virgin, in: Visuelle und materielle Kulturen weiblicher Heiligkeit in Spätantike und Mittelalter, hg. von Katharina Christa Schüppel, Bamberg 2024 (in Vorbereitung).

7 Manuela Beer: Orte und Wege. Überlegungen zur Aufstellung und Verwendung frühmittelalterlicher Marienfiguren, in: »Luft unter die Flügel…«. Beiträge zur mittelalterlichen Kunst. Festschrift für Hiltrud Westermann-Angerhausen, hg. von Andrea von Hülsen-Esch und Dagmar Täube, Hildesheim u. a. 2010, S. 99–121; Anna Pawlik: … et reintratum monasterium per ianuam

sub thronulo – Überlegungen zur Position mittelalterlicher Marienbilder im Kirchenraum, in: Das Münster am Hellweg 63 (2010), S. 69–80.

8 Monique Goullet, Dominique Iogna-Prat: La Vierge en Majesté de Clermont-Ferrand, in: Marie. Le culte de la Vierge dans la société médiévale, hg. von Dominique Iogna-Prat, Éric Palazzo und Daniel Russo, Paris 1996, S. 383–405; Rebecca Müller: Das geträumte Bild. Die Marienstatue in Clermont, mit einer Übersetzung der ›visio Rotberti‹, in: Intellektualisierung und Mystifizierung mittelalterlicher Kunst. Kultbild – Revision eines Begriffs, hg. von Martin Büchsel und Rebecca Müller (Neue Frankfurter Forschungen zur Kunst, Bd. 10), Berlin 2010, S. 99–132.

9 Marc Sureda i Jubany: Les lieux de la Vierge. Notes de topo-liturgie mariale en Catalogne (XIe–XVe siècles), in: Marie-Pasquine Subes und Jean-Bernard Mathon (Hg.), Vierges à l'Enfant médiévales de Catalogne. Mises en perspectives. Suivie du Corpus des Vierges à l'Enfant (XIIe–XVe s.) des Pyrénées-Orientales (Collection Histoire de l'Art, Bd. 5), Perpignan 2013, S. 39–70, bes. S. 51–59.

10 Laurence Cabrero-Ravel, Brigitte Ceroni, Bénédicte Renaud: Notre-Dame d'Orcival. Puy-de-Dôme (Inventaire Général des monuments et richesses artistiques de la France, Région Auvergne), Clermont-Ferrand 1995, S. 6–9; Michel Armengaud, Orcival trésor médiéval, Saint-Genès-Champanelle 2016, S. 127.

11 Subes/Mathon 2013, Kat. Nr. 137, S. 452; Kat. Essen sein Schatz (Domschatz Essen 2019/20), Essen 2019, S. 18–49.

12 Anna Pawlik: Das Bildwerk als Reliquiar? Funktionen früher Großplastik im 9. bis 11. Jahrhundert, Petersberg 2013a, S. 141. Siehe auch den Beitrag von Andrea Wegener in diesem Band.

13 Mathias Delcor: Les vierges romanes tardives du Roussillon dans l'histoire et dans l'art, in: Les Cahiers de Saint-Michel de Cuxa 15 (1984), S. 101–142.

14 Fernández Ladreda 1988, S. 55.

15 Ricardo Fernández Gracia, Apuntes sobre la liturgia en la catedral de Pamplona. Ritos, magnificencia y poder, in: Sarmental 1 (2022), S. 85–104; Armengaud 2016, S. 89–98.

16 Schüppel 2021; François Enaud: Remise en état de la statue de la Vierge à l'Enfant d'Orcival, in: Les Monuments historiques de la France 7 (1961), S. 79–88.

17 Claudia Höhl: Das Kultbild als Fragment. Die große Goldene Madonna Bischof Bernwards, in: Das Fragment im digitalen Zeitalter. Möglichkeiten und Grenzen neuer Techniken in der Restaurierung, Tagungsband der interdisziplinären Tagung der HAWK Hochschule für angewandte Wissenschaft und Kunst Hildesheim/Holzminden/Göttingen in Kooperation mit der ICOMOS AG Konservierung Restaurierung und dem Verband der Restauratoren e.V. 2021 (Schriften des Hornemann Instituts, Bd. 21, hg. von Angela Weyer), S. 288–298, bes. S. 290.

18 Didier 1993, S. 22, 25.

19 Als Fallstudie: David Ascorbe Muruzábal, La coronación de Santa María la Real de Pamplona 1946, Pamplona 2021.

20 Zu religiösen Objekten im Museum aus transkultureller und interdisziplinärer Perspektive: Religion in Museums. Global and Multidisciplinary Perspectives, hg. von Gretchen Buggeln, Crispin Paine und S. Brent Plate, London u. a. 2017.

21 Höhl 2021, S. 290–296.

22 Kat. Essen 1956: Werdendes Abendland an Rhein und Ruhr [Katalog Victor H. Elbern], Essen 1956.

23 Jon P. Mitchell: Performance, in: Handbook of Material Culture, hg. von Chris Tilley u. a., London u. a. 2006, S. 384–401.

ANDREA WEGENER

DIE GOLDENE MADONNA IM ESSENER DOM

Die Goldene Madonna im Essener Dom ist eine der ältesten Skulpturen des Abendlandes und die älteste erhaltene vollplastische Darstellung der Muttergottes mit dem Kind.

Das Bildnis der sitzenden Madonna entstand um 980/90 für das Essener Frauenstift, eine der bedeutendsten religiösen Gemeinschaften für Frauen im frühen und hohen Mittelalter, die um 850 gegründet wurde. Ihre Entstehung fällt in die Amtszeit der Essener Äbtissin Mathilde (amt. 971/73–1011), einer Enkeltochter Kaiser Ottos des Großen. Damit gehört das Muttergottesbild zur Gruppe der frühesten erhaltenen Skulpturen des Mittelalters. Zu den wenigen vergleichbaren Großplastiken zählen unter anderem das Gerokruzifix im Kölner Dom (um 980), das Bernwardkruzifix aus dem Frauenstift Ringelheim (um 1000), die Goldene Madonna im Hildesheimer Domschatz (um 1010), die Figur der heiligen Fides von Conques in Südfrankreich (letztes Viertel 10. Jahrhundert) und die lmad-Madonna in Paderborn (um 1050). Stilistisch eng verwandt sind die gravierte Rückseite des Lotharkreuzes im Aachener Domschatz (um 984), einige Figuren der Pala d'Oro im Aachener Dom sowie das Mathilden-Otto-Kreuz im Essener Domschatz (nach 983). Infolgedessen wird die Goldene Madonna in die 80er oder 90er Jahre des 10. Jahrhunderts datiert (Abb. 1).

Das Bildnis zeigt Maria auf einem Schemel sitzend, mit dem Jesuskind seitlich auf dem Schoß. Marias linker Arm stützt den Rücken des Kindes. Drei Finger ihrer rechten Hand halten eine reich verzierte Kugel. Sie trägt eine langärmelige Tunika, darüber einen Mantel, der auf der Rückseite bis über den Thronsitz hinausreicht. Ein eng anliegender Schleier bedeckt ihren Kopf. Das Christuskind trägt ein langes Gewand. Seinen Kopf ziert ein goldener Kreuznimbus, der mit Emails, Edelsteinen, Perlen und Goldfiligran geschmückt ist (Abb. 2). In seiner linken Hand hält das Jesuskind ein kostbar gestaltetes Buch. Die rechte Hand, eine spätere Ergänzung, ist zum Segensgestus erhoben. Die Augen von Mutter und Kind bestehen aus spitzoval gebogenen Emails in den Farben Weiß, Rot, Türkis und Dunkelblau. Zu einem unbekannten Zeitpunkt wurden die Lippen sowie die Wangen der Gottesmutter mit roter Farbe akzentuiert. Die Goldene Madonna diente ursprünglich als Prozessionsbild, weshalb sie allansichtig geschaffen ist. Mutter und Kind sind aus nahezu allen Blickwinkeln gemeinsam zu sehen.[1]

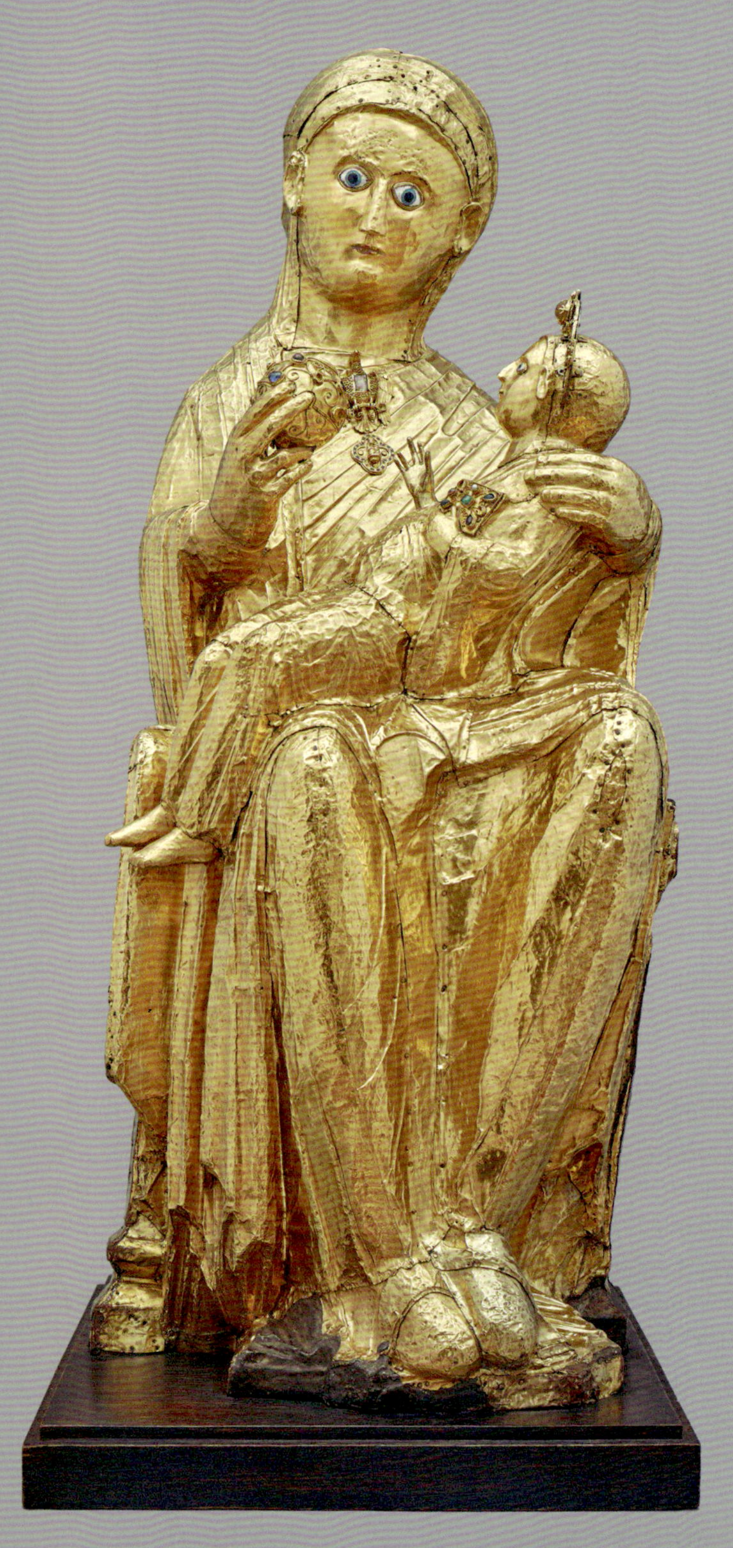

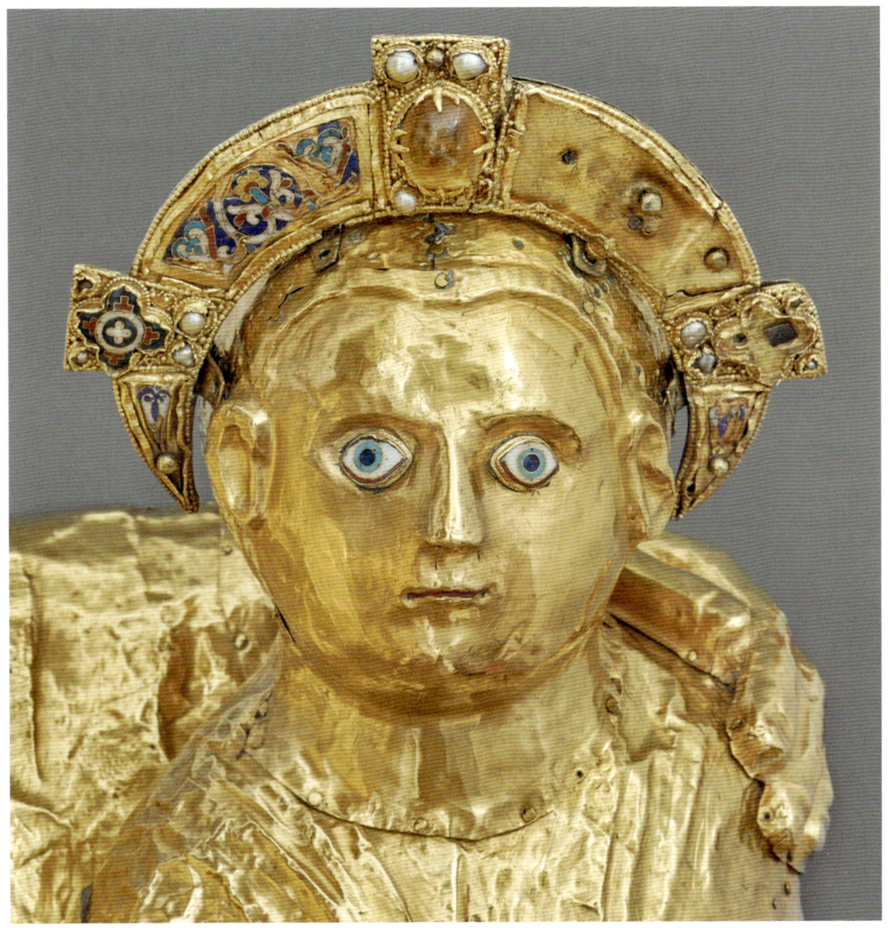

Abb. 2: Goldene Madonna, Detail vom Christuskind

Die 74 cm hohe, aus Pappelholz geschnitzte Skulptur ist mit 116 dünnen Blechen aus reinem Gold bedeckt. Diese unterschiedlich großen Goldbleche mit einer Stärke von 0,2 bis 0,3 mm sind von unten nach oben auf dem Holzkern angebracht und überlappen einander an den Rändern. Heute sind die Bleche mit ca. 800 Nägeln aus verschiedenen Zeiten auf dem Holzkern befestigt.

Abb. 1: Goldene Madonna im Essener Dom

Zum Originalbestand der Goldenen Madonna gehört der Holzkern sowie etwa 95 % der Goldverkleidung. Fragmente des originalen Schmuckbesatzes finden sich am Nimbus des Kindes, seinem Buch und der Kugel in der Hand Mariens.[2]

Veränderungen

Einschneidende Veränderungen erfuhr die Goldene Madonna vermutlich bereits im Essener Frauenstift. Vergoldete Kupferbleche ersetzten die ursprünglich zur Thronumkleidung verwandten Goldbleche. Reste der originalen Verkleidung sind ebenso wie das später aufgebrachte Kupferblech noch heute vorhanden. Aus dieser Umarbeitungsphase stammt auch das kunstvoll durchbrochen gearbeitete Blech unter der Sitzfläche des Throns (Abb. 3). Möglicherweise ist mit der Einführung einer Krönung zu bestimmten Festtagen, wahrscheinlich durch Äbtissin Theophanu (amt. 1039–1058), eine erste Wiederherstellung der Skulptur einhergegangen. Dies deutet auf erste Beschädigungen nach relativ kurzer Zeit hin, möglicherweise bedingt durch die intensive Nutzung in der Liturgie.[3]

Laut allgemeinem Forschungsstand trug auch Maria ursprünglich einen Nimbus. Emails dieses Nimbus und vermutlich vom Thron der Goldenen Madonna finden sich seit Mitte des 11. Jahrhunderts am Theophanukreuz und am Kreuznagelreliquiar im Essener Domschatz.[4] Die Heiligenscheine von Mutter und Kind waren höchstwahrscheinlich wegen der Allansichtigkeit der Figur beidseitig verziert. Bereits im späten Mittelalter ist der Nimbus des Kindes bei einer Instandsetzung mit einer vergoldeten Silberplatte hinterlegt worden. Die als vergoldeter Silberguss gefertigte rechte Hand des Kindes ist vermutlich eine Ergänzung aus dem 14. Jahrhundert.

Über Jahrhunderte hinweg sind Geschenke und Stiftungen an das bedeutende Marienbild nachvollziehbar. Dazu gehören auch die beiden noch erhaltenen Schmuckstücke auf ihrer Brust: ein gegossener und ziselierter Adler aus dem frühen 13. Jahrhundert sowie eine kleine silbervergoldete Muttergottesfigur in einem vierpassförmigen Medaillon aus dem 14. Jahrhundert. Löcher in ihren Ohrläppchen deuten auf entsprechenden, heute nicht mehr vorhandenen Ohrschmuck hin.[5]

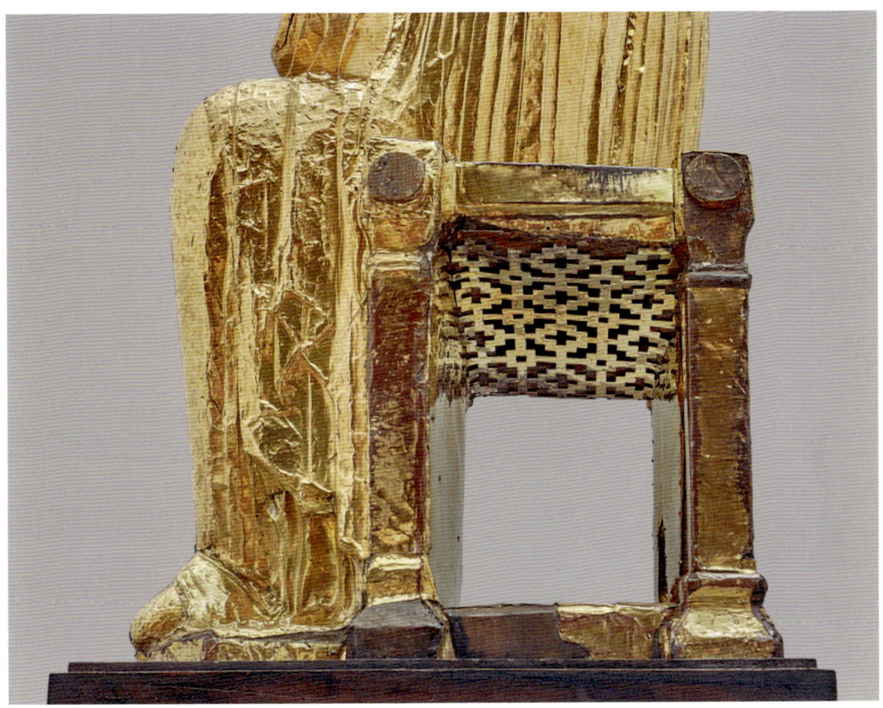

Abb. 3: Goldene Madonna, Detail vom Thron

Der aus Essen-Steele stammende Kunstwissenschaftler Georg Humann (1847–1932) inventarisierte und bearbeitete den Münsterschatz eingehend und würdigte ihn 1904 in seinem Buch »Die Kunstwerke der Münsterkirche zu Essen« aus kunsthistorischer Sicht.[6] Vermutlich war es Humann, der den kritischen Zustand der Goldenen Madonna entdeckte. Ihr Holzkern war von Anobien (Holzwürmern) befallen. Die rheinländische Provinzialkommission für Denkmalpflege nahm sich des Problems an. Im Jahre 1905 erfolgte unter Aufsicht von Landeskonservator Paul Clemen (1866–1947) eine Restaurierung durch den international bekannten und erfahrenen Düsseldorfer Goldschmied Conrad Anton Beumers (1827–1921).

Paul Clemen verfasste einen Bericht über die Restaurierung: »Der innere Holzkern der Figur war im Laufe der Zeit durch den Holzwurm fast vollständig zerstört worden. Dadurch hatte auch die Bekleidung den Halt verloren, da die Goldnägelchen in dem schwammartigen Holz nicht mehr hielten. Ebenso waren die Pfosten des Stuhles völlig morsch, so dass dieser gänzlich zusammenzubrechen drohte. Bei der geringsten Berührung gab das Goldblech nach und verlor seine Form. Unter der Figur sammelte sich immer wieder von neuem ein Häufchen frischen Holzmehles. Eine vollständige Erhaltung der Figur schien kaum mehr möglich. Nach langen Vorverhandlungen ward angesichts der ausserordentlichen Gefahr, in der die ganze Madonna schwebte, im Jahre 1905 ein letzter Versuch zur Sicherung beschlossen. [...] Bei der vorsichtigen Öffnung der Figur an einigen Stellen und der Abnahme der Schädeldecke bei der Madonna und des nur noch mit wenigen Stiften ganz lose befestigten Gesichtes des Christkindes zeigte sich, dass das Innere tatsächlich vollständig zerfressen war und nur einem grossen weichen Schwamm glich. Selbst die eigentliche Struktur des Holzes war verschwunden, da die Holzkäfer wie die Holzwürmer zuletzt den Holzkern mit tausenden von Gängen durchfurcht hatten [...]«[7] (Abb. 4).

Aufgrund der hohen Instabilität der Figur wurde sie zunächst mit einem Gipsmantel aus vielen kleinen Teilstücken versehen. Um diesen ersten Mantel herum wurde ein weiterer stabilisierender Gipsmantel gelegt. Im nächsten Schritt wurde das Holzmehl aus dem Inneren der Figur ausgeblasen. Zur Vermeidung weiteren Schädlingsbefalls erfolgte vor der nötigen Stabilisierung zunächst eine Imprägnierung. Das Ausgießen mit einer flüssigen Leimmasse verlieh der Skulptur wieder Halt. Danach erhielt der Thron über quer durch den Holzkern verlaufende Verschraubungen eine zusätzliche Verstärkung.[8] Diese Sicherung gab der Figur wieder eine Stabilität, die es ihr erlaubte, die starken Beanspruchungen durch krisen- und kriegsbedingte Auslagerungen in der ersten Hälfte des 20. Jahrhunderts zu überstehen.

Nach Auslagerung während des Zweiten Weltkriegs und Rückkehr des Schatzes 1950 wies die Goldene Madonna erneut zahlreiche Schäden auf. Der Essener Goldschmied Albert Classen erhielt daraufhin den Auftrag, neben weiteren 32 Objekten des Schatzes auch die Goldene Madonna zu restaurieren. Viele Goldbleche hatten sich gelöst, waren verbogen oder abgerissen und es hatte sich ein Riss am Thron gebildet. Zudem erkannte Classen einen erneuten Holzschädlingsbefall.[9] Wieder wurde die Figur mit einem Schädlingsvernichtungsmittel behandelt und anschließend mit flüssigem Holz im Inneren verfestigt.

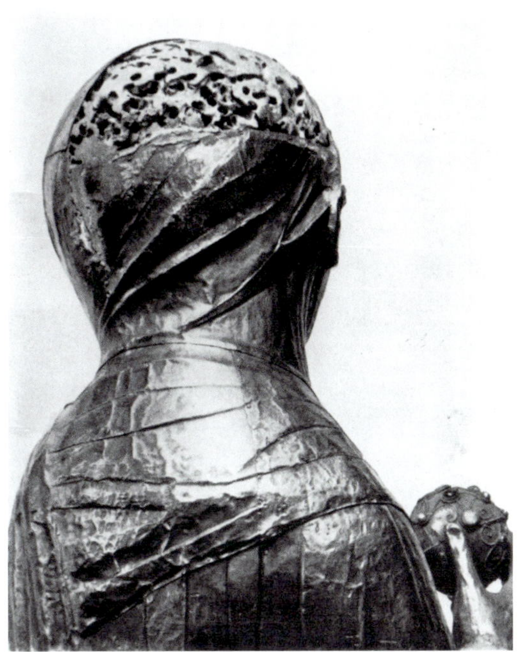

Im Februar 2004 fanden, begleitet von einer wissenschaftlichen Kommission, zahlreiche Untersuchungen sowie eine Festigung der Bleche und eine umfassende Reinigung durch den Kölner Goldschmied Peter Bolg (1938–2020) statt. Seitdem erfolgt regelmäßig ein Monitoring sowie eine Reinigung der Oberfläche.[10]

Prozession und Krönung

Die Krönung wird bereits im Essener Liber Ordinarius, einem Regelwerk für die Gottesdienste an der Stiftskirche, aus dem 14. Jahrhundert erwähnt. Die Goldene Madonna wurde demnach viermal im Jahr bei Prozessionen zu folgenden Festtagen mitgeführt: Mariä Lichtmess, Montag und Dienstag in der Bittwoche vor Christi Himmelfahrt sowie am Fest Mariae Himmelfahrt. Die bedeutendste

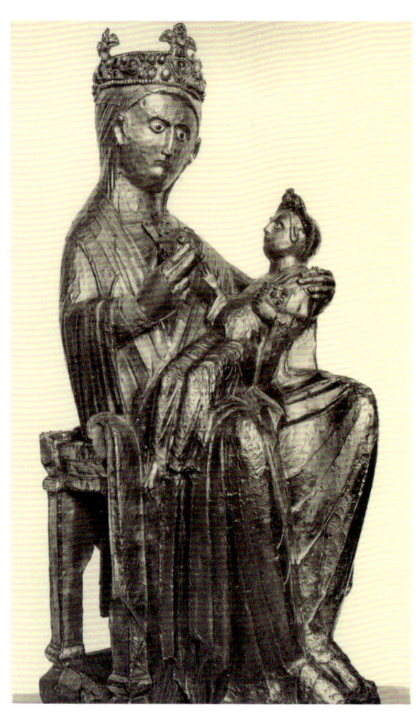

Zeremonie fand jedes Jahr am 2. Februar, dem Fest Mariä Lichtmess, statt. In aller Frühe brachte man das verhüllte Bildwerk zur Gertrudiskirche (heute Marktkirche in der Essener Innenstadt). Es folgte eine Prozession zum sog. Stein vor der Johanneskirche an der heutigen Kettwiger Straße. Dort setzte ein Priester dem Marienbild feierlich die Krone auf ihr Haupt. Diese Prozession wurde 1561 eingestellt, denn die Gertrudiskirche wurde in Folge der Reformationsbewegung in Essen protestantisch.[11] Der Liber Ordinarius beruht auf älteren Überlieferungen, sodass dieser Brauch der Krönung als wesentlich älter angenommen werden kann.

In einem von Äbtissin Maria Kunigunde (amt. 1776–1802) beauftragten Verzeichnis listet der Kanoniker Franziskus Brockhoff 1797 unter der Nummer 46: »*ein mutter gottesbild mit gold plattirt samt einer mit feinen perlen und steinen besezten krone* [...]«. Die damals vergebene Nummer 46 schlug der Essener Goldschmied Johann Ignatius Schiffer mit einem Dorn auf die

Sitzfläche des Throns der Goldenen Madonna und ein weiteres Mal auf die Standfläche unterhalb des Sitzes. Bei der genannten Krone handelt es sich mit Sicherheit um die Essener Krone, die noch in der Sammlung des Domschatzes erhalten ist. Es ist die älteste erhaltene Lilienkrone, deren Entstehung nach neuesten Forschungsergebnissen 1020–1040 anzusetzen ist (Abb. 5). Symmetrische Einschnitte entlang des Kronreifs sprechen für eine nachträgliche Verkleinerung. Zu einem unbekannten Zeitpunkt (möglicherweise vor der Mitte des 11. Jahrhunderts) gelangte die Krone als Votivgabe ins Essener Frauenstift. Es ist anzunehmen, dass die Krone nicht für die Goldene Madonna angefertigt, jedoch für deren Krönung verkleinert wurde.[12]

Die Goldene Madonna und das Bistum Essen

Bereits in der Liturgie des Essener Frauenstifts war sie das wichtigste Bildwerk der Muttergottes, die neben den Heiligen Cosmas und Damian Patronin der Stiftskirche ist. Zudem war sie Leitbild für die Stiftsfrauen und somit wichtigstes Kultbild der Gemeinschaft. Ihre heutige Bezeichnung »Goldene Madonna« erhielt sie erst im 19. Jahrhundert. Als im März 1959 die Domschatzkammer eröffnete und den ehemaligen Stiftsschatz erstmals in musealer Form öffentlich zugänglich machte, erhielt die Goldene Madonna eine besondere Präsentation: Im Obergeschoss, in einem zur Kirche hin gelegen (historischen) Raum, wurde sie in einer Glasvitrine unter einem Baldachin aus Kupfer gezeigt. Diese Vitrine war zugleich mit einem Altar verbunden. Bereits kurz darauf, im März 1959, ernannte Papst Johannes XXIII. (1881–1963) »für alle Zeiten die selige Jungfrau Maria unter dem Titel ›Mutter vom Guten Rat‹, die im Volksmund ›Goldene Madonna‹ genannt wird, zur ersten und besonderen Patronin des ganzen Bistums Essen«. Bischof Franz Hengsbach (1910–1991), der sich für die Ernennung der Goldenen Madonna zur Bistumspatronin stark eingesetzt hatte, überführte die Goldene Madonna am 11. Oktober 1959 von der Schatzkammer in die nördliche Seitenschiffkapelle des neuen Doms. Maria, versinnbildlicht in Gestalt der Goldenen Madonna, ist seither Patronin des Bistums Essen.[13] Sie ist hochverehrtes Gnadenbild und Kunstwerk zugleich und steht wie kein anderes Objekt für die Blütezeit des Essener Frauenstiftes im 10. und 11. Jahrhundert (Abb. 6).

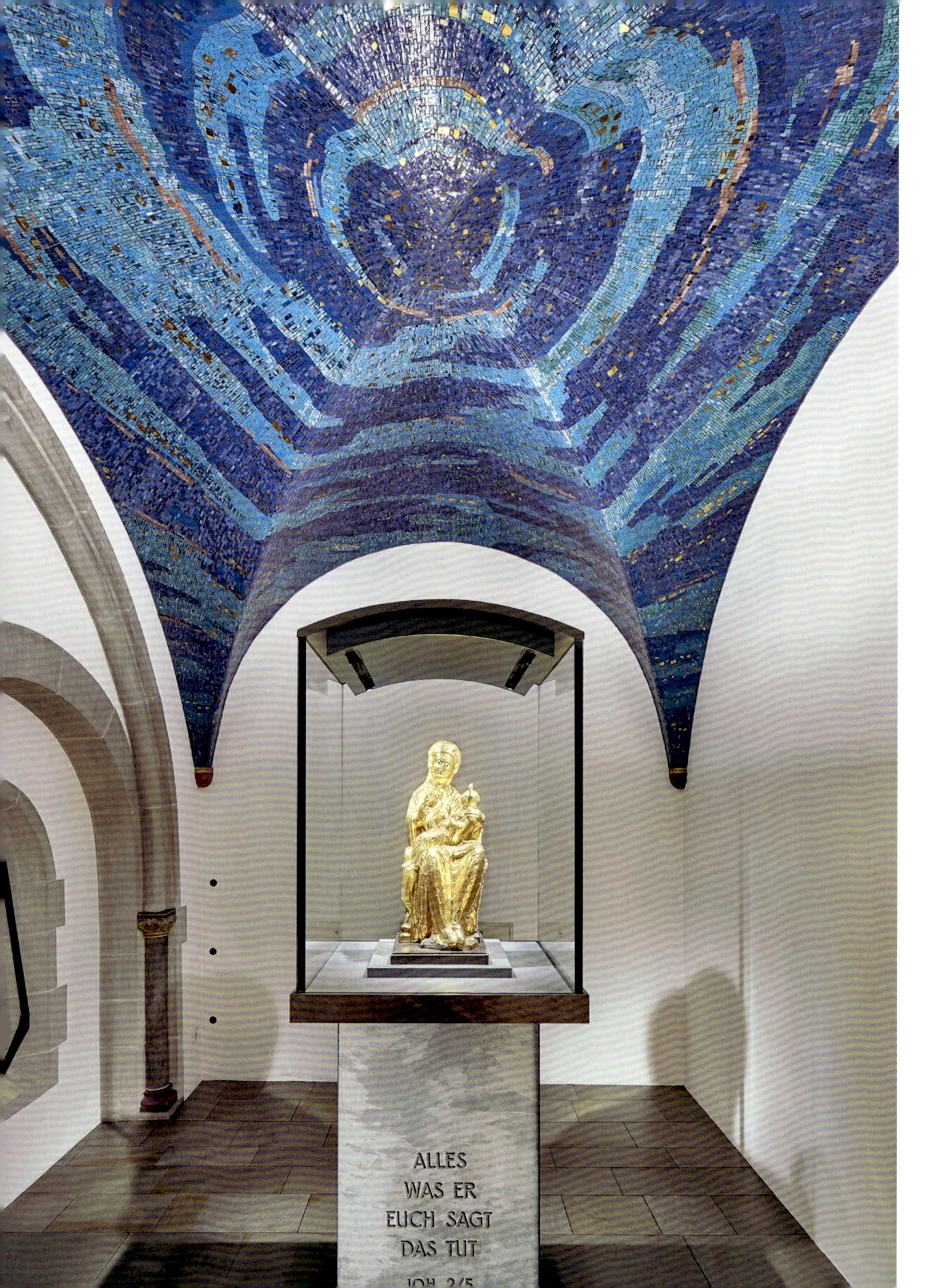

ALLES
WAS ER
EUCH SAGT
DAS TUT
JOH. 2/5

Anmerkungen

1 Barbara Welzel: Die »Goldene Madonna« als Erinnerungsort Europas, in: … wie das Gold den Augen leuchtet. Schätze aus dem Essener Frauenstift (Essener Forschungen zum Frauenstift Bd. 5), hg. von Birgitta Falk, Thomas Schilp und Michael Schlagheck, Essen 2007, S. 81–94; Birgitta Falk: »ein Mutter gottesbild mit gold plattirt« – Zum Erhaltungszustand der Goldenen Madonna des Essener Doms, in: Das Münster am Hellweg 56 (2003) (= Alfred Pothmann – Hüter und Bewahrer – Forscher und Erzähler – Gedenkschrift, Essen 2003), S. 159–174; Kat. Essen 2009: Der Essener Domschatz, hg. von Birgitta Falk, Essen 2009, Kat. Nr. 5, S. 62 (Birgitta Falk); Kat. Essen 2019: Essen sein Schatz. Die Goldene Madonna (Domschatz Essen 2019/20), Essen 2019, S. 10–17; Klaus Gereon Beuckers: Bemerkungen zum Filigran der Goldenen Madonna von Essen, in: Opus. Festschrift für Rainer Kahsnitz zum 80. Geburtstag, hg. von Wolfgang Augustyn, 3 Bde., Berlin 2019 (= Zeitschrift des deutschen Vereins für Kunstwissenschaft 6 [2015]), Bd. 1, S. 57–76; Sybille Eckenfels-Kunst: Goldemails. Untersuchungen zu ottonischen und frühsalischen Goldzellenschmelzen, Diss. Stuttgart, Berlin 2008, Kat. Nr. 18, S. 263–267 und Kat. Nr. 19, S. 267 f.

2 Kat. Essen 2019, S. 10–17.

3 Falk 2009, Kat. Nr. 5, S. 62 (Birgitta Falk); Kat. Essen 2019, S. 68–77.

4 Antje Bosselmann-Ruickbie, Yvonne Stolz: Ottonischer Nimbus oder byzantinischer Halsschmuck? Zur Goldenen Madonna und zehn trapezoiden Emails auf dem Kreuznagelreliquiar und dem Theophanukreuz im Essener Domschatz, in: Mitteilungen zur Spätantiken Archäologie und Byzantinischen Kunstgeschichte 6 (2009), S. 77–99.

5 Falk 2019, S. 68–71.

6 Georg Humann: Die Kunstwerke der Münsterkirche zu Essen, Düsseldorf 1904, S. 251–266.

7 Falk 2003, S. 163–167; Paul Clemen: Die Erhaltung der Goldenen Madonnenstatue im Schatz der Münsterkirche in Essen, in: Bonner Jahrbuch 9 (1906), S. 182–187.

8 Clemen 1906, S. 182–187.

9 Falk 2003, S. 168 f.

10 Falk 2003, S. 170 ff.; Kat. Essen 2019, S. 80–85.

11 Kat. Essen 2009, Kat. Nr. 5, S. 62 (Birgitta Falk); Birgitta Falk, Anna Pawlik: Liturgie und Memoria. Die Schatzstücke im Essener »Liber Ordinarius«, in: Netzwerke der Memoria, hg. von Jens Lieven u. a., Essen 2013, S. 119–156.

12 Kat. Essen 2019, S. 42 f.; Kathrin Berghoff: Die Essener Krone – neue Ansätze zu Datierung und Funktion, in: Das Münster am Hellweg 72 (2021/22), S. 12–67.

13 Ina Germes-Dohmen: Vom Kultbild zur Bistumspatronin – die Goldene Madonna, in: Das Münster am Hellweg 67 (2014), S. 88–107; Kat. Essen 2019, S. 20–27.

Abb. 6: Ansicht der Kapelle im Dom (2023)

HOLGER KEMPKENS

DIE THRONENDE MADONNA DES BISCHOFS IMAD VON PADERBORN

EIN KULTBILD UND SEIN SICH IMMER WIEDER ÄNDERNDES ERSCHEINUNGSBILD

Die sog. Imad-Madonna (Abb. 1–4) war jahrhundertelang das wichtigste Marienkultbild des Paderborner Domes.[1] Sie ist die größte der drei auf uns gekommenen thronenden Marienfiguren aus ottonisch-salischer Zeit und ist in ihrem Holzkern vergleichsweise gut erhalten geblieben, hat jedoch im Laufe der Jahrhunderte ihr Erscheinungsbild mehrfach grundlegend gewandelt. Diese Genese lässt sich aus einer Verbindung der Befunde an der Skulptur mit den in den historischen Quellen überlieferten Angaben relativ gut erschließen, die im Kontext der in den Werkstätten des Westfälischen Landesmuseums in Münster 1968 bis 1970 durchgeführten Restaurierungsmaßnahmen von der Kunsthistorikerin Hilde Claussen und dem Restaurator Klaus Endemann erforscht und ausgewertet wurden – und in vorbildlicher Weise in einem fundierten Aufsatz publiziert sind.[2]

Das hölzerne Bildwerk

Die 112 cm hohe, 45 cm breite und 52 cm tiefe Skulptur, gefertigt aus einem einzigen Lindenstamm, verbildlicht Maria als Gottesmutter mit dem Christuskind auf dem Schoß. Sie sitzt frontal in aufrechter Haltung auf einer mit einem flachen Kissen gepolsterten Thronbank, die von einem heute nur noch zur Hälfte erhaltenen Tonnengewölbe unterwölbt ist und sich ehemals seitlich in großen Rundbögen auf Pilastern mit Basis und Kapitell öffnete. Auf Marias Schoß, gebildet von ihren leicht v-förmig nebeneinandergestellten Beinen, sitzt links (vom Betrachter aus rechts) das Jesuskind (Abb. 4), ehemals gestützt von der rechten, heute nur noch teilweise erhaltenen Hand Mariens, während ihr linker Arm leicht angehoben ist und die Hand vorstreckt – die separat gearbeitete, eingesetzte Hand, die nur noch fragmentarisch erhalten ist, ist heute vertikal ausgerichtet, war aber wohl ehemals horizontal konzipiert und hielt vermutlich eine Kugel (s. u.).

Das Christuskind ist hier nicht kindlich-klein, sondern als verkleinerter, hoheitsvoll aufrecht sitzender Erwachsener wiedergegeben, der in seiner Linken das Buch des Lebens hält und seine Rechte segnend erhoben hat. Dies entspricht dem hier zugrunde liegenden Marientypus der *Sedes Sapientiae* (lat.: »Sitz der Weisheit«), der das Jesuskind als Logos, als Verkörperung des

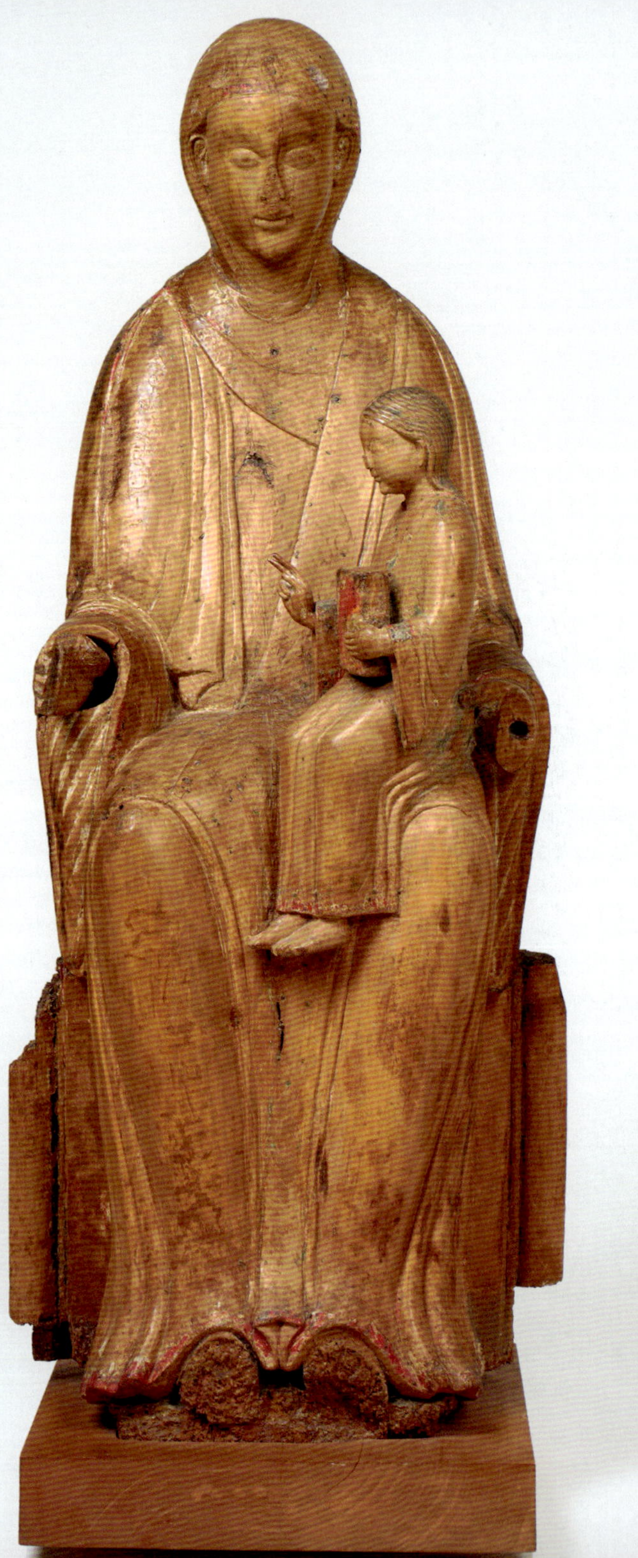

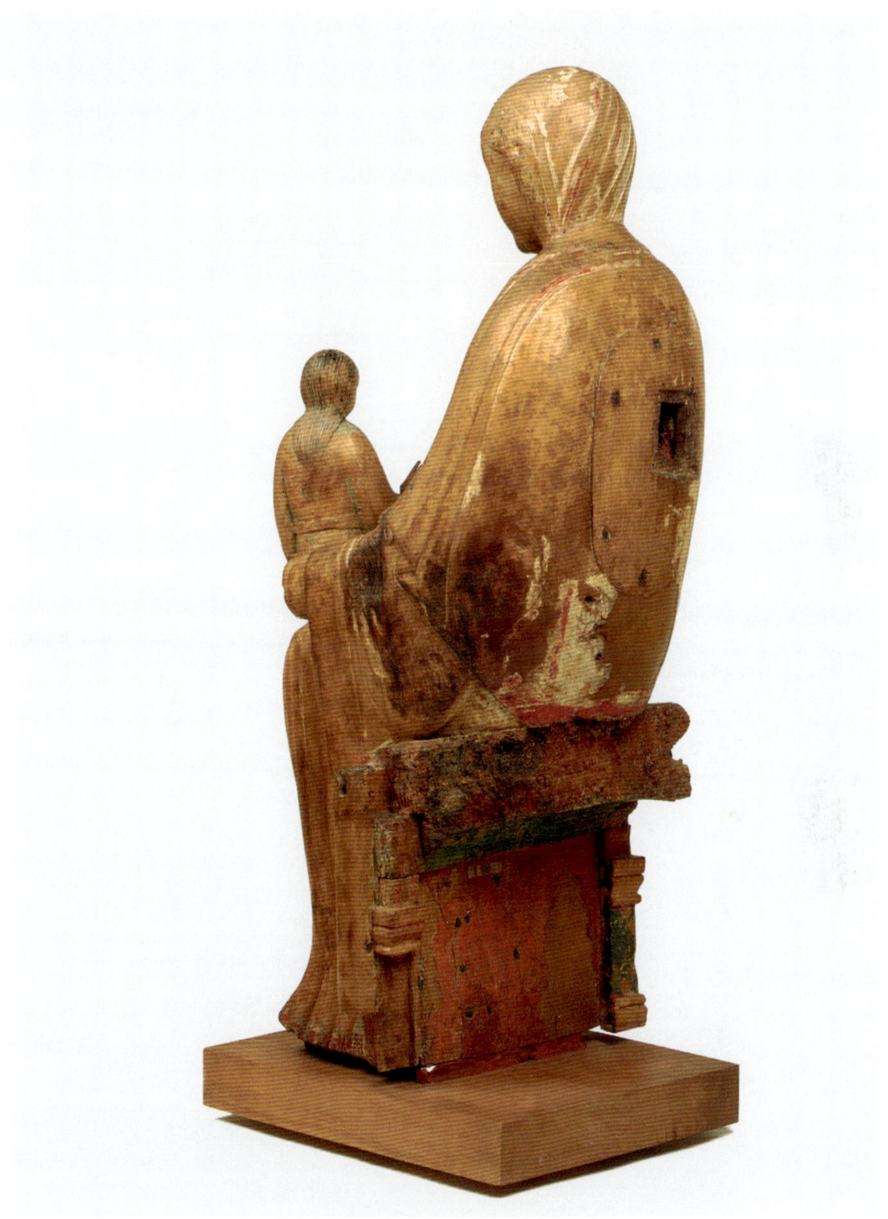

Abb. 1 und 2: Imad-Madonna, Westfalen, um 1051/58, Paderborn, Diözesanmuseum, Vorderansicht und Ansicht der linken Seite

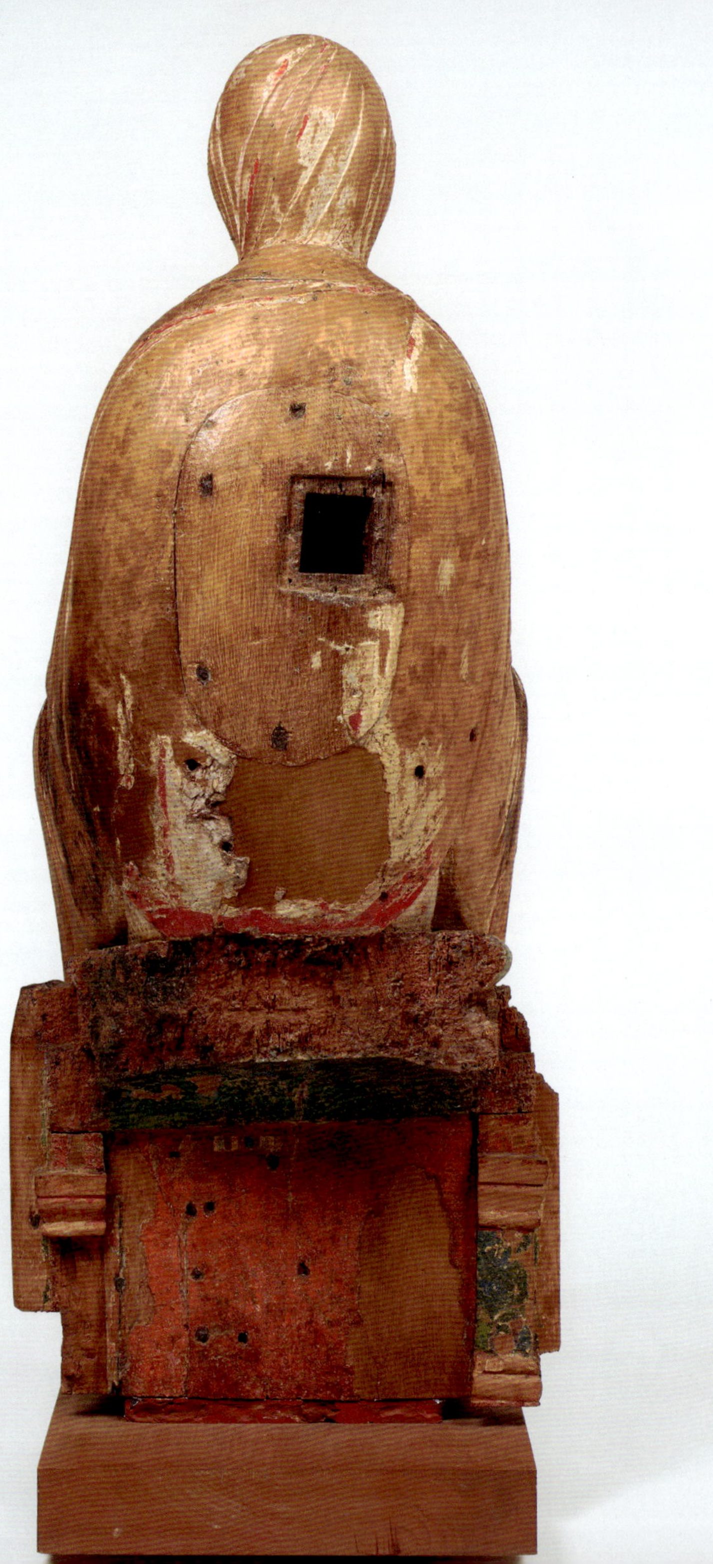

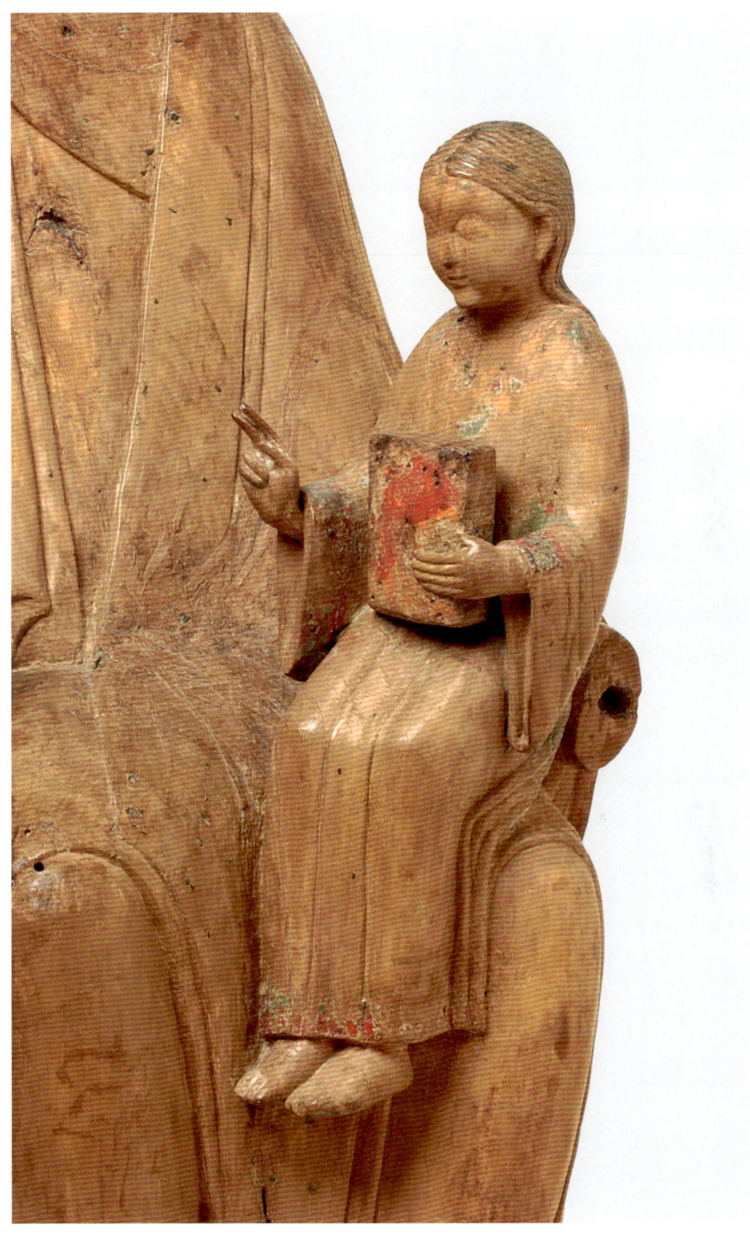

Abb. 3 und 4: Imad-Madonna, Westfalen, um 1051/58, Paderborn, Diözesanmuseum, Rückansicht und Detailansicht des Kindes

fleischgewordenen Wortes Gottes und der göttlichen Weisheit, herausstellt, dem Maria als Thronsitz dient. Er geht seinerseits auf den byzantinischem Marientypus der *Nikopoia* (griech.: »die Siegbringende«) zurück. Abweichend von diesen Marientypen ist hier jedoch das Christuskind nicht mittig auf dem Schoß, sondern seitlich platziert, wie es beim byzantinischen Marientypus der *Hodegetria* (griech.: »Wegführerin«) der Fall ist.

Die erhabene Erscheinung der beiden Gestalten wird durch ihre Kleidung unterstrichen: Über einer Untertunika, von der jedoch nur unterhalb der Handgelenke die fein gefältelten Ärmel sichtbar sind, trägt Maria eine weitärmelige Tunika, die sich in großzügigen, ungebrochenen Falten um ihren Körper legt und im Bereich der Knie und Unterschenkel die Körperform deutlich nachzeichnet. Deren Saum stößt auf den Füßen auf und bildet hier eine omegaförmige Falte aus. Über den Kopf hat Maria ein Tuch aus dünnem Stoff, eine sog. Palla, die zur antiken Frauentracht gehörte, gelegt, die ihr Haupt bis auf das Gesicht umhüllt, einmal über dem Brustbein um den Hals gewunden ist und schließlich fast ihren gesamten Oberkörper einschließlich des Rückens umschließt: von der rechten Schulter bis zur Armbeuge, von der linken Schulter über die Brust sogar hinab bis zum Sitz des Kindes – wobei hier im Schnitzwerk der Abschluss nicht klar herausgearbeitet ist und daher wohl ursprünglich durch die Farbfassung ergänzt wurde. Das Christuskind trägt eine knöchellange Tunika mit weiten Ärmeln, die Füße sind unbekleidet. Sein Gesicht wird vom mittig gescheitelten Haar umrahmt, das um die Ohren herumgeführt ist und auf dem Rücken ausläuft.

In den weitgehend glatt belassenen Rücken der Marienfigur (Abb. 2) wurde eine größere, nur grob bearbeitete Aushöhlung (H. ca. 23 cm, B. 14,5 cm, T. 11,5 cm) zur Aufnahme von (heute nicht mehr vorhandenen) Reliquien eingetieft. Sie wurde durch ein ovales Eichenholzbrett verschlossen, das mittels sechs Nägeln befestigt ist. Um eine Zugänglichkeit der Reliquien zu ermöglichen, wurde in die rechte Bretthälfte eine hochrechteckige Öffnung (H. 6,1 cm, B. 5,2 cm) mit Falz eingetieft, deren Verschlussdeckel heute verloren ist.[3]

Als Stifter der Madonnenfigur hat erstmals Alois Fuchs 1918 den Paderborner Bischof Imad (amt. 1051–1076) wahrscheinlich machen können[4] – seine These konnte durch die grundlegenden Forschungen von Hilde Claussen und Klaus Endemann bestätigt werden.[5] Der Name Imads als Stifter war in einer

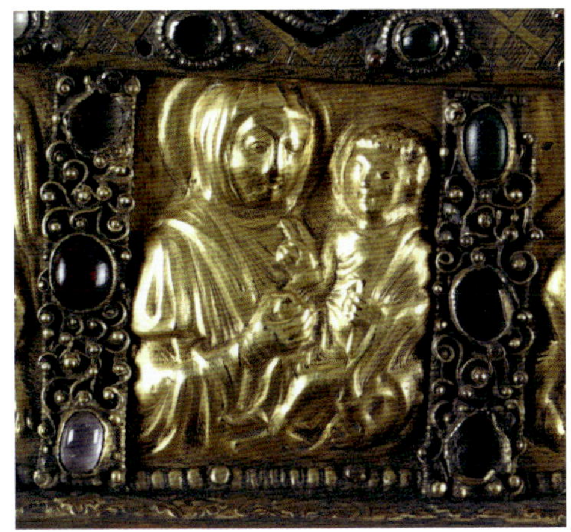

Abb. 5: Buchdeckel des Evangeliars aus Helmarshausen, Helmarshausen, um 1180/85, Trier, Hohe Domkirche, Domschatz, Ausschnitt mit Darstellung der Muttergottes mit Kind

nicht näher lokalisierten Inschrift der heute nicht mehr erhaltenen metallenen Verkleidung der Marienfigur überliefert (s. u.), die jedoch erst dem Zweitzustand der Figur angehörte. Dennoch ist damit die Urheberschaft Bischof Imads sicher belegt – womit sie sich von ihren älteren Schwestern in Essen und Hildesheim unterscheidet, deren Datierung und Stiftungshintergrund nur erschlossen werden können.

Die im Reliquiendepositorium der Figur geborgenen Reliquien wurden 1762 entnommen und dabei von Domsakristan Wenneker verzeichnet. Demnach handelte es sich um Reliquien der römischen Märtyrer Johannes und Paulus, des Bischofs Julian von Le Mans, von den Aschen seines Nachfolgers Liborius, Reliquien des Märtyrers Cyprianus, des Papstes und Märtyrers Urban I., des Kardinals und Märtyrers Vincentius, Johannes des Täufers, der Jungfrau und Märtyrerin Verena von Zurzach, des Evangelisten Lukas und des Märtyrers Florentius.[6] Sie dürften allesamt zum Ursprungsbestand aus der Zeit Bischof Imads stammen. Ergänzend zur dreidimensionalen Vergegenwärtigung der Gottesmutter und ihres Sohnes, des Welterlösers, wurde die Figur so zusätzlich mit Heiltum ›aufgeladen‹.[7]

Eine frühe bildliche Darstellung der Imad-Madonna scheint sich – bisher unerkannt – auf einem Buchdeckel eines Evangeliars aus dem einstmals zum Bistum Paderborn gehörigen Kloster Helmarshausen, das um 1180/85 im

Kloster selbst entstand und sich heute im Trierer Domschatz befindet,[8] überliefert zu haben: Das betreffende vergoldete Kupferblech (Abb. 5), platziert unten mittig zwischen zwei Evangelistensymbolen, zeigt als getriebenes Flachrelief eine halbfigurige Darstellung der Maria mit Kind, die auf dem Marientypus der *Hodegetria* basiert – und die auffällige Übereinstimmungen mit der Imad-Madonna erkennen lässt, so insbesondere die eingedrehte Haltung des Kindes mit segnend erhobener Rechter, während die Linke ein Buch hält. Bei Maria ist vornehmlich auf die fein gefältelte Palla hinzuweisen, die im 12. Jahrhundert bei mitteleuropäischen Mariendarstellungen zunehmend unüblich wurde und hier mit der Rezeption der Imad-Madonna zusammenhängen könnte, und auf die Haltung ihrer rechten Hand, die dem Kind eine Kugel präsentiert, die sowohl als Apfel, der sie zur neuen Eva macht, als auch als Sphaira, als Weltkugel, und somit als Zeichen der Weltherrschaft gelesen werden kann. Damit ließen sich die bisherigen Mutmaßungen über die Insignie, die Maria in ihrer nur fragmentarisch erhaltenen Rechten hielt, bestätigen. In vergleichbarer Weise und in derselben Position ist die Essener Goldene Madonna auf einem getriebenen Goldrelief des dortigen Buchdeckels des Evangeliars der Äbtissin Theophanu (amt. 1039–1058) dargestellt.[9]

Von den älteren Madonnenfiguren in Essen und Hildesheim unterscheidet sich die Paderborner Madonna durch ihre deutlich größeren Dimensionen. Hier lässt sich eine Monumentalisierung beobachten, die möglicherweise vor dem Hintergrund der ab der Mitte des 11. Jahrhunderts durchgeführten Kirchenreform zu verstehen ist. Stand sein Onkel und Vorvorgänger Meinwerk (amt. 1009–1036) noch den Herrschern, insbesondere Heinrich II. (amt. 1002–1024), sehr nahe und ließ für sie eine neue Königspfalz errichten, so gehörte Imad hingegen der herrscherkritischen Reformpartei an, die sich für die *libertas ecclesiae*, die Freiheit und Unabhängigkeit der Kirche, einsetzte und die in Maria eine Verkörperung der Kirche sah, die mit ihr gleichgesetzt wurde.[10]

Eine stilistische Einordnung des Bildwerkes und seiner skulpturalen Ausgestaltung wird dadurch erschwert, dass sich kaum unmittelbar verwandte Werke erhalten haben. Eine gewisse Verwandtschaft in Stillage und Detailbildungen zeigen jedoch die Stuckrelieffiguren vom Heiligen Grab in der Stiftskirche St. Cyriakus in Gernrode, das gemeinhin ins späte 11. Jahrhundert datiert wird.[11] Hier ist insbesondere die weibliche Figur im Zentrum der West-

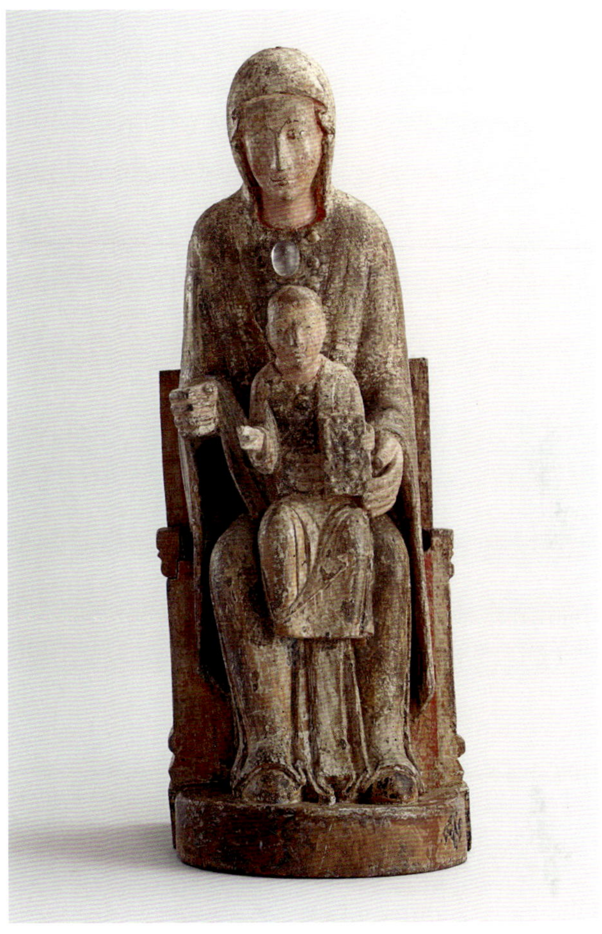

Abb. 6: Thronende Madonna, sog. Siechhaus–Madonna, Mittelrhein, um 1050, Frankfurt a. M., Liebieghaus Skulpturensammlung

wand, die meist als Maria Magdalena gedeutet wird, zu nennen.[12] Ihre Gestalt ist von linearen Faltenzügen geprägt, die an jene der Imad-Madonna erinnern, vergleichbar sind zudem Details wie die weiten Schlaufenärmel und die asymmetrische Wicklung der Palla, die jeweils auf der rechten Brusthälfte in einem kleinteilig gefältelten Zipfel ausläuft, sowie die Modellierung der Palla oberhalb der Stirn in Form einer feinen Faltenstufe, die bei der Imad-Madonna dann später teilweise abgearbeitet wurde.

Gewisse stilistische Parallelen weist auch die thronende Muttergottes aus dem Siechhaus in Kapellen-Stolzenfels bei Koblenz, heute im Liebieghaus in Frankfurt,[13] auf (Abb. 6), deren Entstehung um die Mitte des 11. Jahrhunderts am Mittelrhein, in Trier oder Köln vermutet wird. Vergleichbar sind die Gesamtanlage der Figur, deren Kind hier jedoch ganz klassisch mittig auf dem Schoß sitzt, sowie insbesondere die Arm- und Handhaltung Mariens und die Gewandstruktur mit einem Wechsel von glatten und gefalteten Partien, insbesondere im Bereich der Beine, wo der Gewandsaum hier gleichermaßen zwischen den Füßen eine Omegafalte ausbildet. Darüber hinaus waren beide Bildwerke ursprünglich mit einer farbigen Fassung versehen, von der sich an beiden Schnitzwerken größere Reste erhalten haben – womit sie zu den frühesten farbig gefassten Madonnenfiguren gehören.

Die erste Fassung der Madonna – Überhöhung durch Farbe

In seinem ursprünglichen Zustand, der den frühen Amtsjahren Bischof Imads bald nach 1051 zugeschrieben wird, war das Holzbildwerk farbig gefasst. Davon zeugen noch zahlreiche Fassungsreste, die sich an fast allen Partien der Skulptur erhalten haben, insbesondere jedoch auf der Rückseite. Abgesehen von den Gesichtern von Mutter und Kind finden sich für alle Bereiche Belegstellen, sodass das ursprüngliche Erscheinungsbild der Madonnenfigur einigermaßen sicher rekonstruiert werden kann (Abb. 7; vgl. Kat.-Nr. 47).

»Die Gewänder der Muttergottes, sowohl ihre weitärmelige Tunika [...] als auch ihre Palla [...] waren weiß oder jedenfalls weißgrundig und durch rote Faltenlinien von wechselnder Breite belebt, in die hie und da rote Punktreihen eingefügt sind. Die roten Faltenlinien folgen vornehmlich, jedoch nicht immer, den Tiefen der plastischen Falten. Bisweilen finden sie sich auch auf den Faltenkanten. Auf Flächen, die vom Bildschnitzer nicht gestaltet sind, ersetzen oder ergänzen außerdem rote Linien die plastischen Falten«.[14] Die Palla verblieb darüber hinaus schlicht weiß, lediglich ihre abschließenden Quersäume wiesen »eine breite rotgrundige Borte mit Kreuzornamenten auf«.[15] Die Längssäume hingegen besaßen nur einen schmaleren roten Streifen.

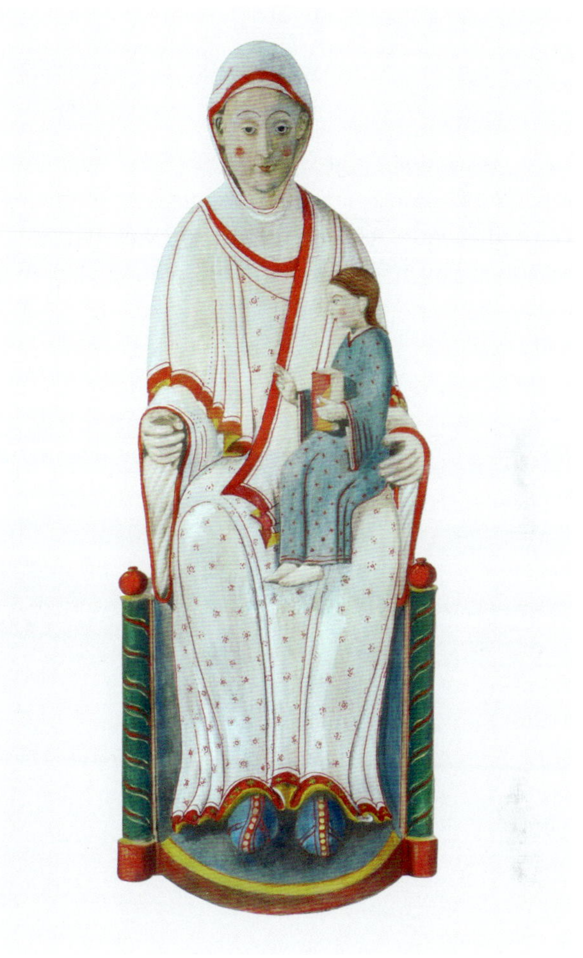

Der Stoff des Mariengewandes, also der Tunika, war hingegen flächendeckend mit einem Streumuster aus kleinen roten Kreisornamenten, die aus einem geschlossenen Kreis mit einem Punkt im Mittelpunkt sowie einem äußeren gepunkteten Kreis bestehen, versehen. Die Tunika des Kindes war blau angelegt und ebenfalls mit roten Faltenlinien strukturiert sowie zusätzlich mit einem Streumuster verziert: Hier handelte es sich um rote Sterne mit gelben

Punkten an den Strahlenenden. »Vom Inkarnat sind bei Mutter und Sohn nur Spuren vorhanden. Die Haare des Knaben waren dunkelbraun. Sehr farbig, teils rot, teils mennigefarben gefaßt, ist heute noch der Deckel des Buches, das der Christusknabe hält«.[16]

Auch der Thronsitz Mariens wies eine fein differenzierte Farbfassung auf: »Die Thronpfosten waren dunkelgrün mit mennigeroten Linien. Der Sockel [...] des Thrones scheint an seiner Oberseite schlicht blau gewesen zu sein, ebenso die Außenseiten der Bögen, die den Thronsitz tragen. Die Pilaster, von denen die Bögen aufsteigen, waren blaugrundig mit weißen Sprenkeln«[17] – das Blau hat sich gemäß den jüngst vorgenommenen Untersuchungen von Elisabeth Jägers, Bornheim, und Regina Urbanek, TH Köln, als künstlich hergestelltes Azurit erwiesen.[18] Die nur in der Grundform angelegten Kapitelle der Pilaster waren mit roten Zungenblättern auf gelbem Grund weiter ausgestaltet. »Auch die nicht leicht einzusehende Unterseite des Thronsitzes und die Innenflächen der Bögen trugen farbige Fassung, grün und mennigerot«.[19] Das Sitzkissen des Thrones war dunkelgrün gefasst und mit einem Muster aus roten Sternen mit gelben Punkten an den Strahlenenden, vergleichbar jenem von der Tunika des Kindes, überzogen.

Für die entstehungszeitliche Farbfassung der Imad-Madonna Parallelen zu finden, ist schwierig, da kaum gefasste Skulpturen jener Zeit erhalten sind. Hilde Claussen verwies jedoch auf die Stuckfiguren des Heiligen Grabes in Gernrode, die ehedem von roten Konturlinien auf dem weißen Stuckgrund geprägt waren – und damit im Erscheinungsbild gut vergleichbar der Imad-Madonna.[20] Hinzu kommen Vergleiche mit der Flächengliederung und -ornamentierung in Buchilluminationen der zweiten Hälfte des 11. Jahrhunderts, so etwa die die Faltenlinien begleitenden Punktreihen, wie sie bei den Faltenzügen am Hinterkopf Mariens erhalten sind und etwa auch in Werken der Kölner Buchmalerei auftreten.[21] Für die Kreismuster der Marientunika gibt es dort, aber auch in der niedersächsischen Buchmalerei unmittelbare Gegenstücke.[22] Auch die Sternmotive von Kindertunika und Sitzkissen finden ihre Parallelen in zeitgenössischen Buchilluminationen.[23]

Der geringe Verschmutzungsgrad der Oberflächen dieser ersten Farbfassung lässt darauf schließen, dass sie nicht lange sichtbar gewesen ist. Hinzu kommen an den Flanken und an der Vorderseite, insbesondere zwischen den

Beinen und im Gesicht Mariens, Spuren, an denen die Holzskulptur versengt wurde (Abb. 1, 2).[24] Diese sind jedoch nicht auf Kerzen, die dem Bildwerk zu nahe gekommen sind, zurückzuführen, sondern auf brennende Holzspäne, die auf und neben die Figur gefallen sind.[25] Darüber hinaus lassen sich damit im Zusammenhang stehende Rauch- und Rußablagerungen auf einigen durch kleine Blechreste geschützten Teilen der Erstfassung nachweisen.[26] All dies deutet darauf hin, dass diese Brandspuren mit dem Dombrand von 1058 zusammenhängen.

Die zweite Fassung – Überhöhung durch Goldglanz und Edelsteine

Nach dem Dombrand entschied man sich offenbar, die beschädigte Marienfigur, die den Brand auf wunderbare Weise überstanden hatte, nicht zu ersetzen, sondern wiederherzustellen. So wurden zunächst die versengten Partien der Oberfläche der Skulptur abgeschliffen und geglättet.[27] Man entschied sich dann aber, nicht etwa die Fehlstellen nachzumodellieren und die Farbfassung zu wiederholen, sondern vielmehr eine Metallfassung aus vergoldetem Kupferblech anzufertigen, mit der die Figuren von Maria und Christuskind bis auf die Inkarnatpartien (Gesichter und Hände) verkleidet wurden. Davon zeugen heute noch 297 Kupfernägel – an 22 davon haben sich zudem Reste des Kupferblechs erhalten. Dieses ist mit 0,4 bis 0,6 mm verhältnismäßig dick. Es »muß schon vor der Montage auf der Statue in großen Stücken vorgeformt und vergoldet gewesen sein.«[28] Möglicherweise war das vergoldete Kupferblech stellenweise mit Wachs unterlegt, um Verdrückungen zu vermeiden.[29] Da alle Nägel und Nagelspuren demselben System angehören, kann ausgeschlossen werden, dass es eine zweite, jüngere Metallbekleidung gab.[30]

Von der Verkleidung aus vergoldetem Kupferblech blieb neben den genannten Resten unter den Nägeln lediglich der Deckelbeschlag vom Buch des Christuskindes erhalten (Kat. Nr. 48). Eine aus zwei parallelen Punktreihen gebildete Rahmung fasst das Mittelfeld ein, in dessen Zentrum ehemals ein ovaler Stein platziert war, weitere Steine zierten die vier Ecken der Rahmung. Die ornamentale Gestaltung findet ihre Parallelen in der westfälischen Goldschmiedekunst des 11. Jahrhunderts.[31]

Der hier geschilderte Befund einer vergoldeten Kupferblechhülle scheint der historischen Überlieferung zu widersprechen, die für Bischof Imad die Stiftung einer *statua aurea*, einer goldenen Figur, vermeldet. In einer zeitgenössischen Quelle, die bald nach dem Tod Imads entstanden sein dürfte, werden wichtige Ereignisse seines Episkopats berichtet sowie insbesondere seine mit Gold versehenen Stiftungen an den Dom benannt, darunter an erster Stelle, jedoch von einer anderen, aber offenbar zeitgenössischen Hand nachgetragen: *»Ad imaginem sanctae Mariae XI marcas et dimidiam«* (»zum Bildwerk der heiligen Maria 11 ½ Mark«).[32] Wenn somit von mehr als fünf Pfund Gold die Rede ist, wie geht dies mit der im Befund erschlossenen Kupferblechhülle überein? Offenbar reichte die Goldmenge für eine vollständige Goldblechverkleidung nicht aus,[33] sodass man sich für eine Vergoldung von Kupferblech entschied. Ein Teil des Goldes dürfte zudem für die Krone und die Fassungen der Edelsteine zur Verzierung des Thronsitzes verwendet worden sein, von denen in den neuzeitlichen Quellen berichtet wird: So erwähnen die Inventare des Domschatzes von 1681 und 1682, dass die *»statua b. Mariae virginis ex lamina aurea* [= Goldblech], *der sessel aber mit silber umbzogen und steinen gezieret«* gewesen sei.[34] Einem Bericht über reparaturbedürftige Stücke des Domschatzes von 1733 sind dazu noch präzisere Angaben zu entnehmen: *»Beij den güldenen Mutter Gottes bildt gemangelt ahn der krohen 3 große undt 4 kleine steine oder perlen. Item ahn den rechten armen 1 große, ahn den stuhle ermangelten auff der rechten seithen 4 große und 11 mittelmäßige, auff der linken seithen 3 mittelmäßige undt 1 groß, oben ahn denen enden der stuhlen beiderseiths 2 große undt 6 kleinen«.* Aus diesen Angaben zu den insgesamt 35 Fehlstellen im Steinbesatz geht hervor, »daß nicht nur der Thronsessel Steinschmuck aufwies, sondern daß die Muttergottes auch eine mit Steinen und Perlen besetzte Krone trug und ihre Gewandärmel ebenfalls mit Steinen verziert waren«.[35] Eine genauere Spezifizierung des Steinschmucks ist sodann den Aufzeichnungen von Domsakristan Anton Wenneker von 1762/63 zu entnehmen, die im Zusammenhang mit der Abnahme der Metallhülle und des Steinschmucks entstanden (s. u.). Er berichtet: *»danebst sind an derselben bildniße* [= der Marienfigur] *60 von vielerley farben und verschiedener größe, worunter vierzehn künstlich eingeschnittene*[,] *steine, samt zwey bräunlichen und vier weißen cristallen befindlich geweßen«.*[36] An anderer Stelle vermeldet er noch zu den

14 geschnittenen Steinen, dass sie »*vielerley heydnische bildnüße und figu-ren*« aufwiesen.[37] Demnach handelte es sich um antike Gemmen und Kameen«, wie sie häufig an mittelalterlichen Goldschmiedearbeiten verwendet worden sind, so etwa auch bei der mit Goldblech umhüllten Reliquienstatue der heiligen Fides in Conques.[38] Vom Edelsteinschmuck zeugen heute noch indirekt die fünf nachträglich eingetieften ovalen Mulden im Kopftuch über der Stirn sowie eine entsprechende Mulde auf dem Rücken der rechten Hand Mariens.[39]

Wieso entschied sich Bischof Imad, die brandgeschädigte Marienfigur nicht erneut farbig fassen, sondern nun mit einer goldglänzenden Metallhülle versehen zu lassen, zumal dies neben den Wiederaufbaukosten für den Dom eine große zusätzliche finanzielle Belastung bedeutete? Hierüber kann nur spekuliert werden: Möglicherweise hat er es als Wunder angesehen, dass die Marienfigur den Brand überstanden hatte,[40] und wollte sie mit der goldglänzenden Metallhülle besonders ehren und herausstellen. Aller Wahrscheinlichkeit nach orientierte er sich dabei an den beiden älteren, ihm sicherlich bekannten, bis heute erhaltenen ›Goldenen Madonnen‹ in Essen (um 990) und Hildesheim (um 1015), die ihre Goldblechverkleidungen bis heute bewahrt haben (siehe dazu die Beiträge von Andrea Wegener und Claudia Höhl in diesem Band). Vergleichbar der Essener Goldenen Madonna besaß auch die Imad-Madonna, wie bereits erwähnt, eine kostbare Krone – Domsakristan Wenneker vermerkt hierzu: »*auff ihren haupt einen goldenen mit einer großen perle und verschiedenen steinen besetzten krantz habend*«.[41]

Offensichtlich unmittelbar im Kontext der vergoldeten Kupferblechverkleidung befand sich eine Inschrift, in der Bischof Imad als Stifter benannt wurde. Davon erfahren wir erstmals im bereits erwähnten Visitationsprotokoll von 1654.[42] Der genaue, damals aber offenbar nicht mehr vollständig lesbare Wortlaut der Inschrift wird jedoch erst 1762 im Protokoll von Domsakristan Wenneker, also erst im Moment ihrer Zerstörung, überliefert. Er schreibt: »*cum inscriptione maxima ex parte mutilata* [:] *... praesulis Immadi ... tuorum ... libens ejus devotum suscipe munus ... Salvatorem mundi, quem pariendo tulisti ... Stephanus protomartyr ...*« (»mit einer sehr stark verstümmelten Inschrift: [...] des Bischofs Imad [...] Deine [...] nimm gnädig seine fromme Gabe an, [...] die Du den Welterlöser geboren hast [...] der Erzmärtyrer Stephanus [...]«).[43] Damit ist sowohl die Stiftung der Figur wie auch ihrer nach dem Brand zugefügten vergoldeten Kupferblechhülle als Dedikation Bischof Imads sicher belegt. Unklar bleiben muss jedoch, ob die in den Domschatzinventaren von 1681/82 erwähnte Silberverkleidung des Thronsitzes und der reiche Steinbesatz dort[44] und an den Ärmelborten ebenfalls noch der Zeit Imads angehörte oder etwa – wie die edelsteinbesetzten Ärmelbeschläge der Großen Goldenen Madonna in Hildesheim (Kat. Nr. 1) – einer späteren Erneuerung zuzurechnen sind.

Mit der Hinzufügung der vergoldeten und edelsteinbesetzten Metallhülle und der Krone erhielt das brandgeschädigte Kultbild nicht nur eine neue Fassung, sondern wurde in ihrem Erscheinungsbild noch aufgewertet und gesteigert, da sie nun – wie ihre älteren Schwestern in Essen und Hildesheim – in fast überirdischem Goldglanz erstrahlte. Im Unterschied zur Goldenen Madonna in Essen, aber vergleichbar der Goldenen Madonna in Hildesheim, waren die Inkarnatpartien hier nicht mit Goldblech verkleidet, sondern frei gelassen und farbig gefasst, was sie weniger entrückt erscheinen ließ.

Der ursprüngliche Aufstellungsort der Madonna ist nicht überliefert, kann aber auf dem Hauptaltar im östlichen Marienchor des Domes[45] oder in der Krypta angenommen werden.[46] Über die Verwahrung der seit dem Aufbringen der kostbaren Metallhülle nun ›Goldenen Madonna‹ im Hoch- und beginnenden Spätmittelalter können mangels Quellen nur Mutmaßungen angestellt werden – vorgeschlagen wurde eine Mauernische im neuen Kapitelsaal mit einer Occulus-Verbindung zum nordöstlichen Querhaus sowie eine sichere Verwahrung in einer Schatzkammer außerhalb der Festtage.[47] Für die Zeit um 1480 ist schließlich die Bewilligung eines Ablasses für die Marienfigur und deren temporäre Aufstellung im »*nedderen chore*«, dem *chorus inferior*, auf dem Altar der Heiligen Philippus und Jakobus überliefert.[48]

Inwieweit die Imad-Madonna in der Zeit vom 12. bis 18. Jahrhundert weitere Veränderungen erfuhr, lässt sich schwer abschätzen, am Bestand des Bildwerkes selbst zeichnen sich davon keine Spuren ab. Möglicherweise erfuhr der Thronsitz im 17. Jahrhundert eine erste Erneuerung, worauf die seitlichen gestuften Voluten hinweisen, doch stammt die übrige Thronkonstruktion, die den fragmentierten originalen Bestand ergänzte, offenbar erst aus dem späten 19. Jahrhundert.[49]

In den 1680er Jahren kam es zu einer irrtümlichen Benennung der Figur als heilige Anna, die wohl auf eine Verwechslung des neuen Sakristans mit der bis heute im Domschatz erhaltenen Reliquienstatuette der heiligen Anna selbdritt zurückzuführen ist und sich über 100 Jahre halten sollte.[50] Lediglich der Domsakristan Anton Wenneker bezeichnet das Bildwerk in seinen Aufzeichnungen korrekt und durchweg als Marienfigur. Er war es auch, der die Abnahme der Metallhülle kontrollieren musste, die das Domkapitel beschlossen hatte, um seinen Anteil von 17.000 Talern an der hohen Kriegskontribution, die der preußische Feldherr Herzog Ferdinand von Braunschweig-Lüneburg (1721–1792) gegen Ende des Siebenjährigen Krieges (1756–1763) vom Fürstbistum Paderborn forderte, binnen weniger Wochen aufbringen zu können. Unter der Aufsicht von Domsakristan Wenneker nahm der *»besonders beeydigte«* Goldschmied Holzapfel am 17. September 1762 die Krone und die Metallbleche ab und wog sie ab: *»… haben derselben goldene parcelen drey pfund sechs loth 1 ½ quentlein, und die silberne fünf pfund fünfzehn loth zwey quentlein am gewicht gehalten«*.[51] Offenbar war die Vergoldung der Kupferbleche sehr dick und gut erhalten, sodass der Goldschmied selbst bei der Abnahme nicht erkannte, dass es sich lediglich um vergoldetes Kupfer handelte, das abzunehmen und einzuschmelzen sich nicht gelohnt hätte.

Die dritte Fassung – statt Goldglanz Farbe und Textil

Nach Abnahme der Metallfassung verhinderte Domsakristan Wenneker offenbar, dass der als vermeintlich wertlos erachtete Holzkern der Madonna, deren Reliquienbestand 1765 im Kreuzaltar im Südquerhaus des Domes geborgen worden war,[52] nicht weggeworfen, sondern gerettet wurde. Vermutlich – so Alois Fuchs – veranlasste er auch eine farbige Neufassung der Figur, die so wieder dem Kult zugeführt werden konnte.[53] Fuchs beschreibt sie als Weißfassung »mit eingestreuten Sternen, Halbmonden und Lilien«.[54]

 Möglicherweise wurde die Marienfigur im späten 18. oder frühen 19. Jahrhundert bei speziellen Anlässen mit textilen Gewändern bekleidet, wie es bei besonders verehrten Marienfiguren seit dem späten Mittelalter üblich ist –, zumindest lässt die Darstellung einer großformatigen Marienfigur auf einer Lithographie mit der Innenansicht des Paderborner Domes von 1833 dies vermuten.[55]

Die vierte, fünfte und sechste Fassung – Erneuerung der Farbigkeit

Über Maßnahmen an der Madonnenfigur, die im 19. Jahrhundert zumindest zeitweise in der Krypta aufgestellt war,[56] erfahren wir erst wieder 1866 durch den Bericht von J. Kayser über ihre zuvor abgeschlossene Erneuerung und Neufassung: »Die Polychromirung ist genau nach den noch vorhandenen Farben- und Dessin-Überresten vorgenommen«.[57] Sie orientierte sich somit offenbar an der Fassung des späten 18. Jahrhunderts, die ihrerseits vermutlich auf die damals sicherlich noch umfangreicher überlieferte Erstfassung, deren Überreste nach der Abnahme der Metallhülle wieder zum Vorschein kamen, zurückgriff.[58] Die Fassung von 1866 wurde, da offenbar inzwischen schadhaft, 1886 nochmals erneuert (Abb. 8).[59] Sie unterschied nicht zwischen Gewand und Palla und zeigte eine einheitliche Weißfassung für alle Mariengewänder mit einem Streumuster aus Halbmonden, die einen Stern umschließen, ein von der Schulter bis zum Saum herabgeführter Bortenstreifen war zudem mit Lilien gefüllt. Die Tunika des Kindes war 1866 kupfergrün, 1886 blaugrün gefasst und zeigte ebenfalls ein Streumuster aus Punktgruppen. Hinzu kamen die aufmodellierten, vergoldeten Stuckborten, die zusammen mit den eingesetzten Glassteinen den Effekt einer Goldschmiedefassung erzielen sollten. Auch die Thronkonstruktion wurde vermutlich damals – wie erwähnt – unter Verwendung von Elementen des 17. Jahrhunderts erneuert.

Alois Fuchs ließ 1917 anlässlich seiner Untersuchung der Madonnenfigur die vorhandenen Fassungen weitgehend abnehmen, beließ jedoch bewusst die Stuckborten.[60] In der Folge fanden 1934 und 1952 Restaurierungsmaßnahmen im Westfälischen Landesmuseum Münster statt, »bei der letztgenannten Restaurierung erhielt die Figur einen steinfarbenen, grauen Anstrich, darüber eine Holzlasur«.[61] Diese prägte das Erscheinungsbild der Madonna bis zur umfassenden Restaurierungsmaßnahme Ende der 1960er Jahre (s. Kat. Nr. 46).

Abb. 8: Imad-Madonna, Paderborn, Diözesanmuseum, Aufnahme von 1890 mit der Farbfassung von 1886

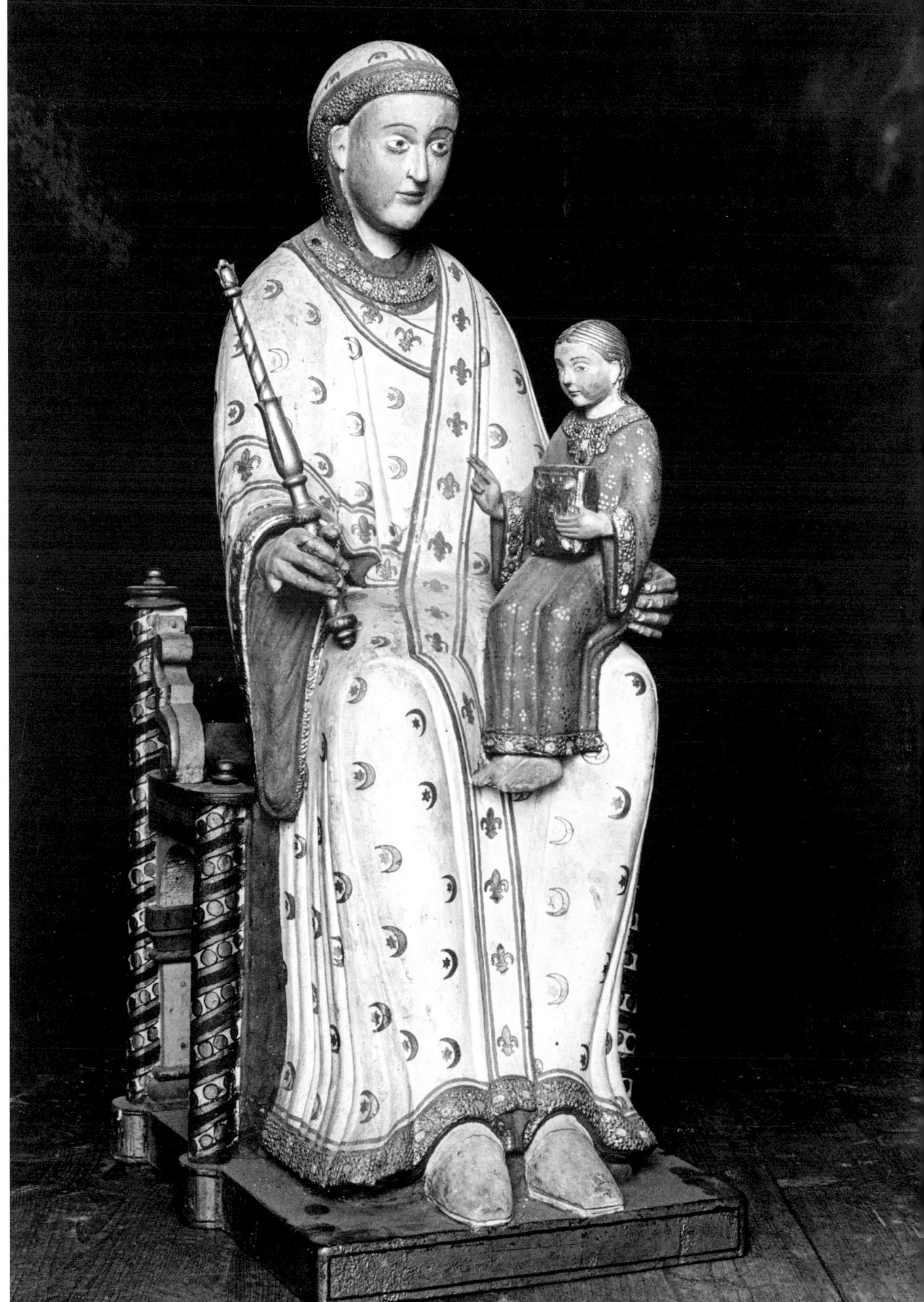

Das heutige Erscheinungsbild

Das bis heute gültige Erscheinungsbild der Imad-Madonna ist von den Maßnahmen der Restaurierung von 1968 bis 1970 geprägt, die die Madonnenfigur
auf ihren original erhaltenen Bestand, sowohl die Holzskulptur als auch die
Farbfassung betreffend, zurückgeführt hat (s. Abb. 1–4; vgl. Kat. Nr. 47). Alle
späteren Ergänzungen aus Holz, Gips und Stuck wurden damals (nach Dokumentation) entfernt, sodass die Figur sich in einem deutlich fragmentarischen
Zustand – etwa auch mit fehlender Nase – präsentiert; lediglich die Standplatte
wurde, um der Figur genügend Standsicherheit zu geben, ergänzt. Zudem wurden die Fraßschäden durch Anobienbefall, insbesondere im Bereich der rechten Schulter Mariens, durch eine Kittmasse aufgefüllt und so die optische Erscheinung beruhigt.[62]

Der hier beschriebene, bewusst fragmentarische Zustand der Imad-Madonna entspricht den damaligen Maximen der Restaurierungswissenschaft,
war aber auch in dieser Konsequenz nur dadurch möglich, dass die Figur seit
1913 im Diözesanmuseum Paderborn dauerhaft museal präsentiert wird und
nicht mehr als Kultbild im Paderborner Dom im Zentrum der Verehrung steht.
Dennoch hat sie bis heute einen hohen Stellenwert bei den Gläubigen hinsichtlich der Identifikation mit dem Dom und dem Erzbistum.

Anmerkungen

1   Paderborn, Erzbischöfliches Diözesanmuseum, Inv. Nr. SK 1. – Dazu grundlegend:
Alois Fuchs: Die Goldene Madonna des Bischofs Imad von Paderborn, in: Zeitschrift
für Christliche Kunst 31 (1918), S. 30 – 35;
Hilde Claussen, Klaus Endemann: Zur
Restaurierung der Paderborner Imad-Madonna, in: Westfalen 48 (1970) (erschienen
1971), S. 79 –125; Hilde Claussen: Zur
Restaurierung der Paderborner Imad-Madonna, in: Die Gottesmutter. Marienbild
im Rheinland und in Westfalen, hg. von
Leonhard Küppers, Bd. 1, Recklinghausen
1974, S. 51 – 84; Klaus Endemann: Das
Kultbild des Bischofs – zur Imad-Madonna
des Paderborner Doms, in: Westfalen 87
(2009), S. 121–148; außerdem: Kat. Pader-
born 2006: Canossa 1077 – Erschütterung
der Welt. Geschichte, Kunst und Kultur am
Aufgang der Romanik, Ausst. Kat. Museum
in der Kaiserpfalz, Erzbischöfliches Diö-
zesanmuseum und Städtische Galerie am
Abdinghof Paderborn, hg. von Christoph
Stiegemann und Matthias Wemhoff, 2 Bde.,
München 2006, Bd. 2, Kat. Nr. 428, S. 321
(Manuela Beer); Kat. Paderborn 2009: Für
Königtum und Himmelreich: 1000 Jahre
Bischof Meinwerk von Paderborn, Ausst.
Kat. Museum in der Kaiserpfalz und im
Erzbischöfliches Diözesanmuseum Pader-

born, hg. v. Christoph Stiegemann und Martin Kroker, Regensburg 2009, Kat. Nr. 231, S. 531–533 (Ursula Pütz); Anna Pawlik: Das Bildwerk als Reliquiar? Funktionen früher Großplastik im 9. bis 11. Jahrhundert (Studien zur internationalen Architektur- und Kunstgeschichte, Bd. 98), Petersberg 2013, Nr. 35, S. 290–296 (mit Quellenanhang); Diözesanmuseum Paderborn: Werke in Auswahl, hg. von Christoph Stiegemann im Auftrag der Erzdiözese Paderborn, Petersberg 2014, Kat. Nr. 1, S. 28–36 (Christoph Stiegemann); Kat. Paderborn 2018: Gotik – der Paderborner Dom und die Baukultur des 13. Jahrhunderts in Europa, Ausst. Kat. Erzbischöfliches Diözesanmuseum Paderborn, hg. v. Christoph Stiegemann, Petersberg 2018, Kat. Nr. 4, S. 362–365 (Christoph Stiegemann).

2   Claussen/Endemann 1971; außerdem Claussen 1974; ergänzend dazu Endemann 2009; Klaus Endemann: Zur Holzskulptur des frühen Mittelalters: Voraussetzungen und Funktion – Schnitztechnik und Fassung, in: Zeitschrift für Kunsttechnologie und Konservierung 26 (2012), S. 400–434.

3   Eingehend dazu Pawlik 2013a, S. 293f., dazu Abb. 175.

4   Fuchs 1918.

5   Claussen/Endemann 1971, v.a. S. 85, 113–116.

6   Der lateinische Wortlaut wird wiedergegeben bei: Claussen/Endemann 1971, S. 88; Pawlik 2013a, S. 295, Nr. 35.9; Stiegemann Paderborn 2014, S. 33.

7   Dazu grundlegend Pawlik 2013a; vgl. auch die Ausführungen von Endemann 2009, S. 140 f.

8   Trier, Hohe Domkirche, Domschatz, Inv. Nr. 67; siehe dazu: Franz Ronig: Ein romanisches Evangeliar aus Helmarshausen im Trierer Domschatz (Ms. Nr. 142/124/67), Trier 1999, zum Einband S. 35; Trier: sakrale Schätze, Kostbarkeiten aus 1500 Jah-

ren: ein Auswahlkatalog, hg. von Jürgen von Ahn und Kirstin Mannhardt, Petersberg 2020, S. 247–249 (Kirstin Mannhardt).

9   Essen, Domschatz, Inv. Nr. 7. Zu dem Evangeliar und seinem Buchdeckel eingehend: Birgitta Falk: Die Geschichte des Evangelienbuches der Essener Äbtissin Theophanu, in: Geschichte, Funktion und Bedeutung mittelalterlicher Goldschmiedekunst: interdisziplinäre Forschungsbeiträge zur Ausstellung »Goldene Pracht. Mittelalterliche Schatzkunst in Westfalen«, hg. von Marx, Petra (Westfalen 91 [2013]), Münster 2014, S. 165–192.

10   So Christoph Stiegemann in: Stiegemann Paderborn 2014, S. 34–35.

11   Die Datierung des Heiligen Grabes in Gernrode schwankt in der Forschung. Dazu zuletzt: Das Heilige Grab in Gernrode, Bestandsdokumentation und Bestandsforschung, hg. vom Landesamt für Denkmalpflege und Archäologie Sachsen-Anhalt (Beiträge zur Denkmalpflege in Sachsen-Anhalt, Bd. 3), Berlin 2007; Andreas Müller: Das Heilige Grab in der Stiftskirche St. Cyriakus zu Gernrode, Passau 2014; Matthias Friske: Der Fund im Heiligen Grab von Gernrode – ein Fixpunkt für die Datierung eines mittelalterlichen Kunstwerkes, in: Quedlinburger Annalen 16 (2014/15), S. 46–59.

12   So bereits Claussen/Endemann 1971, S. 92, dazu Anm. 70.

13   Frankfurt, Liebieghaus Skulpturensammlung, Inv. Nr. 889; Martin Büchsel: Ottonische Madonna (Liebieghaus-Monographie, Bd. 15), Frankfurt a. M. 1993; Manuela Beer: Ottonische und frühsalische Monumentalskulptur: Entwicklung, Gestalt und Funktion von Holzbildwerken des 10. und frühen 11. Jahrhunderts, in: Die Ottonen. Kunst, Architektur, Geschichte, hg. von Klaus Gereon Beuckers, Johannes Cramer und Michael Imhof, Petersberg

2002, S. 150; Kat. Paderborn 2006, Bd. 2, Kat. Nr. 463, S. 361 f. (Manuela Beer); Pawlik 2013a, S. 223–227, Nr. 14. – Die sog. Siechhausmadonna als Vergleich zur Imad-Madonna benannt bei Endemann 2009, S. 128, Anm. 9.

14 Claussen/Endemann 1971, S. 92.

15 Claussen/Endemann 1971, S. 92.

16 Claussen/Endemann 1971, S. 94.

17 Claussen/Endemann 1971, S. 94.

18 Durchführung der Untersuchungen am 29. August 2022. – Die Ergebnisse der Untersuchungen demnächst veröffentlicht in: Elisabeth Jägers: Neue Erkenntnisse zu Technologie und Farbmaterial der beiden romanischen Fassungen der Türflügel in St. Maria im Kapitol in Köln, in: Die romanische Bildertür in St. Maria im Kapitol. Neue Forschungen zu Kunsttechnologie und Kontext, hg. von Regina Urbanek (erscheint im Herbst 2024). Elisabeth Jägers schreibt darin: »Zusammenfassend lässt sich feststellen, dass in allen untersuchten Proben aus den blauen und grünen Farbbereichen der Erstfassung [der Imad-Madonna] die Kupferverbindungen Azurit, Covellin und Atacamit in wechselnden Anteilen nachzuweisen sind. Sie sind stets ausgemischt mit Bleiweiß und enthalten häufig Beimengungen von Auripigmentkristallen. Betrachtet man die erstaunlich differenzierte Farbigkeit der verschiedenen blauen, blaugrünen und grünen Farbflächen, liegt der Schluss nahe, dass die Farbtöne mit verschiedenfarbigen Pigmenten gezielt angemischt wurden.« – Ich danke Frau Prof. Dr. Elisabeth Jägers, dieses wichtige Ergebnis ihrer Analysen vorab an dieser Stelle veröffentlichen zu dürfen.

19 Claussen/Endemann 1971, S. 94.

20 Claussen/Endemann 1971, S. 102–103.

21 Claussen/Endemann 1971, S. 103–104. Als Vergleich benennt Hilde Claussen: Das Evangeliar aus St. Gereon in Köln (um 1050/67), heute Stuttgart, Württembergische Landesbibliothek, Cod. bibl., fol. 21; das Evangeliar aus dem Kloster Abdinghof in Paderborn (um 1080), heute Berlin SMB-PK, Kupferstichkabinett, Hs. 78 A 3.

22 Claussen/Endemann 1971, S. 105 verweisen auf das Evangeliar aus St. Gereon (s. Anm. 21) und ein niedersächsisches Evangeliar (2. Viertel 11. Jh.) aus Stift Walbeck, heute in Manchester, John Rylands Library, Latin MS 88.

23 Claussen/Endemann 1971, S. 107 verweisen auf das Evangeliar der Äbtissin Theophanu (amt. 1039–1056) im Essener Domschatz, Hs. 3, vgl. Anm. 9.

24 Eine präzise Benennung aller versengten Partien bei Claussen/Endemann 1971, S. 117–118.

25 Zum Befund: Claussen/Endemann 1971, Nr. 3, S. 117 f.; zur Deutung: Endemann 2009, S. 143.

26 Claussen/Endemann 1971, S. 118.

27 Claussen/Endemann 1971, S. 117.

28 Claussen/Endemann 1971, S. 122–123.

29 So heißt es in einem Visitationsbericht von 1654: »[…], *so ist befunden, daß unter das golt wax* [= Wachs] *allein gelangt, damit das golt nicht einbiegen sollte*«, zitiert nach Claussen/Endemann 1971, S. 80 (mit Quellenangabe).

30 So Claussen/Endemann 1971, S. 107.

31 Siehe dazu Claussen/Endemann 1971, S. 108–110, dazu Abb. 48–51.

32 Die Mark ist hier als Gewichtseinheit zu verstehen. – Das Schatzverzeichnis ist überliefert in einer Sammelhandschrift aus dem Kloster Schönau, heute in der Vatikanstadt, Biblioteca Apostolica Vaticana, Cod. Pal. Lat 482, hier fol. 66v. Siehe dazu Claussen/Endemann 1971, S. 113–115; Kat. Paderborn 2006, Bd. 2, Kat. Nr. 427, S. 319 (Hartmut Hoffmann); Pawlik 2013a, S. 295, Nr. 35.3.

33 So Claussen/Endemann 1971, S. 112.

34 Zitiert nach Claussen/Endemann 1971,

S. 81; siehe auch Pawlik 2013a, S. 295, Nr. 35.4.

35 Zitiert nach Claussen/Endemann 1971, S. 82; siehe auch Pawlik 2013a, S. 295, Nr. 35.6.

36 Zitiert nach Claussen/Endemann 1971, S. 83 – 85; siehe auch Pawlik 2013a, S. 295, Nr. 35.2.

37 Zitiert nach Claussen/Endemann 1971, S. 85.

38 Dazu grundlegend die Studien von Beate Fricke: Beate Fricke: Ecce Fides: Die Statue von Conques, Götzendienst und Bildkultur im Westen, München 2007; Beate Fricke: Fallen idols, risen saints: Sainte Foy of Conques and the revival of monumental sculpture in medieval art, Turnhout 2015.

39 Zu diesen Befunden ausführlich Claussen/Endemann 1971, S. 118.

40 So bereits Endemann 2009, S. 132.

41 Zitiert nach Claussen/Endemann 1971, S. 83; siehe auch Pawlik 2013a, S. 295, Nr. 35.2.

42 Claussen/Endemann 1971, S. 80; siehe auch Pawlik 2013a, S. 295, Nr. 35.1.

43 Zitiert nach Claussen/Endemann 1971, S. 83; siehe auch Pawlik 2013a, S. 295, Nr. 35.2.

44 Claussen/Endemann 1971, S. 81 (mit Quellenzitat); siehe auch Pawlik 2013a, S. 295, Nr. 35.4, 35.5.

45 So Christoph Stiegemann in: Stiegemann Paderborn 2014, S. 34.

46 So Endemann 2009, S. 143.

47 Pawlik 2013a, S. 137–140, zur Imad-Madonna S. 140; z.T. basierend auf Clemens Kosch: Paderborns mittelalterliche Kirchen: Architektur und Liturgie um 1300 (Schnell & Steiner Große Kunstführer 227), Regensburg 2006, S. 24 (hier jedoch keine Nennung der Imad-Madonna!).

48 Pawlik 2013a, S. 295, Nr. 35.7 (Ablass von 1479), 35.8 (Text von 1484 zur Aufstellung während der Fastenzeit).

49 Darauf deuten die Umfassung der nur noch teilweise erhaltenen originalen Bodenplatte und die Verwendung von Bleistift zum Anzeichnen der Gliederung auf der hinteren Querleiste.

50 Siehe dazu Claussen/Endemann 1971, S. 82 f.

51 Claussen/Endemann 1971, S. 83; siehe auch Pawlik 2013a, S. 295, Nr. 35.2.

52 Claussen/Endemann 1971, S. 85 – 88; siehe auch Pawlik 2013a, S. 295, Nr. 35.9.

53 Fuchs 1918, S. 33.

54 Fuchs 1918, S. 30. – Diese Fassung konnte bei den Untersuchungen 1968/70 nur noch in Resten nachgewiesen werden, sieh dazu Claussen/Endemann 1971, S. 125, Anm. 28.

55 So Christoph Stiegemann in: Stiegemann Paderborn 2014, S. 34, dazu Abb. 22.

56 Möglicherweise sind die Fäulnisschaden an der ursprünglichen Sockelplatte und den Füßen der Madonnenfigur auf das damalige feuchte Klima in der Domkrypta zurückzuführen.

57 J. Kayser: Kunstbericht aus der Diöcese Paderborn, in: Organ für christliche Kunst 16 (1866), S. 66, zitiert nach Claussen/Endemann 1971, S. 80.

58 Klaus Endemann macht die bezeichnende Beobachtung: »Es ist beachtenswert, daß alle vier vorgefundenen Bemalungen, die originale eingeschlossen, eine gewisse Gemeinschaft in der farbigen Gestaltung zeigen«. Zitiert nach Claussen/Endemann 1971, S. 125.

59 Zu den Befunden der Farbfassungen von 1866 und 1886 siehe Claussen/Endemann 1971, S. 124 f., Anm. 26 und 27.

60 Fuchs befürchtete, dass »die eisenharte Kittmasse […] nur unter grober Beschädigung der Figur hätte entfernt werden können«, so Fuchs 1918, S. 30.

61 Claussen/Endemann 1971, S. 117, Anm. 3.

62 Claussen/Endemann 1971, S. 125.

GROSSE GOLDENE MADONNA

Hildesheim, um 1010–1015
Holzkern, Goldblech, Filigran, Edelsteine
Köpfe: Holzverbundstoff
H. Originalbestand 56,6 cm, B. 25 cm, T. 25 cm
Köpfe von Walter Moroder 2013
Dommuseum Hildesheim, Inv. Nr. DS 82

Die sog. Große Goldene Madonna Bischof Bernwards gehört zu den ältesten vollplastischen Mariendarstellungen, die aus dem Mittelalter erhalten sind. Der Typus des auf dem Schoß der Mutter thronenden Christus verbildlicht das Geheimnis der Menschwerdung Gottes und verweist auf seine Bedeutung als höchster Herrscher.

Die Statue besteht aus einem Holzkern, der mit Goldblech verkleidet ist; die Gewandsäume waren durch zum Teil noch erhaltene Schmuckborten mit Filigran und Edelsteinen verziert. Die originalen Köpfe, die rechte Hand der Gottesmutter und beide Hände des Kindes sind verloren. Höchstwahrscheinlich waren die Gesichter in einem rosa Inkarnatton farbig gefasst, worauf der originale Farbbefund an der erhaltenen Hand Mariens und den Füßen hindeutet. Mutter und Kind hielten ursprünglich jeweils ein Kreuz.

Stark in die Substanz eingreifende Veränderungen des 17. bis 19. Jahrhunderts sind auf die häufige Verwendung im liturgischen und rechtlichen Kontext zurückzuführen. Die modernen Köpfe wurden für die Neuaufstellung im wiedereröffneten Dommuseum 2015 von dem Südtiroler Künstler Walter Moroder geschaffen.

CH

Literatur: Höhl 2021; Kat. Hildesheim 2021, Kat. Nr. 4, S. 92–93 (Pavla Ralcheva); Claudia Höhl: Torso oder Bild. Die Große Goldene Madonna Bischof Bernwards, in: Kat. Hildesheim 2018a, S. 7–23; Brandt u. a. 2015; Brandt 2013, Nr. 1; Kat. Hildesheim 1989, S. 37–84 (Michael Brandt).

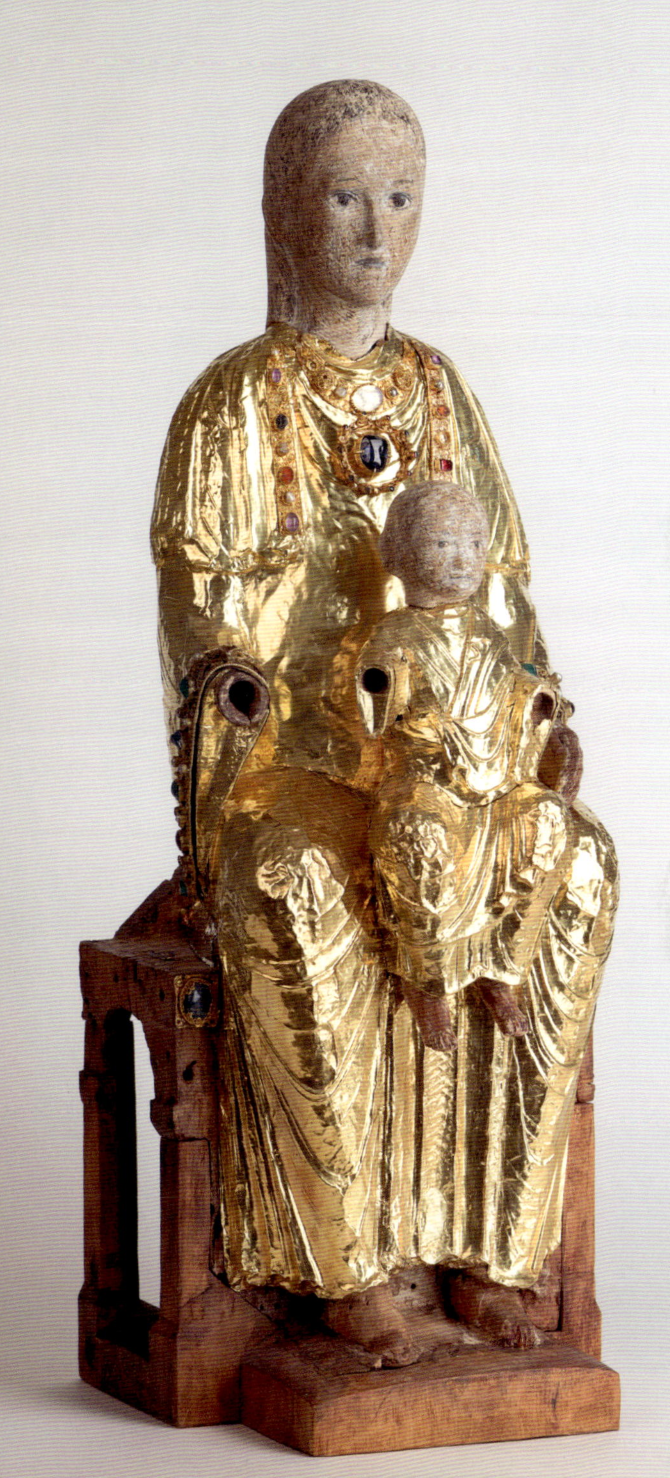

2 GROSSE GOLDENE MADONNA

Holzkernkopie
Münster, 1973
Kunststoff
H. 57 cm, B. 25 cm, T. 25 cm
Dommuseum Hildesheim, Inv. Nr. DS 82a

Zwischen 1972 und 1975 erfolgte beim Landeskonservator Westfalen-Lippe
in Münster eine umfassende Restaurierung der Großen Goldenen Madonna.
Maßgeblich beteiligt waren vonseiten der Denkmalpflege Hilde Claussen, der
Restaurator Klaus Endemann sowie der Kölner Goldschmied Peter Bolg für die
Beschläge. Kunsthistorisch begleitet wurde das Vorhaben von Victor H. Elbern.
Nach der Untersuchung des originalen Holzkerns erfolgte vor Wiederanbrin-
gung der Goldblechbeschläge die Anfertigung einer Kopie, um den Zustand und
die Gestaltung des Holzkerns zu dokumentieren. Im Kontext der neuen Kopf-
ergänzungen durch den Südtiroler Künstler Walter Moroder wurde ihm diese
Kopie in seiner Werkstatt im Grödnertal zur Verfügung gestellt.

CH

Literatur: Höhl 2021; dies.: Torso oder Bild. Die Große Goldene Madonna Bischof Bernwards, in:
Kat. Hildesheim 2018a, S. 7–23, bes. S. 14; Kat. Hildesheim 1989, S. 37–84 (Michael Brandt).

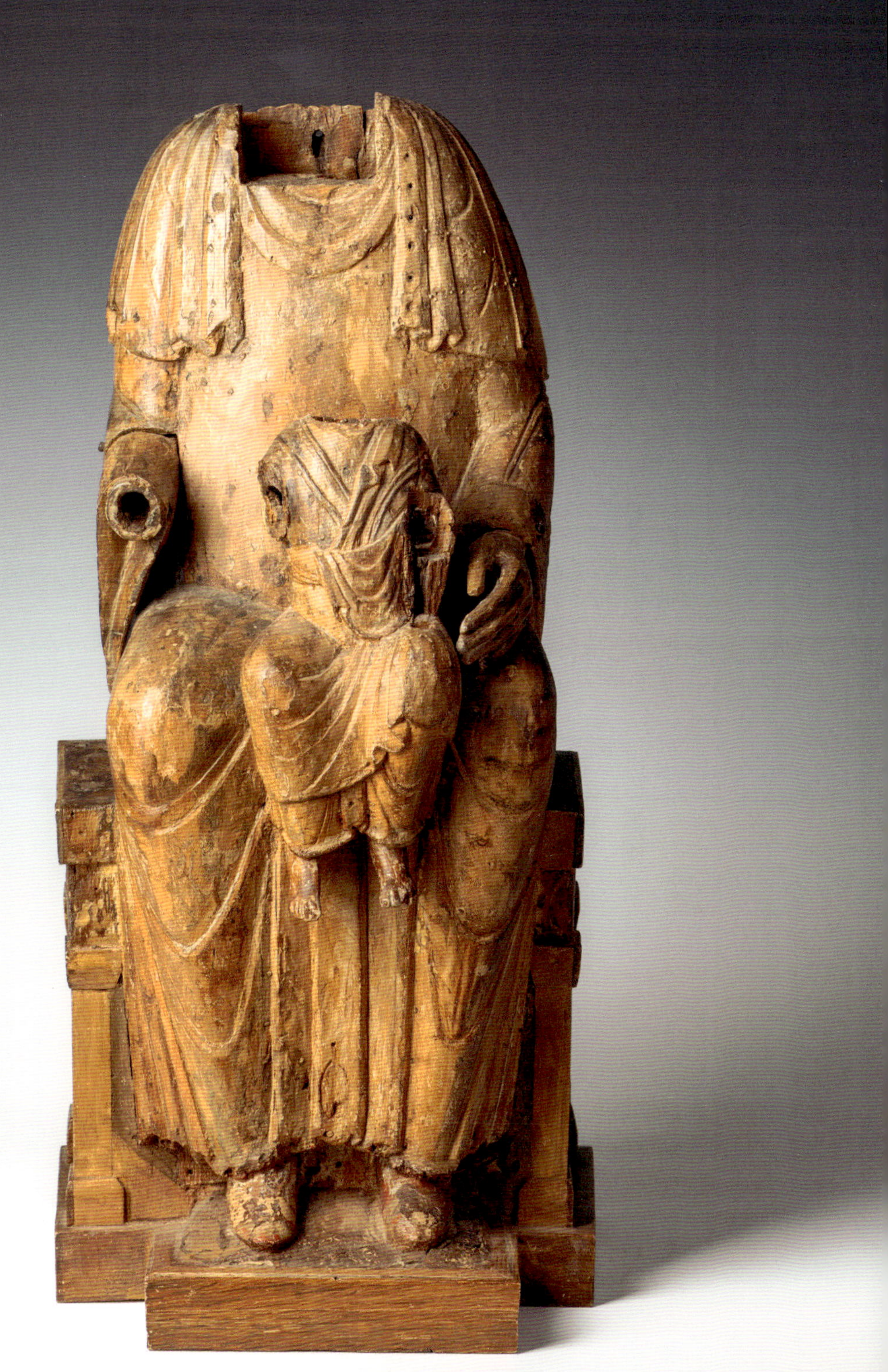

3 GROSSE GOLDENE MADONNA
GOLDFARBENE KOPIE

Lajen/St. Ulrich 2012
Kunststoff
H. 57 cm, B. 28 cm, T. 25 cm
Dommuseum Hildesheim, Inv. Nr. DS 82c

Für die Arbeit an den für die Neuaufstellung in Auftrag gegebenen Kopfergänzungen war dem Südtiroler Künstler Walter Moroder zunächst die Kopie des Holzkerns von 1973 zur Verfügung gestellt worden. Im Verlauf des Gestaltungsprozesses ergab sich die Notwendigkeit, auch die Farbigkeit des Originals stärker zu berücksichtigen. Daher ließ Walter Moroder für das Dommuseum in einer der Werkstätten im Grödnertal eine weitere goldfarbene 3-D-Kopie herstellen. Der Künstler erprobte unterschiedlich gestaltete Köpfe auf der Kopie und fertigte Fotos der jeweiligen Gestaltungsvarianten an, die ein wichtiges Hilfsmittel im Entscheidungsprozess waren. Nach Beendigung der Arbeit wurde die Kopie in den Bestand des Dommuseums übernommen. Zusammen mit dem Bildmaterial und der Korrespondenz ist sie ein wichtiges Dokument für das aktuelle Aussehen der Madonna. Darüber hinaus konnte sie im Rahmen von Vermittlungsprojekten genutzt werden.

CH

Literatur: Höhl 2021; dies.: Torso oder Bild. Die Große Goldene Madonna Bischof Bernwards, in: Kat. Hildesheim 2018a, S. 7–23.

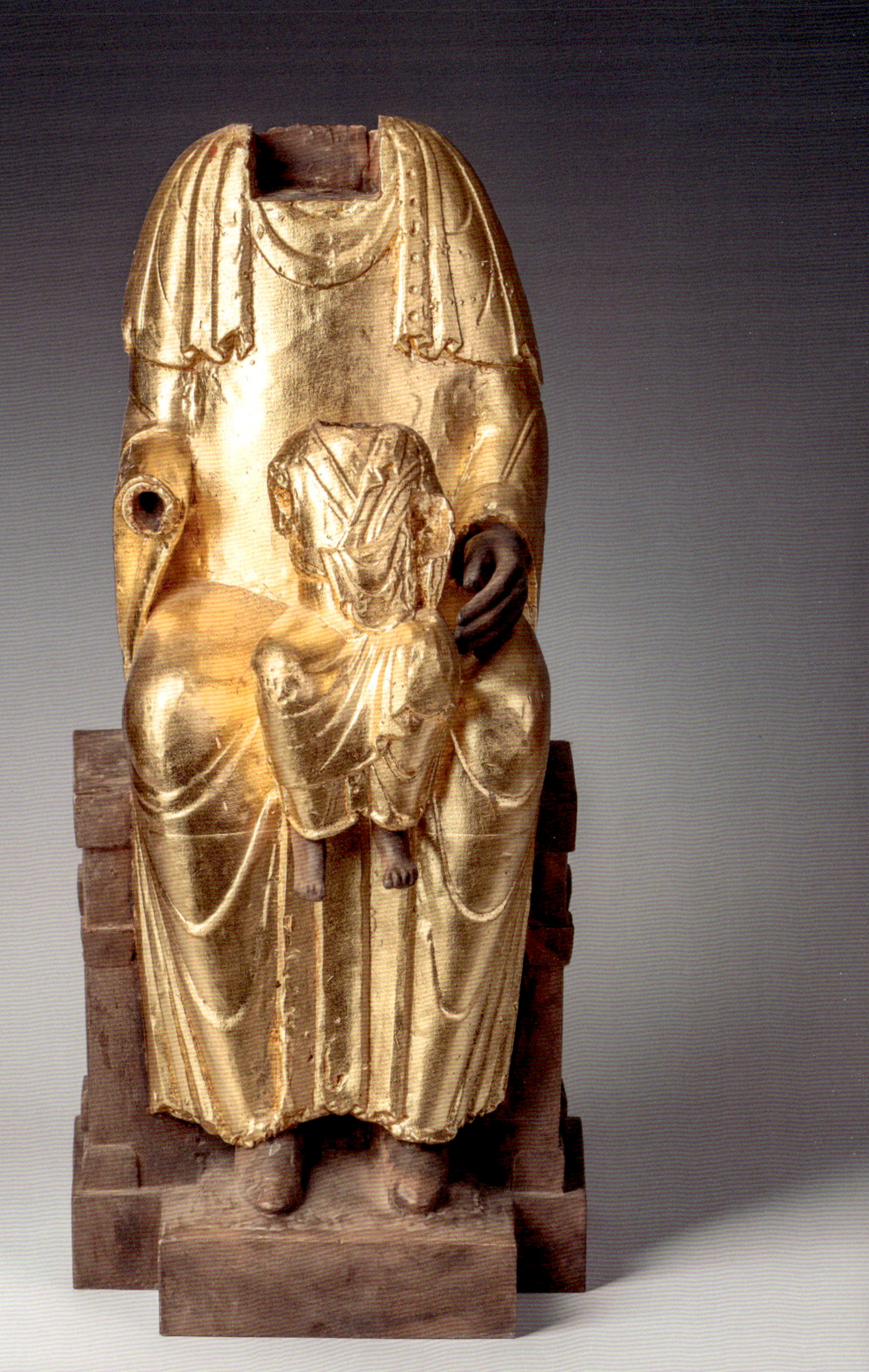

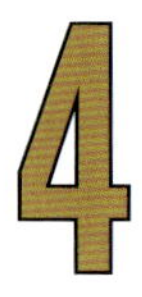

HISTORISCHE AUFNAHMEN DER GROSSEN GOLDENEN MADONNA

Hildesheim, Nr. 1 u. 2: um 1900; Nr. 3: ca. 1961
Silbergelatineabzüge
Nr. 1 H. 24 cm, B. 18 cm; Nr. 2 H. 24 cm, B. 17,7 cm; Nr. 3 H. 24 cm, B. 18 cm
Fotoarchiv Dommuseum Hildesheim

Das Dommuseum Hildesheim besitzt ein umfangreiches analoges Fotoarchiv, dessen Anfänge unbekannt sind und das zwecks Dokumentation sowie für die frühe Publikationstätigkeit angelegt wurde. Dort haben sich zahlreiche historische Aufnahmen der Goldenen Madonna erhalten, die ihre unterschiedlichen Zustände und Präsentationen wiedergeben. Exemplarisch werden hier drei Fotoabzüge aufgeführt, die drei unterschiedliche historische Zustände des Kunstwerks abbilden. Auf der ersten Fotografie ist die Madonnenskulptur mit den barocken Köpfen von 1664 zu sehen. Der Entstehungskontext dieser Aufnahme ist unbekannt, jedoch wurde sie möglicherweise kurz bevor die Köpfe ersetzt wurden angefertigt. Am Anfang des 19. Jahrhunderts gab Bischof Sommerweck (1821–1905) neue Köpfe in Auftrag, die auf der zweiten Aufnahme zu sehen sind. Diese Ergänzungen sind ausschließlich fotografisch überliefert, was die Bedeutung des Fotoarchivs als Erinnerungsspeicher unterstreicht. Die dritte Fotografie stammt vom Anfang der 1960er Jahre und zeigt eine seitliche Ansicht der nun holzsichtigen Figur mit von dem Künstler Leo Dierkes entworfenen und angefertigten Köpfen. Das breite Spektrum an erhaltenem Bildmaterial zeugt von seiner hohen Relevanz bei der Erforschung und Rekonstruktion der Objektbiografie der Goldenen Madonna.

PR

Literatur: Archiv des Dommuseums Hildesheim; Claudia Höhl: Torso oder Bild. Die Große Goldene Madonna Bischof Bernwards, in Kat. Hildesheim 2018a, S. 7–23.

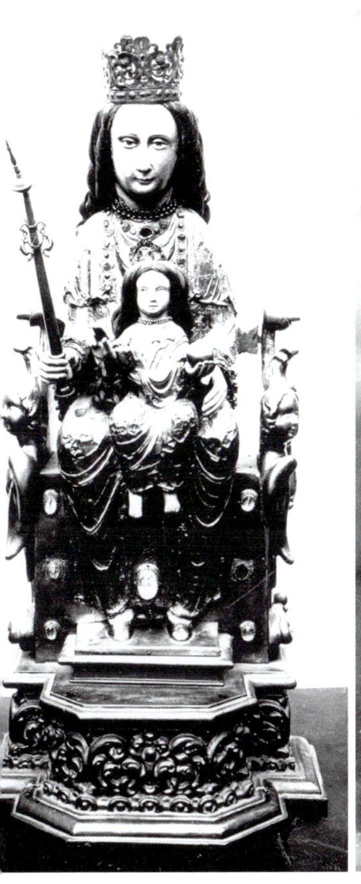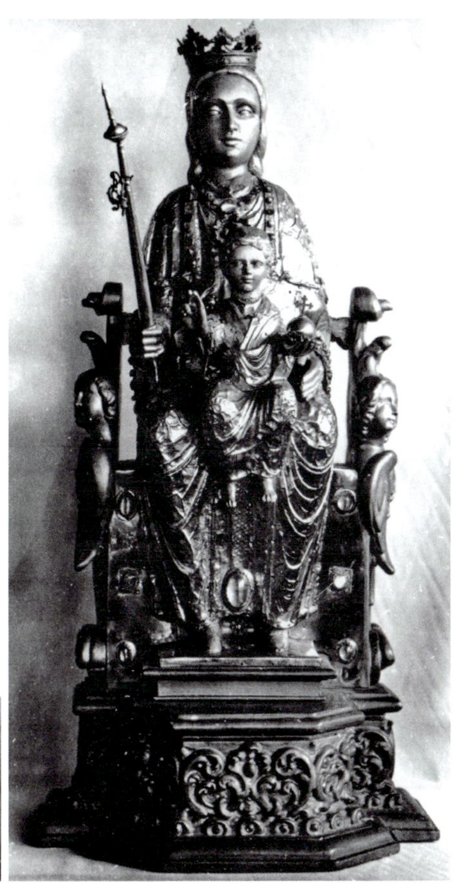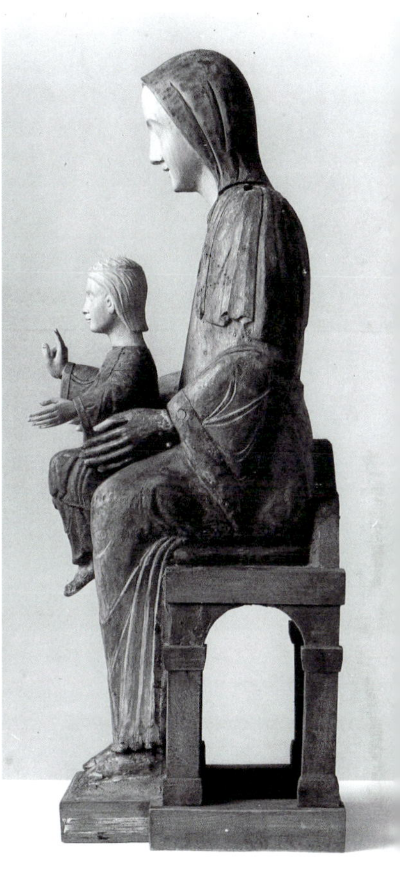

5 ADLERAGRAFFE VON DER GOLDENEN MADONNA IN ESSEN

Rheinland (?), 13. Jahrhundert
Bronze (?), vergoldet, Stein
H. 1 cm, B. 4 cm, L. 5 cm
Essen, Domschatz

Die Agraffe zeigt einen Adler mit ausgebreiteten Schwingen. Das Federkleid ist im Brust- und Flügelbereich sehr differenziert gestaltet, die Brustpartie wird durch einen markanten Edelstein betont. Der Zeitpunkt der Anbringung auf der Brust der ottonischen Goldenen Madonna in Essen ist unbekannt. Typus und Gestaltung der Agraffe passen aber sehr gut zu vergleichbaren Adlerdarstellungen aus staufischer Zeit. Während der ausgestellte Adler in Essen auf der Brust der Madonna montiert war, ist für die Hildesheimer Madonna ein Adler gleichen Typs auf der Brust der Christusfigur nachgewiesen, der bis ins 19. Jahrhundert erhalten war. Auch in Hildesheim war die Agraffe mit Edelsteinen verziert, außer auf der Brust wohl auch auf den Schwingen, so zeigt es die älteste erhaltene Abbildung im Enchiridion Hildesiense des Historikers Johann Christian Rosenthal von 1716. Die auffallende Parallele der Stiftung einer Adleragraffe für die Goldene Madonnen in Essen und Hildesheim könnte politische Hintergründe gehabt haben. In Hildesheim pflegte Bischof Konrad II. (gest. 1246/47) enge Kontakte zu den Staufern, vor allem zum Sohn Friedrichs II., Heinrich (VII.). In Essen ist es derselbe, der in einer Urkunde 1230 erstmals die Äbtissin des Stifts als Reichsfürstin tituliert. Die ostentative Anbringung deutet möglicherweise darauf hin, dass die Madonnenfiguren auch die politische Macht und Stellung des Bistums bzw. Stiftes nach außen repräsentierten.

CH

Literatur: Kat. Essen 2019: Kat. Nr. 21, S. 74–75 (Andrea Wegener); Giese 2010.

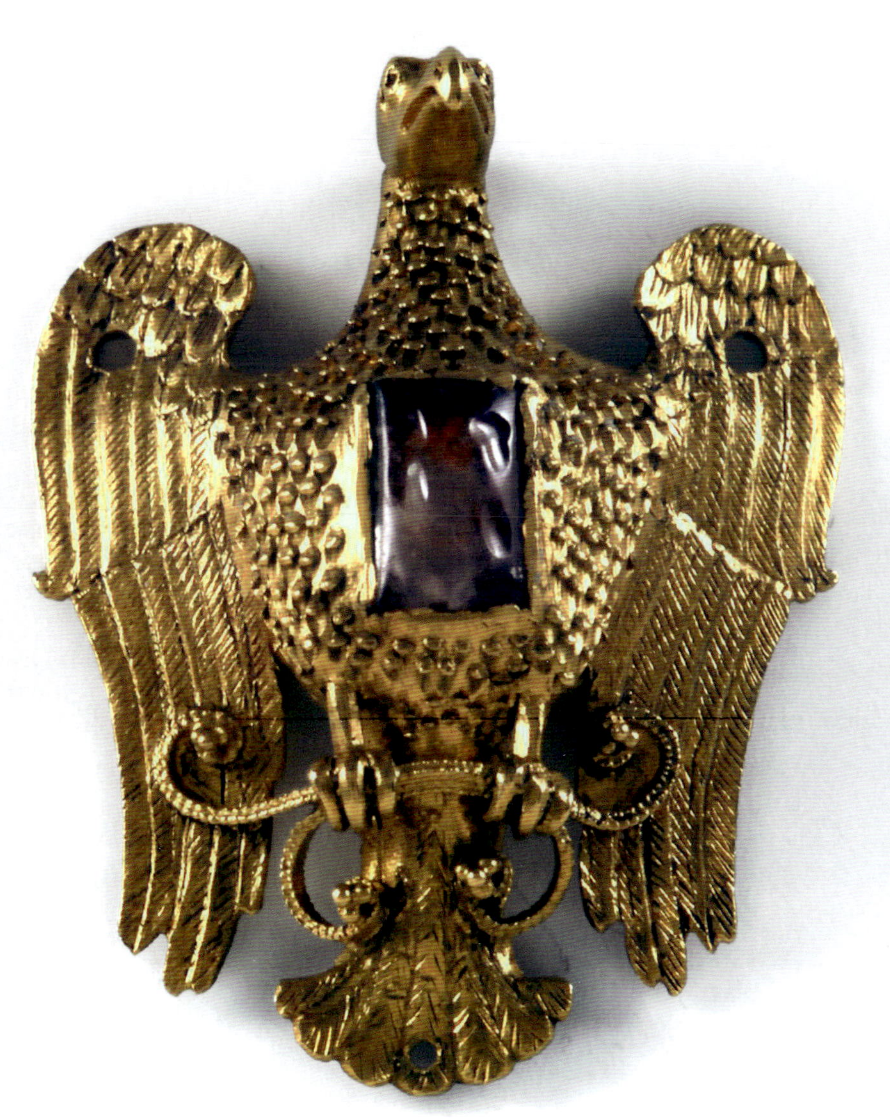

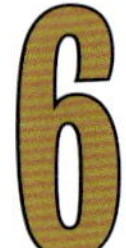

6 BERGKRISTALLE VOM THRON DER GROSSEN GOLDENEN MADONNA

Hildesheim, um 1400
Bergkristall, gefasst
Großer Kristall H. 4,3 cm, B. 2,8 cm; kleine Kristalle H. 2–2,2 cm,
B. 1,4–2 cm
Dommuseum Hildesheim, Inv. Nr. DS 82p 38–42

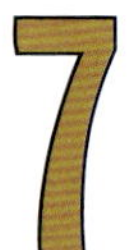

7 ZIERNÄGEL VOM GEWAND DER GROSSEN GOLDENEN MADONNA

Hildesheim, um 1400
Silber, vergoldet
Dm 0,13 cm
Dommuseum Hildesheim, Inv. Nr. DS 82p 43–47

Von der Verzierung des Thrones der Goldenen Madonna haben sich gefasste Bergkristalle aus der Zeit um 1400 erhalten. Der große Kristall war in der Mitte zwischen den Beinen montiert, die kleinen seitlich. Sie sind auch auf den erhaltenen Abbildungen des 18. und 19. Jahrhunderts zu sehen und wurden vermutlich erst im Rahmen der Restaurierung des Holzkerns durch Josef Bohland entfernt. Schliff und Fassung belegen die von Michael Brandt vorgeschlagene Datierung. Ebenfalls aus der Zeit um 1400 stammen Ziernägel vom Gewand der Madonna, die hinter dem Kind auf der Brust der Figur befestigt waren Die Bergkristalle und Ziernägel sind wichtige Relikte der Veränderungen des Bildwerks im späten Mittelalter, als zeitparallel auch die Anfertigung der Kopie des Gründungsreliquiars und des Vierpassfußes für das zentrale Marienheiligtum des Domes erfolgte.

CH

Literatur: Kat. Hildesheim 1989, S. 37–84, bes. S. 74 (Michael Brandt).

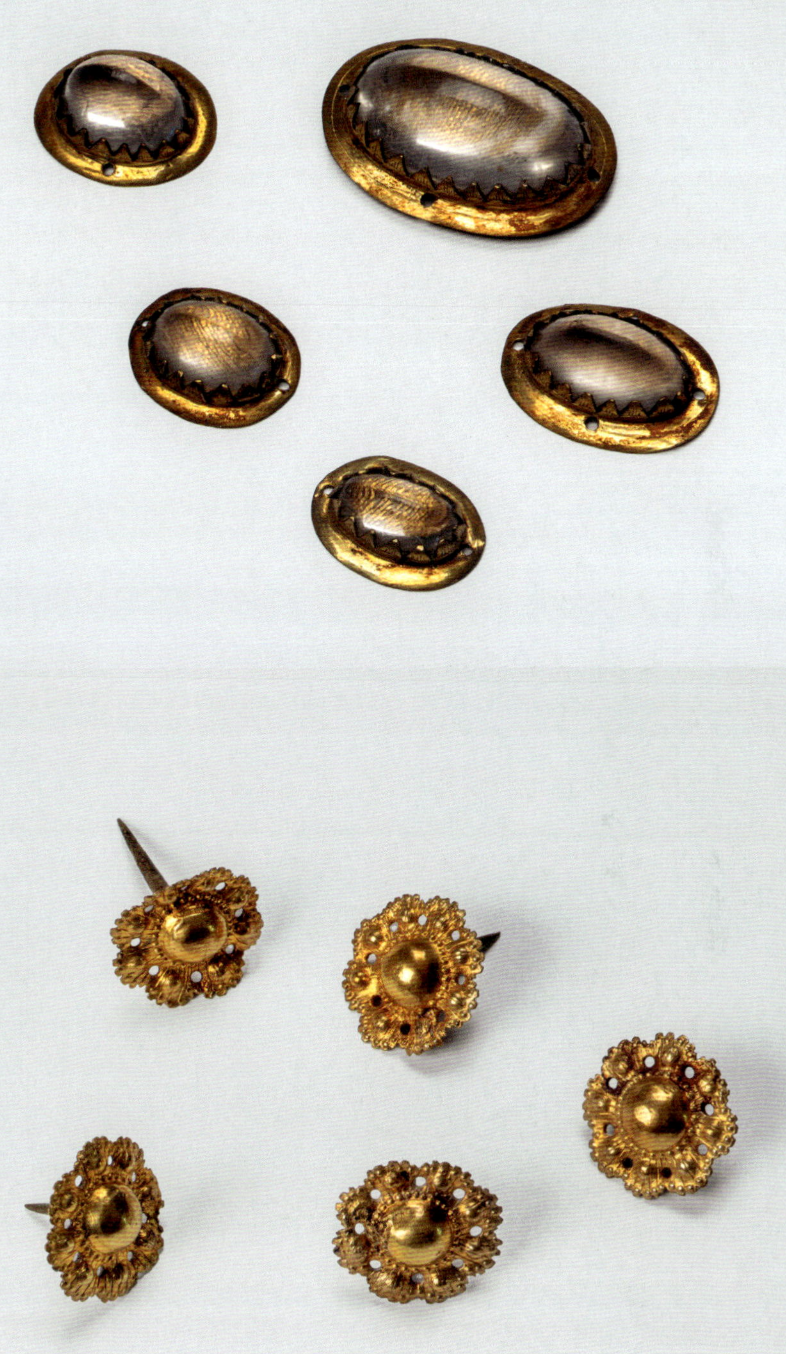

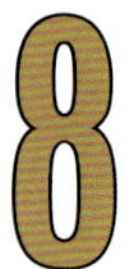

SCHATZVERZEICHNISSE VON 1438 UND 1454

Hildesheim, 1438 und 1475
Pergament mit Schweinsledereinband
H. 22 cm, B. 15 cm
Dombibliothek Hildesheim, Hs 272d

Die Handschrift enthält die zweit- bzw. dritt-
älteste Zusammenstellung der Reliquien- und
Schatzbestände des Hildesheimer Domes. Ein
Anlass für die Anfertigung ist in beiden Fällen
nicht belegt. Als Aufbewahrungsorte werden der
Domhochaltar, der Chorraum, die Sakristei und
die sog. Teppichkammer unterschieden, in der
auch die Große Goldene Madonna aufbewahrt
wurde. Erwähnt wird außer der Madonna selbst
auch eine Vielzahl von Votivgaben. 1438 ist vermerkt, dass sie einen seidenen Mantel trägt, der
mit Perlen und Ringen verziert ist.

CH

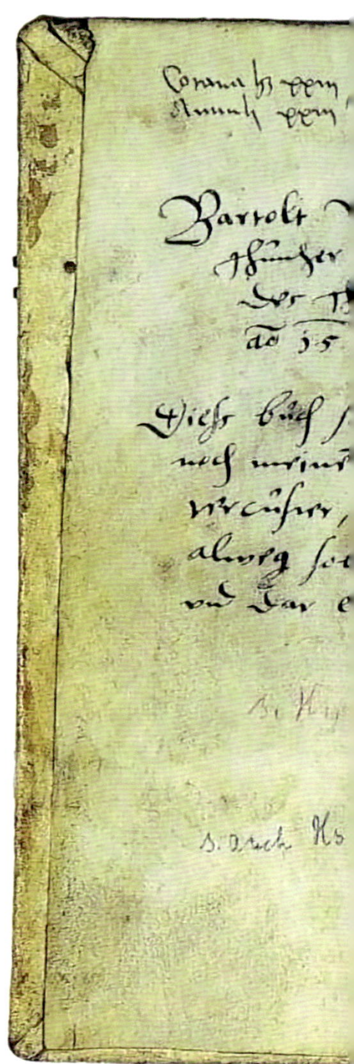

Literatur: Kat. Hildesheim 2019, Kat. Nr. 22, S. 273 (Martina Giese).

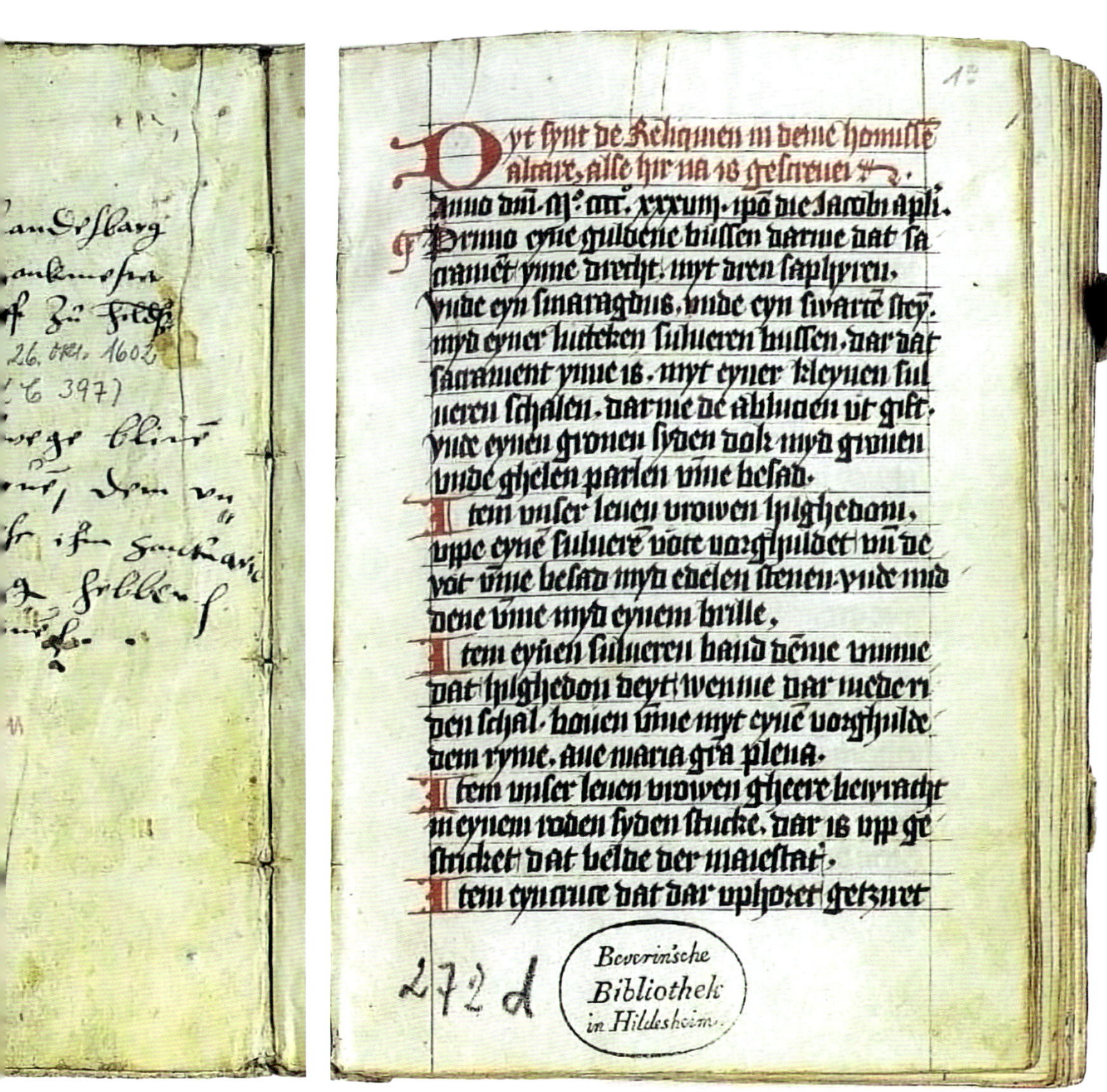

Dyt synt de Reliquien in deme homisse
altare, alse hir na is geschreuen.

Anno dmi. M°. CCC. xxxviii. ipo die Jacobi apli.
Primo eyne guldene bussen daryne dat sa-
cramet ynne brecht. myt dren saphyren.
vnde eyn smaragdus. vnde eyn swarte stey.
myd eyner luddeken suluveren bussen. dar dat
sacrament ynne is. myt eyner kleynen sul-
ueren schalen. dar mede de abluaen vt gift.
vnde eynen gronen syden dok myd gronen
vnde ghelen parlen ynne besad.

Item unser leuen vrouwen spilghedon.
uppe eyne suluere vote vorghuldet vn de
vot ynne besad myd edelen stenen. vnde mid
dene ynne myd eynem brille.

Item eynen suluveren band deme ynnne
dat spilghedon deyt. wenne dar neder
den schal. bouen ynne myt eyne vorghulde
dem ryme. Aue maria gra plena.

Item unser leuen vrouwen gheere betracht
in eynem roden syden stucke. dar is upp ge-
stricket dat belde der maiestat.

Item eyn nure dat dar uphoret getzuret

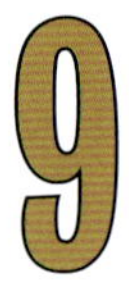

MARIENKLEID
SOG. HIRSCHKLEIDERENSEMBLE

Weißer Seidendamast, Bordüren hellblauer Samt
Aachen, Werkstatt der Schwestern des armen Kinde Jesu, 1866–1867
Kleid Maria H. 91,5 cm, B. 122,7 cm; Kleid Kind H. 34,5 cm, B. 58,5 cm
Aachen Domschatz, Inv. Nr. T 00557–58

Im Aachener Dom befindet sich eine hochverehrte Gnadenmadonna. Die Statue der stehenden Gottesmutter mit Kind entstand nach dem großen Brand des Münsters 1656 unter Verwendung von Resten einer älteren, wahrscheinlich gotischen Skulptur. Auch die Asche dieses weitgehend verbrannten Marienbildes wurde in die neue Statue integriert. Wie in Hildesheim hatte bereits die erste Madonna zahlreiche Votivgaben bekommen, darunter besonders prominent die Krone der Margarete von York, die 1468 Karl den Kühnen geheiratet hatte. Die bei diesem Anlass getragene Krone schenkte sie 1474 der Aachener Madonna. Eine in Aachen bis heute fortgeführte Tradition ist die Schenkung von Gewändern an das Marienbild, das inzwischen über 40 Festgewänder vom Spätmittelalter bis zum 21. Jahrhundert besitzt. Das ausgestellte Kleid wird als Schenkung der Witwe D. Barth-Vohsen angesehen
Gewandschenkungen sind ebenso wie die Stiftung von Kronen und anderen Schmuckstücken auch für die Große Goldene Madonna belegt.

CH

Literatur: http://www.christoph-stender.de/projekte/schatzansichten/reden-und-statements/rueckblick-christoph-stender/, abgerufen am 17.04.2024; https://www.aachener-domschatz.de/krone-der-margarete-von-york/, abgerufen am 17.04.2024.

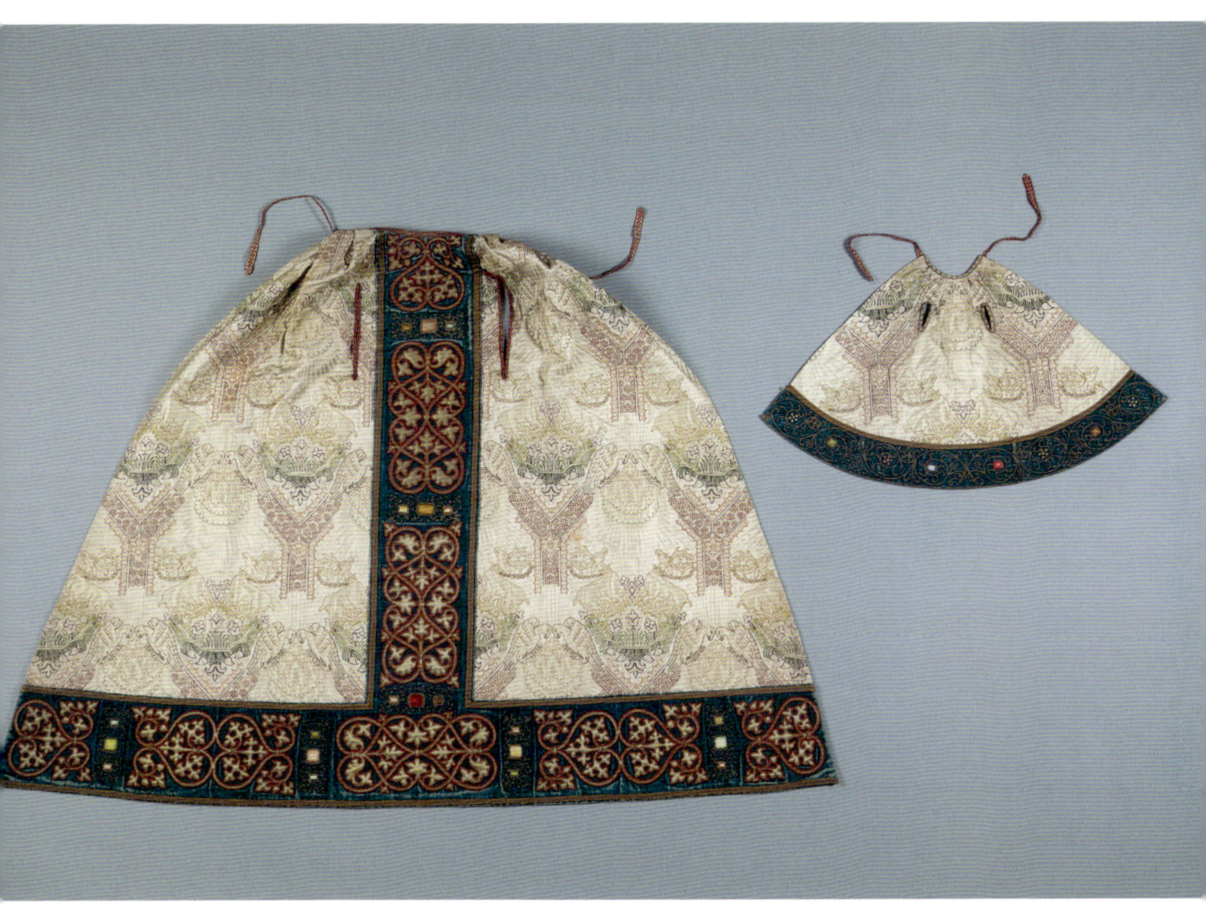

10   ZEPTER UND WELTKUGEL

Hildesheim, 1644/45
Silber mit Vergoldung
Zepter H. 34,5 cm; Weltkugel H. 6,6 cm
Dommuseum Hildesheim, Inv. Nr. DS 82 p 36 und 33

11   KRONE

Hildesheim, nach 1900
Silber mit Vergoldung
H. 46 mm, Dm 67 mm (unten), 98 mm (oben)
Dommuseum Hildesheim Inv. Nr. DS 82 p 37

Die Veränderungen der Großen Goldenen Madonna in der Barockzeit begannen bereits 1644/45 mit der Entfernung der Kreuzstäbe, die bis dahin von Maria und Christus gehalten wurden und sehr gut zum ottonischen Ursprungsbestand gehört haben könnten. Johann Michael Kratz berichtet in seiner Publikation von 1840, dass die Attribute im Auftrag des Domdechanten Johann von Westerholt durch Zepter und Krone bei der Gottesmutter sowie die Weltkugel bei Christus ersetzt wurden. Anscheinend waren die Kreuzstäbe als Herrschaftszeichen unverständlich geworden und sollten vereindeutigt werden. Zepter und Weltkugel blieben erhalten und wurden bei allen weiteren Umarbeitungen zunächst übernommen, wie die Abbildungen bei Kratz und auf den frühen Fotografien belegen. Die auffallende hohe Krone ist zwar noch auf dem Foto aus der Zeit um 1900 zu sehen, aber nicht mehr auf den Fotos nach den Veränderungen unter Bischof Sommerwerck (gest. 1905), auf denen stattdessen die ebenfalls heute noch erhaltene flachere Lilienkrone (DS 82 p 37) abgebildet ist.

CH

Literatur: Kratz 2013, S. 317–321; Kat. Hildesheim 1989, S. 37–84, bes. S. 74 (Michael Brandt).

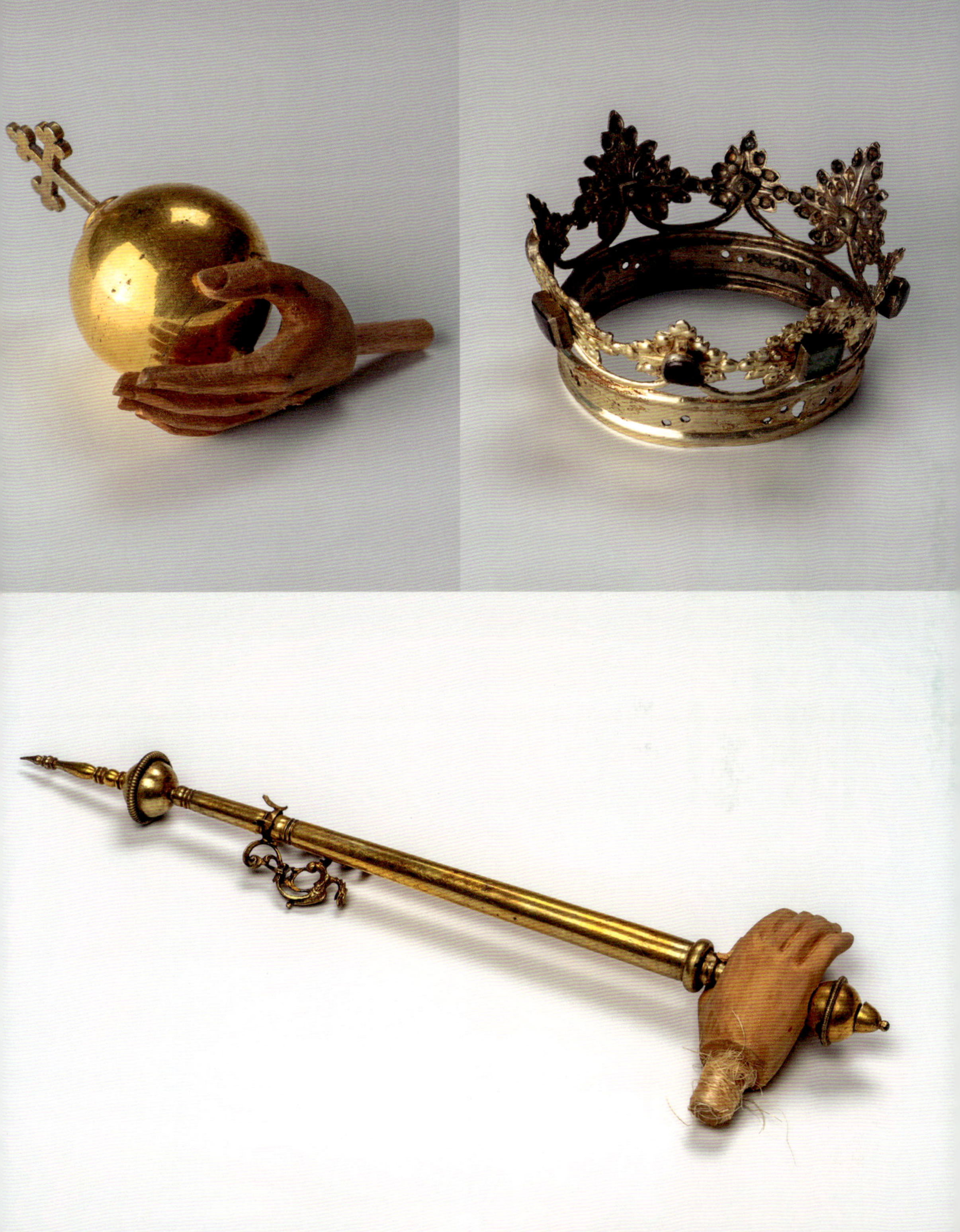

12

BAROCKER THRONUMBAU

Hildesheim, 1664
Holz, gefasst und vergoldet
Sockel H. 15 cm, B. 47 cm; Wange H. 46 cm, B. 17 cm
Dommuseum Hildesheim, Inv. Nr. DS 82 o

13

SILBERBLECHE VON DER THRONUMMANTELUNG

Hildesheim, 1664
Silber, ziseliert
H. 50 mm, B. 128 mm
Dommuseum Hildesheim,
Inv. Nr. DS 82 p 64, 65 und 67

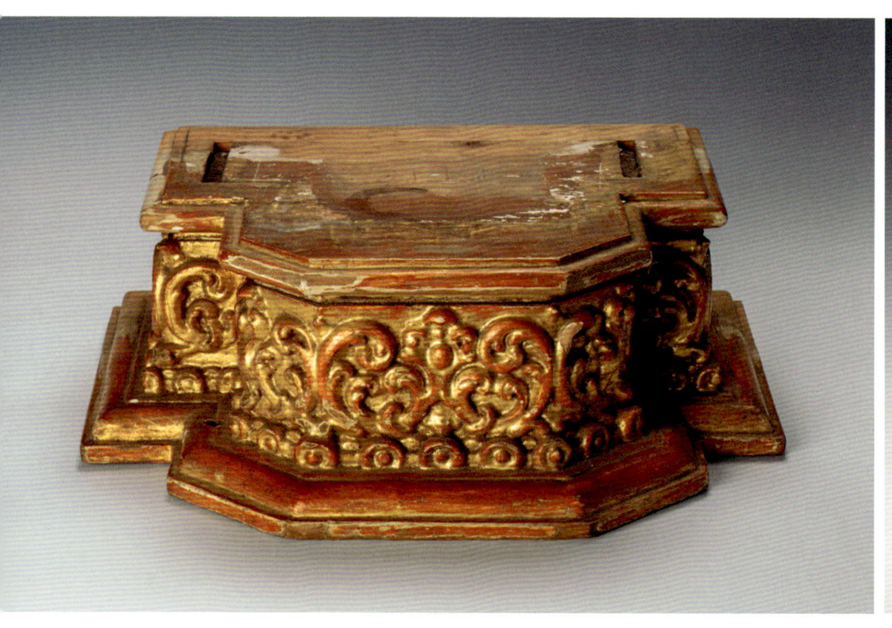

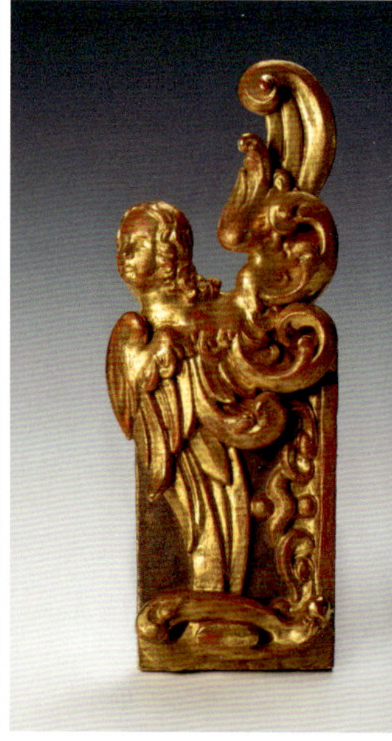

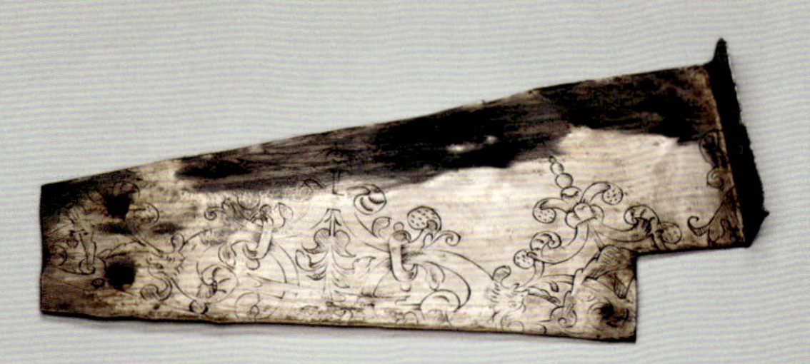

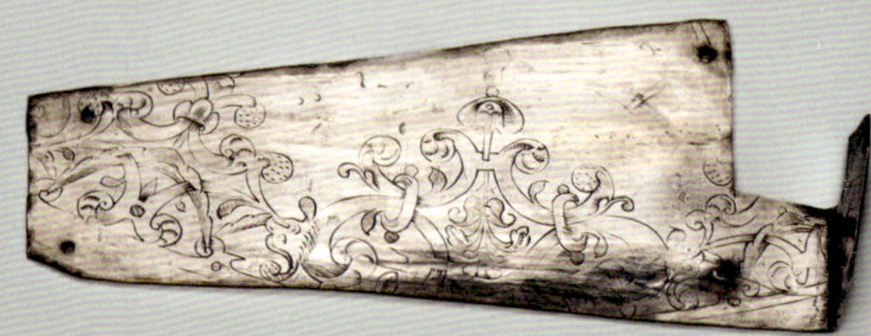

14

RESTAURIERUNGSZETTEL VON 1664

Hildesheim, 1664
Papier
H. 86 mm, B 181 mm
Dommuseum Hildesheim,
Inv. Nr. DS 82 p 68

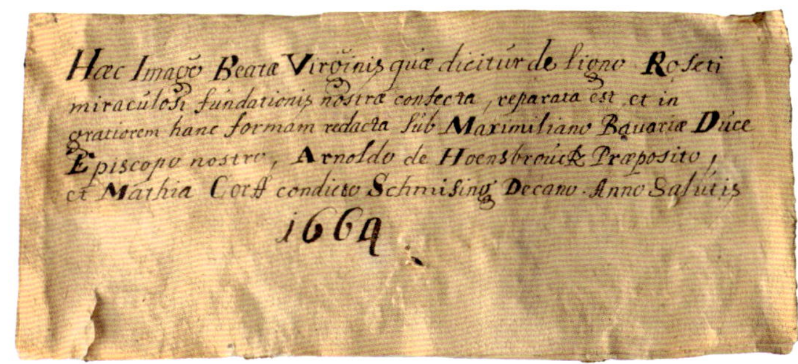

1664 wurde die Große Goldene Madonna entscheidend verändert. Maßgeblich vorangetrieben durch den Domherrn Franz Anton von Wissoque erfolgte die Entfernung der originalen Köpfe, die durch geschnitzte mit Echthaarperücken ersetzt wurden. Der Thron erhielt einen Umbau mit neuem, ornamentverziertem Sockel und flankierenden Seraphim. Seitlich wurden ziselierte Silberbleche auf dem Thron montiert. Ein auf der Unterseite befestigter Restaurierungszettel vermerkt das Jahr dieses entscheidenden Eingriffs in die Ursprungssubstanz. Heute besonders schwer nachvollziehbar ist die Entfernung der Köpfe, die nach den bei Kratz zusammengestellten Quellen vor allem mit den als abschreckend empfundenen Augen aus »Karfunkelsteinen« zusammenhing. Offenbar wurde eine Vermenschlichung des Erscheinungsbildes angestrebt, um den Betrachtenden besser ansprechen zu können. Die unzweifelhaft besondere Bedeutung der Statue in der liturgischen Praxis der Domkirche führte also nicht zu einem besonderen Schutz des Originalbestandes, sondern steigerte die Bereitschaft zur Anpassung an veränderte theologische Sichtweisen und ästhetische Anforderungen.

CH

Literatur: Kratz 2013, S. 317–321; Kat. Hildesheim 1989, S. 37–84, bes. S. 74 (Michael Brandt).

15

VOTIVKRONE UND WELTKUGEL

Hildesheim (?), um 1740
Silber, vergoldet
Krone H. 11,5 cm, Dm 9,5 cm; Kugel H. 6,2 cm, Dm 3,6 cm
Dommuseum Hildesheim, Inv. Nr. DS 51 c, d

Die reich mit Steinen besetzte Bügelkrone mit Weltkugel gehört zu den Votivgaben für die Große Goldene Madonna. Johann Michael Kratz brachte diese Schenkung mit einer 1740 erfolgten Stiftung des 1748 verstorbenen Dompropstes Heinrich Friedrich Philipp Gottfried von Loe in Verbindung. Die aufwendigen Votivgaben belegen, dass die in den spätmittelalterlichen Schatzverzeichnissen überlieferte Praxis reicher Schenkungen an die Große Goldene Madonna in der Neuzeit fortgeführt wurde. Ob Krone und Weltkugel wirklich bei der Inszenierung der Figur benutzt wurden, ist fraglich. Erst Fotos nach der Umgestaltung unter Bischof Sommerwerck (gest. 1905) zeigen die Goldene Madonna entweder mit der flachen Lilienkrone DS 82 p 37 oder mit dieser Krone aus dem 18. Jahrhundert.

CH

Literatur: Kratz 2013, S. 317–321; Kat. Hildesheim 1998, Kat. Nr. 80, S. 139–140 (Michael Wolfson).

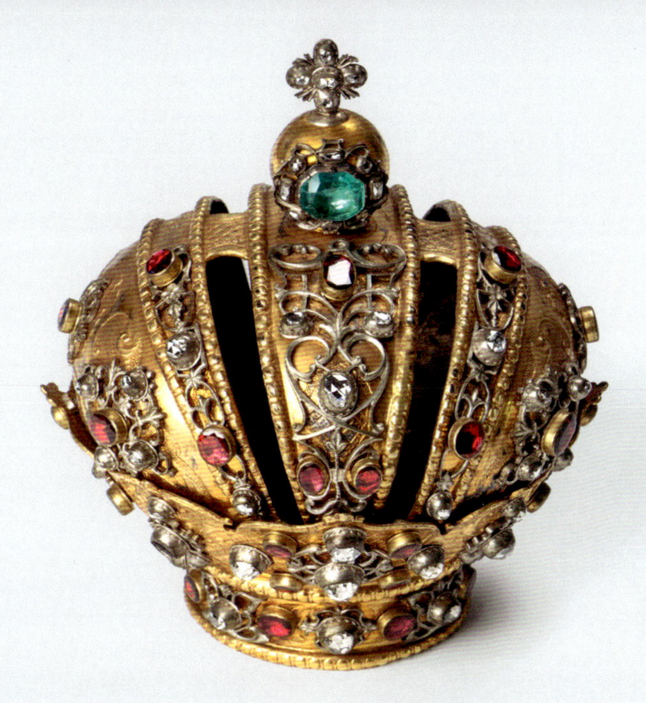
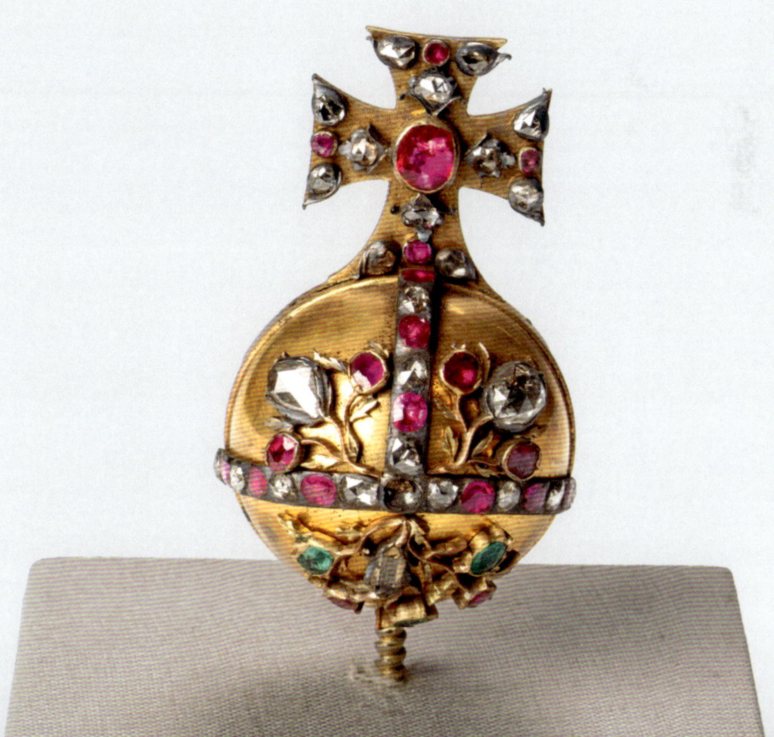

16 KÖPFE VON LEO DIERKES

Kevelaer, vor 1961
Holz
Kopf Maria H. 16,5 cm, B. 8 cm; Kopf Christus H. 12,5 cm, B. 4,9 cm
Dommuseum Hildesheim, Inv. Nr. DS 82 p 1 und p 9

Nach der Auslagerung im Zweiten Weltkrieg hatte der Hildesheimer Restaurator Josef Bohland Schäden am Holzkern festgestellt. Die Beschläge wurden abgenommen und am Holzkern Sicherungsmaßnahmen durchgeführt. Die Beschläge verblieben zunächst im Hause Bohlands. Der fragmentierte Zustand der nunmehr holzsichtigen Madonna führte ab 1954 zu Überlegungen, die Köpfe neu zu gestalten. An den Planungen waren neben Bohland der damalige Landeskonservator Oskar Karpa und der Kunsthistoriker Rudolf Wesenberg beteiligt. Die zunächst von Oskar Karpa präferierte Idee, einen zeitgenössischen Künstler zu beauftragen, scheiterte an der Ablehnung des angefragten Ewald Mataré. Schließlich wurde Leo Dierkes aus Kevelaer beauftragt, der in einem Schreiben vom März 1959 anbot, zwei Köpfe nach dem Vorbild der ottonischen Madonnen in Essen und Paderborn zu modellieren, die er in der Publikation »Bernwardinische Plastik« von Rudolf Wesenberg gesehen habe. 1961 wurden Köpfe und Hände des Kevelaer Schnitzers auf dem Holzkerntorso montiert, um die Madonna im inzwischen wieder aufgebauten Dom verwenden zu können. Diesen Zustand dokumentiert auch das erhaltene Fotomaterial. Aber die gestalterische Lösung war nicht von Dauer. 1971 vermerkt ein Protokoll des Domkapitels nach der Besichtigung der Madonna in der Domschatzkammer, dass eine »Neuschnitzung« empfohlen wird.

CH

Literatur: Claudia Höhl: Torso oder Bild. Die Große Goldene Madonna Bischof Bernwards, in: Kat. Hildesheim 2018a, S. 7–23, bes. S. 14.

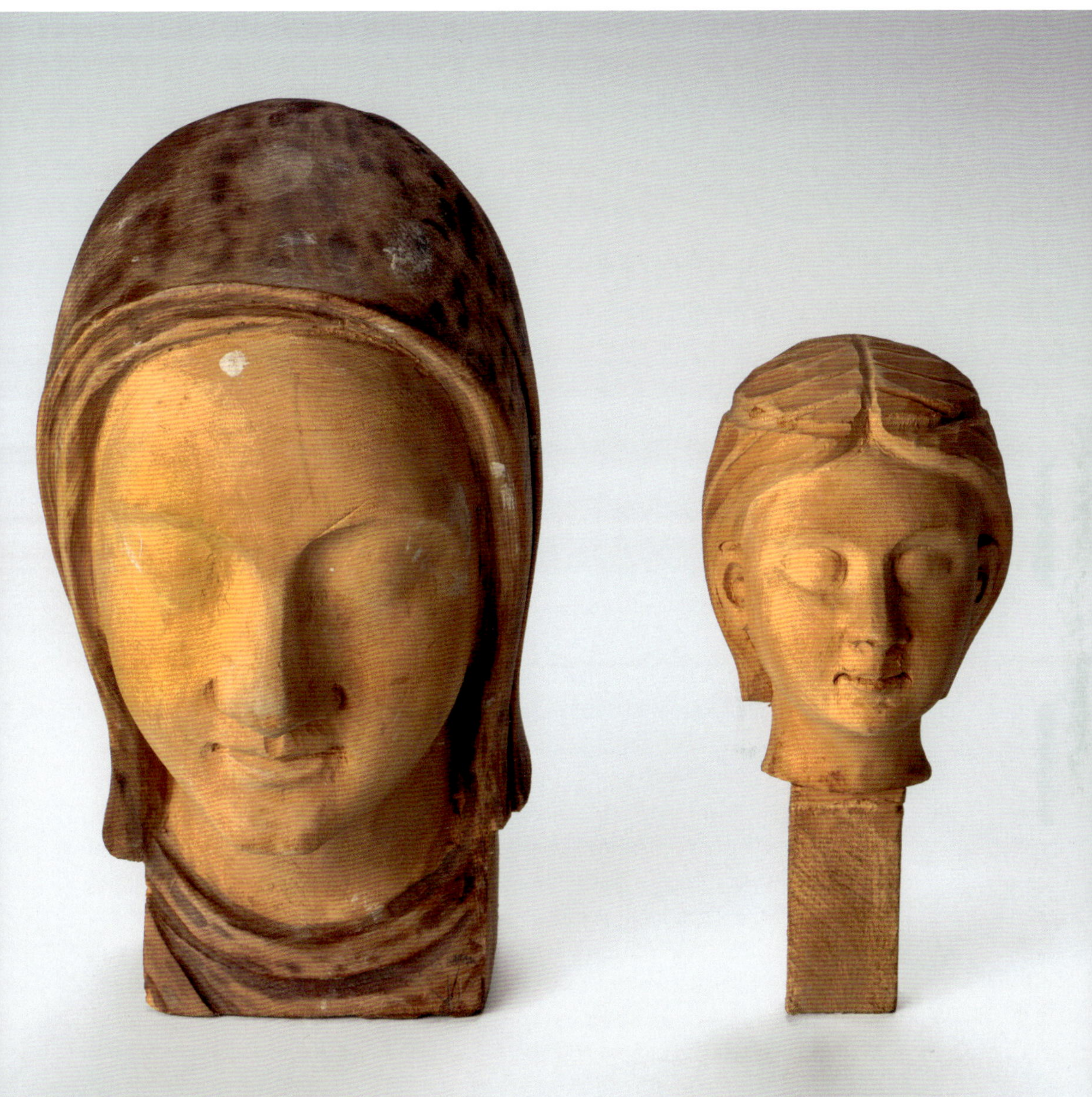

17 KÖPFE UND HÄNDE VON SIEGFRIED SPRINGER

Hiltrup, 1974
Lindenholz, teilweise mit Goldblechbeschlag
Kunststoffmasse
Kopf Maria (mit Goldblech) H. 16,5 cm, B. 7,5 cm; Köpfe Maria (ohne Goldblech)
H. 15,2 cm, B. 9 cm; Köpfe Christus H. 8,9 cm, B. 5 cm; Hand Christus mit Kugel
H. 4,5 cm, B. 4,5 cm; Hand Christus mit Buch H. 5 cm, B. 3 cm; Hand Christus,
segnend H. 3,5 cm, B. 1,9 cm
Dommuseum Hildesheim, Inv. Nr. DS 82, p 31, p 32, p 33, p 34, p 35, r, s

Im Kontext der von 1972 bis 1975 laufenden Restaurierung der Großen Goldenen Madonna beim Landeskonservator Westfalen-Lippe in Münster wurde erneut die Frage der Kopfergänzungen diskutiert. Die neuen Köpfe sollte der Bildhauer Siegfried Springer aus Hiltrup herstellen, in erster Linie orientiert an Vorbildern der bernwardinischen Kunst, was sich allerdings durchaus als Problem erwies. Mehr als sechs Modelle, teils orientiert an den Reliefs der Bronzetür im Dom teils an der Paderborner Imad-Madonna, wurden erstellt, von denen keines den uneingeschränkten Beifall der beteiligten Fachleute Hilde Claussen, Klaus Endemann und Victor H. Elbern erhielt. Trotzdem wurde die Madonna mit den Köpfen Springers am 15. August 1975 in einer feierlichen Prozession in den Dom zurückgeführt. Bei den Händen erfolgte schon bald eine Korrektur aufgrund neu zugeordneter Beschlagteile am Ärmel der Christusfigur. Die Hand mit Segensgestus wurde durch die ausgestreckte Hand mit Kugel ersetzt. Seit der Bernwardausstellung 1993 erfolgte allerdings die Präsentation der Goldenen Madonna ganz ohne Köpfe und damit reduziert auf den ottonischen Originalbestand. Erst für die Ausstellung des Domschatzes unter dem Titel »Schätze des Glaubens« im Berliner Bodemuseum 2010 wurden die Köpfe wieder montiert, um dem Museumspublikum den Charakter der Madonna als Gottesbild zu verdeutlichen.

CH

Literatur: Höhl 2021; dies.: Torso oder Bild. Die Große Goldene Madonna Bischof Bernwards, in: Kat. Hildesheim 2018a, S. 7–23, bes. S. 14.

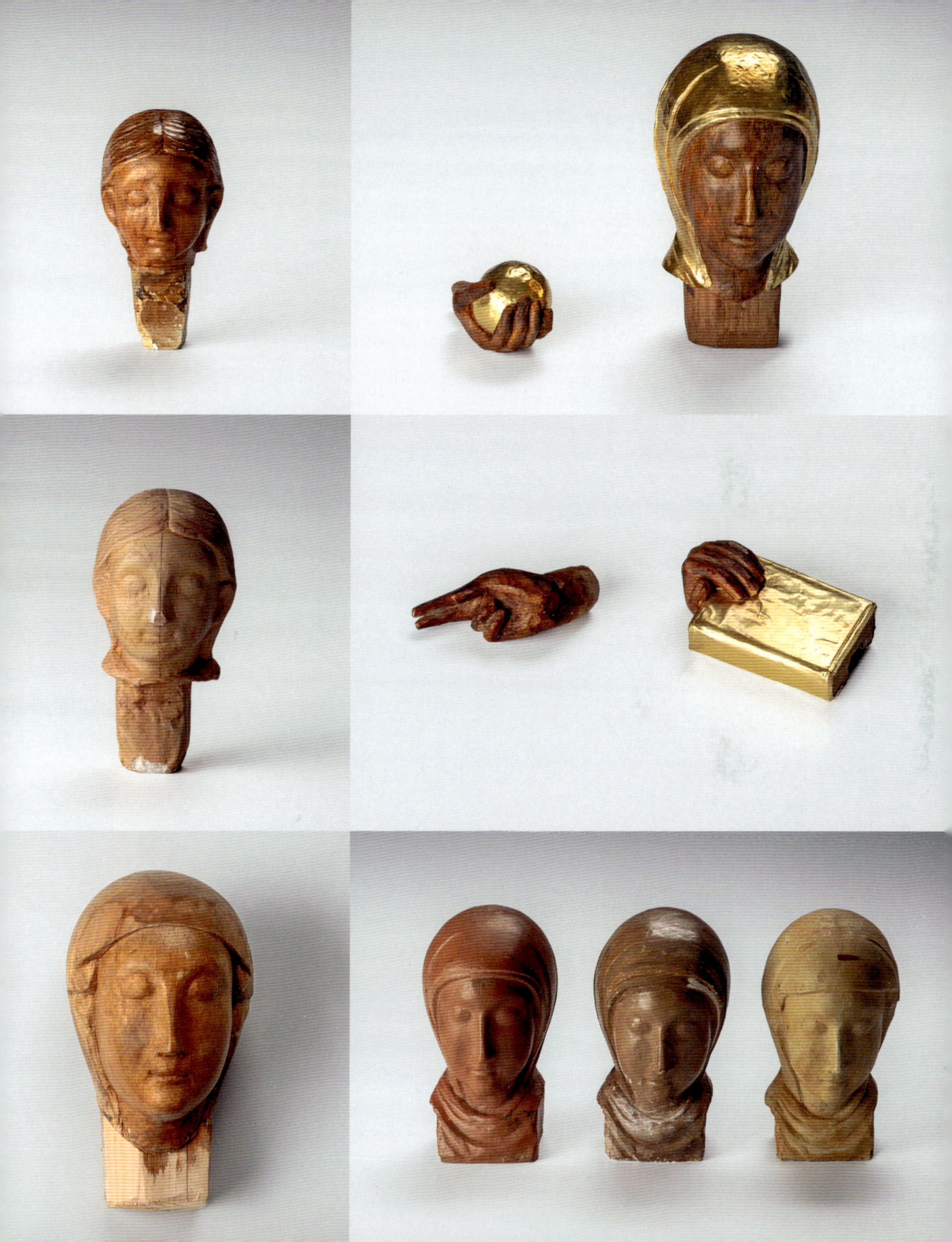

18 KOPFENTWÜRFE VON WALTER MORODER

Ortisei St. Ulrich, 2010–2014
Holzverbundstoff, Ton
Köpfe Maria H. 16,1 cm, B. 8,7 cm; Kopf Christus H. 8,3 cm, B. 4,1 cm
Dommuseum Hildesheim, Inv. Nr. DS 82 w, x, y, z

Im Kontext der Überlegungen zur Neukonzeption des Dommuseums seit 2010 wurde die Frage nach der Präsentation der Großen Goldenen Madonna wieder aktuell. Die primär kunsthistorische Fokussierung auf den ottonischen Bestand trat hinter den Gedanken zurück, den Bildcharakter der Skulptur durch ein neues Gesicht deutlich zu machen. Die nun geplante Ergänzung sollte aber keinen restauratorischen Charakter haben, sondern als eigenes aktuelles Kunstwerk mit dem historischen Bild zusammenwirken. Der Südtiroler Künstler Walter Moroder wurde für das Projekt angefragt aufgrund seiner Erfahrung mit dem Werkstoff Holz, der primär figürlichen Arbeiten und des Stellenwerts des Themas »Frau« in seinem Werk. In einem mehrjährigen Prozess entstanden unterschiedliche Varianten. Der Künstler experimentierte mit verschiedenen Farbigkeiten und Materialien. 2014 wurden die Köpfe auf der Madonnenfigur montiert.

CH

Literatur: Höhl 2021; dies.: Torso oder Bild. Die Große Goldene Madonna Bischof Bernwards, in: Kat. Hildesheim 2018a, S. 7–23.

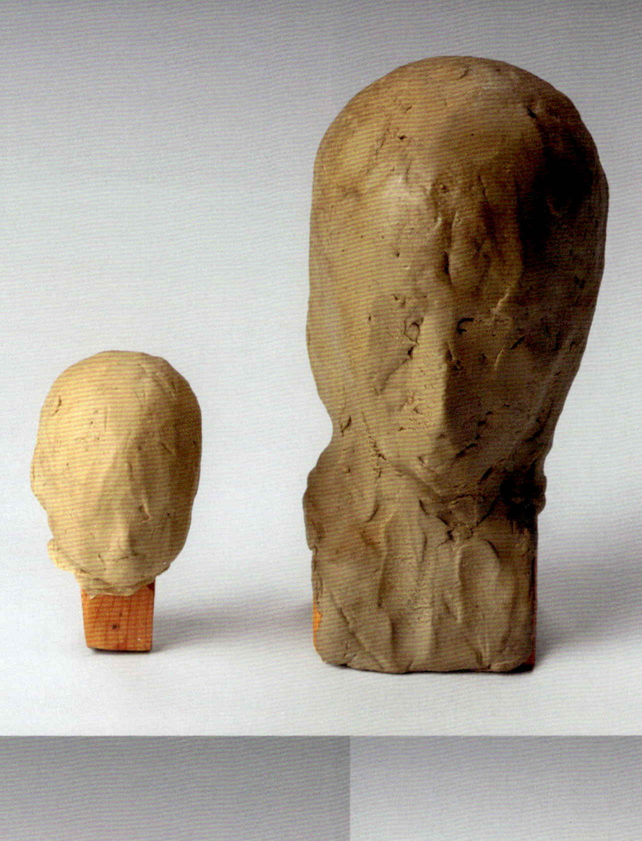

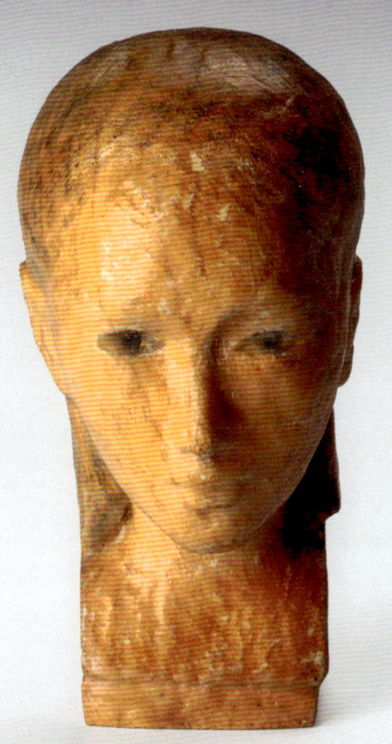

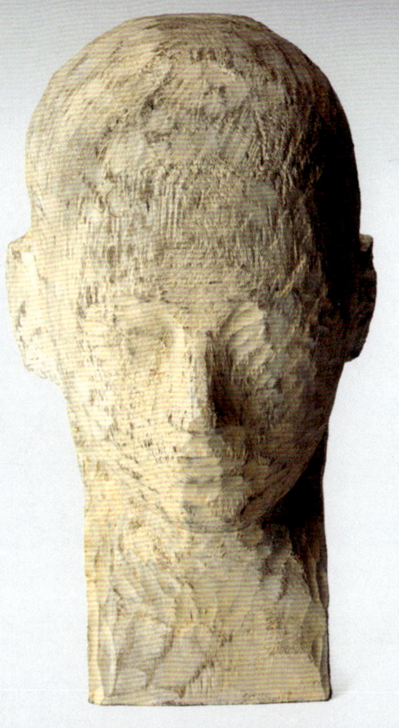

19

JOSEPH BRAUN

Meisterwerke der deutschen Goldschmiedekunst vorgotischer Zeit
München, 1922
Nachdruck New York/London 1979
Hildesheim, Dombibliothek, Sign. DM 54/253

Der Jesuit und Kunsthistoriker Joseph Braun (1857–1947) verfasste zahlreiche Standardwerke zur christlichen Kunst des Mittelalters. Dazu gehört auch seine ursprünglich in zwei Bänden erschienene Zusammenstellung bedeutender Goldschmiedearbeiten von der Karolingerzeit bis zum Ende der Romanik. Der Goldenen Madonna in Essen ordnete er die Hildesheimer Figur zu und bezeichnete sie als »Hildesheimer Arbeit des frühen 11. Jahrhunderts«. Das verwendete Foto zeigt noch den Zustand mit den barocken Köpfen, der 1922 bereits nicht mehr bestand. Die Essener Madonna wird mit der Votivkrone und zusätzlich der auf dem Foto separierten Adleragraffe abgebildet.

CH

20

RUDOLF WESENBERG

Bernwardinische Plastik. Zur ottonischen Kunst unter Bischof Bernward von Hildesheim
Berlin, 1955
Dombibliothek Hildesheim, Signatur 2 E 1103

Die großformatig publizierte Schrift von Rudolf Wesenberg hat die Plastik und Skulptur am Beginn des 11. Jahrhunderts zum Thema und konzentriert sich dabei auf die unter Bischof Bernward entstandenen Werke in Hildesheim. Eine Doppelseite des mit Fotografien von Hermann Wehmeyer aus Hildesheim illustrierten Buches zeigt zwei Ansichten des Holzkerns der Großen Goldenen

Madonna, wie er in der Zeit nach 1945 während einer Restaurierung sichtbar war. Wesenberg (1910–1974) wurde nach dem Studium der Kunstgeschichte Assistent des Landeskonservators in Braunschweig und habilitierte sich an der Technischen Hochschule Hannover mit der hier vorliegenden Schrift. Unterteilt nach Materialien und Formaten behandelt er die Werke, ordnet sie chronologisch und versucht ein ›bernwardinisches Stilklima‹ zu bestimmen. In diesen Zusammenhang ordnet Wesenberg die Madonnenskulptur anhand des geschnitzten Holzkerns ein, indem er sie mit Werken außerhalb Hildesheims und des Untersuchungszeitraums ebenso vergleicht wie mit den bernwardinischen Bildern selbst.

FP

21

ILENE H. FORSYTH

The Throne of Wisdom. Wood Sculptures of the Madonna in Romanesque France
Princeton 1972

Im selben Jahr des Restaurierungsbeginns der Großen Goldenen Madonna entstand eine wegweisende Forschungsarbeit zu den romanischen vollplastischen Madonnen in Frankreich. Ilene Forsyth bezog in ihrer Untersuchung ausführlich auch die ottonischen Madonnen mit ein und korrespondierte mit den Verantwortlichen in Hildesheim zum Zustand der Hildesheimer Skulptur. Der Abbildungsteil dokumentiert zusammenfassend den damaligen Zustand, also den Holzkern und die abgenommenen Goldbleche vor der Wiederanbringung und der Anfertigung der neuen Köpfe.

CH

Literatur: Lehmann 1957.

SOG. KOSTBARES EVANGELIAR

22

Hildesheim, um 1015
Pergament, 234 Blatt, Deckfarbe
Einband Holzkern, Seide, Elfenbein, Filigran, Steinbesatz, Silberbeschläge
H. 28 cm, B. 20,5 cm
Dommuseum Hildesheim, Inv. Nr. DS 18
Aus dem Benediktinerkloster St. Michael

Als eine der bedeutendsten Stiftungen Bischof Bernwards ließ er dieses Evangeliar anfertigen, das für den Marienaltar in der Krypta der Michaeliskirche gegenüber seiner Grablege bestimmt war. Der kostbar gestaltete Einband zeigt auf der Vorderseite ein byzantinisches Relief mit einer sog. Deesis, der Fürbitte durch Maria und Johannes den Täufer bei Christus. Auf der Rückseite ist eine ebenfalls byzantinisch geprägte Darstellung der stehenden Gottesmutter zu sehen. Der Zweig in der Hand Mariens ist wohl weniger als Märtyrerpalme zu deuten, sondern als Betonung der Jungfräulichkeit, denn das lateinische Wort für Zweig (*virga*) wurde auf Virgo, also Jungfrau, bezogen. Den Vorgang der Stiftung des Buches veranschaulicht und interpretiert die bemalte Innenseite des Evangeliars: Auf der linken Seite steht Bernward vor den Stufen eines Altars, der mit Textilien und Leuchtern verziert ist. In seinen Händen hält er das Evangeliar, das er auf den Altar zu legen gedenkt. Sein Blick ist bereits auf die Adressatin der Stiftung, auf die Patronin des Altars, gerichtet, die auf der rechten Bildseite dargestellt ist. In goldenem Gewand und mit einem Tuch um den Kopf hält sie das Kind auf dem Schoß und wird von zwei Engeln gekrönt. Diese Stiftung wird durch die Inschrift der linken Blattseite benannt, während die Inschriften um die Darstellung der Gottesmutter das Lob Mariens beinhalten. Zwei Medaillons in den Arkaden ergänzen das Bildprogramm durch die Gegenüberstellung der sündigen Urmutter Eva und der Heilsbringerin Maria.

FP

Literatur: Brandt u. a. 2015; Kat. Nr. 16, S. 48–51 (Claudia Höhl);
Brandt 1993; Härtel 1984, S. 17–50.

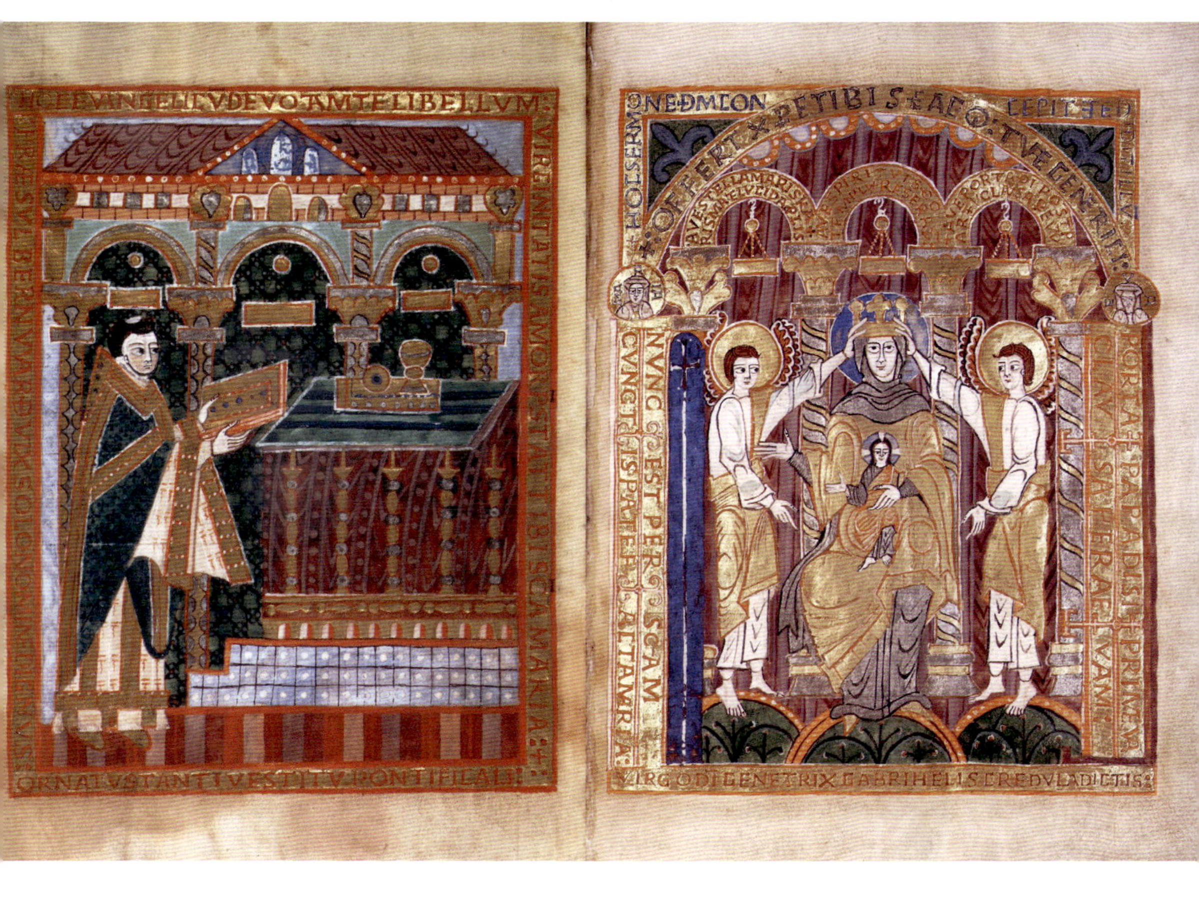

23 BERNWARDBIBEL

Hildesheim, 1. Viertel 11. Jahrhundert
Pergament, 486 Blatt, Deckfarben
H. 45,5 cm, B. 34,5 cm
Dommuseum Hildesheim, Inv. Nr. DS 61
Aus dem Benediktinerkloster St. Michael

Ebenso wie das Kostbare Evangeliar (Kat. Nr. 22) wurde auch die Bernwardbibel für Kirche und Kloster St. Michael in Hildesheim gestiftet. Bischof Bernward hat diese Bibel in Auftrag gegeben, die mit 486 Blatt und dem recht großen Format von erheblichem Umfang ist. Sie enthält entsprechend der im 9. Jahrhundert im Kloster St. Martin in Tours etablierten Ordnung die Schriften der Bibel. Eine Deutung des einleitenden Widmungsbildes ist bis heute nicht gelungen. In einem architektonischen Rahmen und vor einem ornamentalen Grund stehen zwei Figuren mit Nimbus vor einem goldenen Bogen. Die Figur links trägt Gewänder eines Klerikers und hält in den Händen ein geöffnetes Buch, in das der Anfang des Buches Genesis geschrieben steht. Auf der anderen Seite des großen goldenen Kreuzes, das bis an den oberen Bogen reicht, steht hinter einem blauen Tuchvorhang eine Frauengestalt, über der die segnende Hand Gottes erscheint. Ob es sich hierbei um Darstellungen von Bernward und Maria handelt, bleibt unklar.

FP

Literatur: Brandt u. a. 2015, Kat. Nr. 15, S. 47 (Claudia Höhl); Kat. Hildesheim 1993: Bd. 2, Kat. Nr. VIII-29, S. 568–570 (Ulrich Kuder); Härtel 1984, S. 147–166.

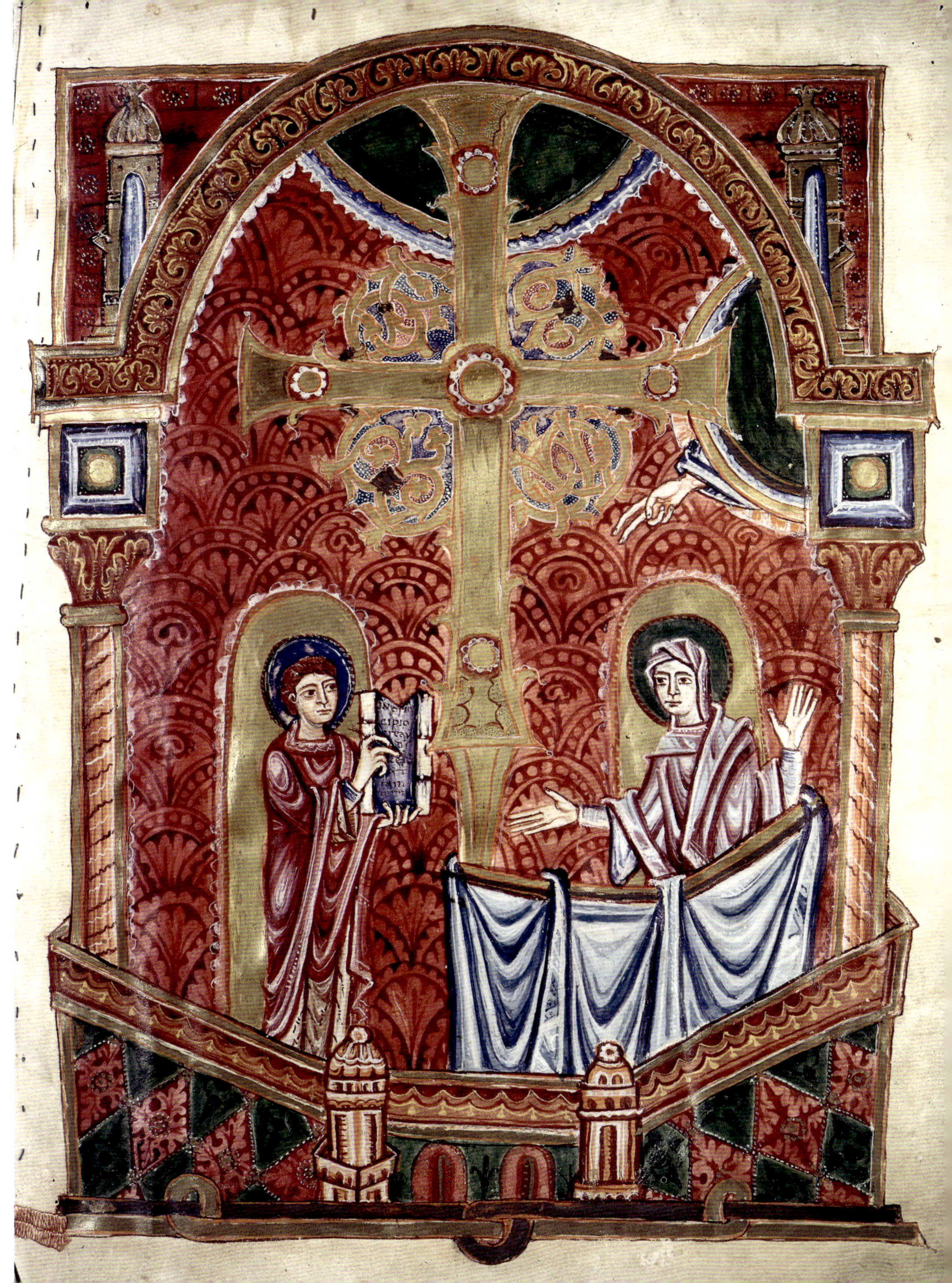

24 EPISTOLAR / ORATIONALE IN SOLLEMNITATES

Marientod und Himmelfahrt, fol. 76v und 77r
Reichenauer Schule, 11. Jahrhundert
Pergament, 96 Blatt, Deckfarbe auf Goldgrund
H. 22 cm, B. 16,5 cm
Dombibliothek Hildesheim, Inv. Nr. Hs 688

Vor die Texte zum Fest der Aufnahme Mariens in den Himmel zeigen in diesem Epistolar zwei ganzseitige Bilder den Tod und die Aufnahme Mariens in den Himmel. Auf Goldgrund sind die Szenen mit Deckfarbe gemalt. Maria liegt bei ihrem Tod auf einem tuchbedeckten Bett, an dessen Enden seitlich die Apostel stehen. Mittig reicht Christus mit beiden Händen ihre Seele wie eine Miniaturdarstellung ihrer selbst in den sich blau öffnenden Himmel, von dem aus Engel herabschweben, um sie zu empfangen. Bei der Aufnahme in den Himmel ist sie in einer blauen Aureole als Brustbild dargestellt, die von Engeln emporgetragen wird. Aus dem Himmel, der in mehrfarbigen konzentrischen Kreisen gebildet ist, reicht die Hand herab. Dabei sind die Figuren ihrer Bedeutung gemäß in den Größen unterschieden, und mit den großen Händen werden ihre Gebärden ausdrucksstark. Diese Darstellungsweise ist charakteristisch für die Reichenauer Handschriften, die vermutlich von Mönchen um die Jahrtausendwende im Kloster auf der Insel Reichenau im Bodensee gemalt wurden. Das als »Assumptio« bezeichnete Fest der Himmelfahrt Mariens erlangte besonders seit dem 10. Jahrhundert große Bedeutung. Die theologische Vorstellung von der leiblichen Aufnahme der Gottesmutter in den Himmel verstärkte die entscheidende Bedeutung als Fürbittende bei ihrem Sohn und wurde mit ihrer Rolle als Himmelskönigin verknüpft.

FP

Literatur: Kat. Hildesheim 1993, Bd. 2, Kat. Nr. VII-23, S. 479 – 482 (Ulrich Kuder); Härtel u. a. 1991, S. 129 – 147.

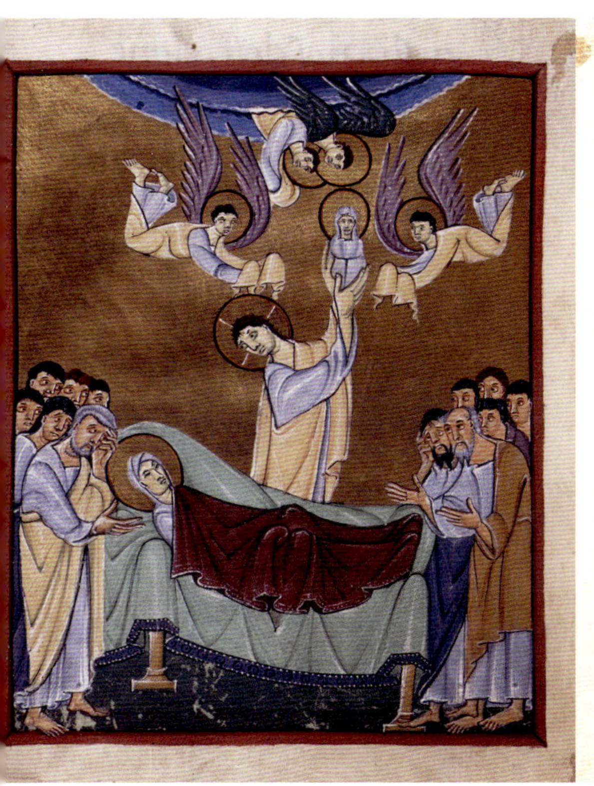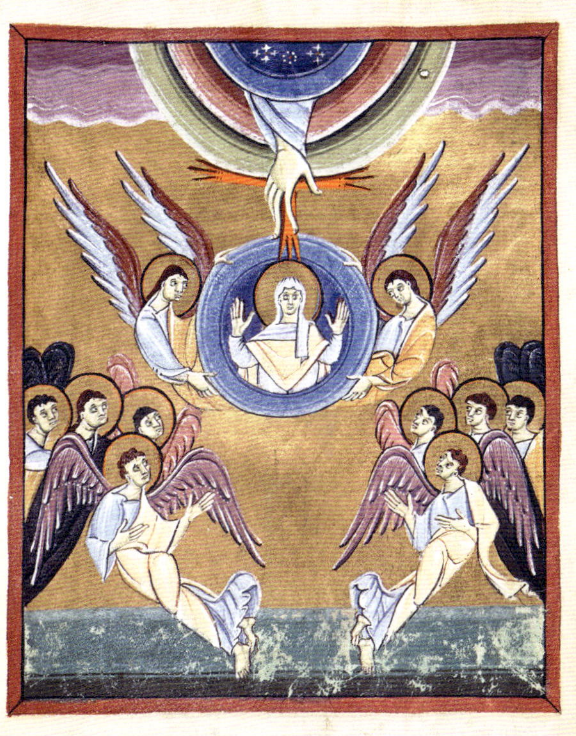

25 GUNTBALD-SAKRAMENTAR

Zierseite zum Fest Maria Assumptio, fol. 141r
Hildesheim, 1014–1022
Pergament, 245 Blatt, Deckfarbe, Gold, Silber
H. 30,5 cm, B. 20 cm
Dommuseum Hildesheim, Inv. Nr. DS 19

Mit einer ganzseitig gemalten Initiale ist der Beginn eines Gebets zum Fest der Aufnahme Mariens in den Himmel gestaltet. Die Handschrift wird in Eintragungen mit Bischof Bernward in Verbindung gebracht und eine Herstellung durch den Schreiber Guntbald am Anfang des 11. Jahrhunderts angenommen. Obwohl die Handschrift laut einer Notiz an das Michaeliskloster geschenkt worden ist, sind die für den Dom relevanten Gebete der Marienfeste besonders ausgestaltet. So auch der Beginn des Gebetes *»Concede quesumus omnipotens deus ad beate Mariae«*: Auf einem roten Grund, der mit Blattranken gerahmt ist, hebt der Gebetstext in goldenen Buchstaben an. Der Anfangsbuchstabe C ist dabei aus silbernen und goldenen Ranken und Blättern vor blauem und grünem Grund zusammengefügt. In dieser aufwendigen Gestaltung wird die Etablierung des Festes sichtbar das die Vermittlung Mariens zwischen Irdischem und Himmlischem verdeutlicht.

FP

Literatur: Kat. Hildesheim 1993, Bd. 2, Kat. Nr. VIII-25, S. 559–562 (Ulrich Kuder); Härtel 1984, S. 51–69.

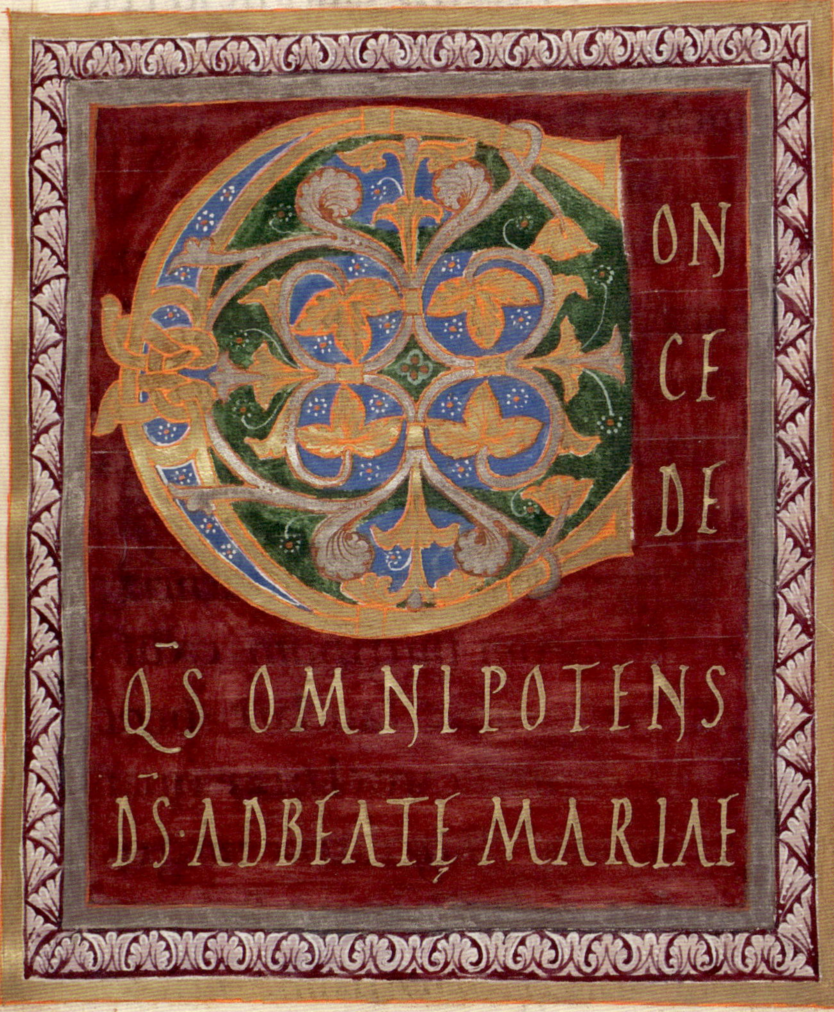
ON
CE
DE
Q̄S OMNIPOTENS
D̄S·AD BEATĘ MARIAE

26 SILBERNES BERNWARDKREUZ

Hildesheim, nach 1007/vor 1022
Silber, gegossen, teilweise vergoldet
Spätgotischer (?) Fuß Silber, getrieben
H. (mit Fuß) 31 cm, B. 14 cm
Dommuseum Hildesheim, Inv. Nr. DS 6
Aus dem Benediktinerkloster St. Michael

Das silberne Kreuz mit dem Körper Jesu ist auf einem später entstandenen Fuß montiert. Es gilt als das älteste erhaltene Altarkreuz mit Corpus, die Inschrift auf der Rückseite benennt Bischof Bernward als Hersteller. Zudem listet sie die Namen jener Heiligen auf, von denen Reliquien im hohlen Körper Christi aufbewahrt werden. Das Kreuz fungiert damit auch als Reliquiar. Bereits die Darstellung Jesu lässt dessen Körper besonders wirklichkeitsnah erscheinen und inszeniert damit seine physische Präsenz. Die Arme sind gerade ausgestreckt, während das Haupt schwer herabgesunken ist. Die Arme weisen eine Muskulatur auf, Brust und Bauch sind ausgeformt und das Lendentuch liegt auf dem Oberschenkel an. Mittels Vergoldung ist die Gestaltung akzentuiert. Diese inszenierte Präsenz des bildlichen Körpers steht in einer Spannung zur Wirklichkeit der in dessen Innerem geborgenen Körperfragmente der Heiligen. Das Interesse an der dreidimensionalen Gestaltung von Körperlichkeit und die Verwendung von Edelmetall verbinden das kleinformatige Kruzifix mit der Goldenen Madonna. Die Marienfigur war allerdings nicht sicher ein Reliquienbehälter. Der Befund am Original lässt keine zuverlässigen Rückschlüsse zu und es gibt auch keine Inschrift oder andere Hinweise auf Reliquien. Diese setzen erst in der Neuzeit ein.

FP

Literatur: Kat. Hildesheim 2017, S. 19 (Gerhard Lutz); Dommuseum Hildesheim 2015, Kat. Nr. 10, S. 36 (Michael Brand); Brandt 2013, Nr. 3, S. 37–54.

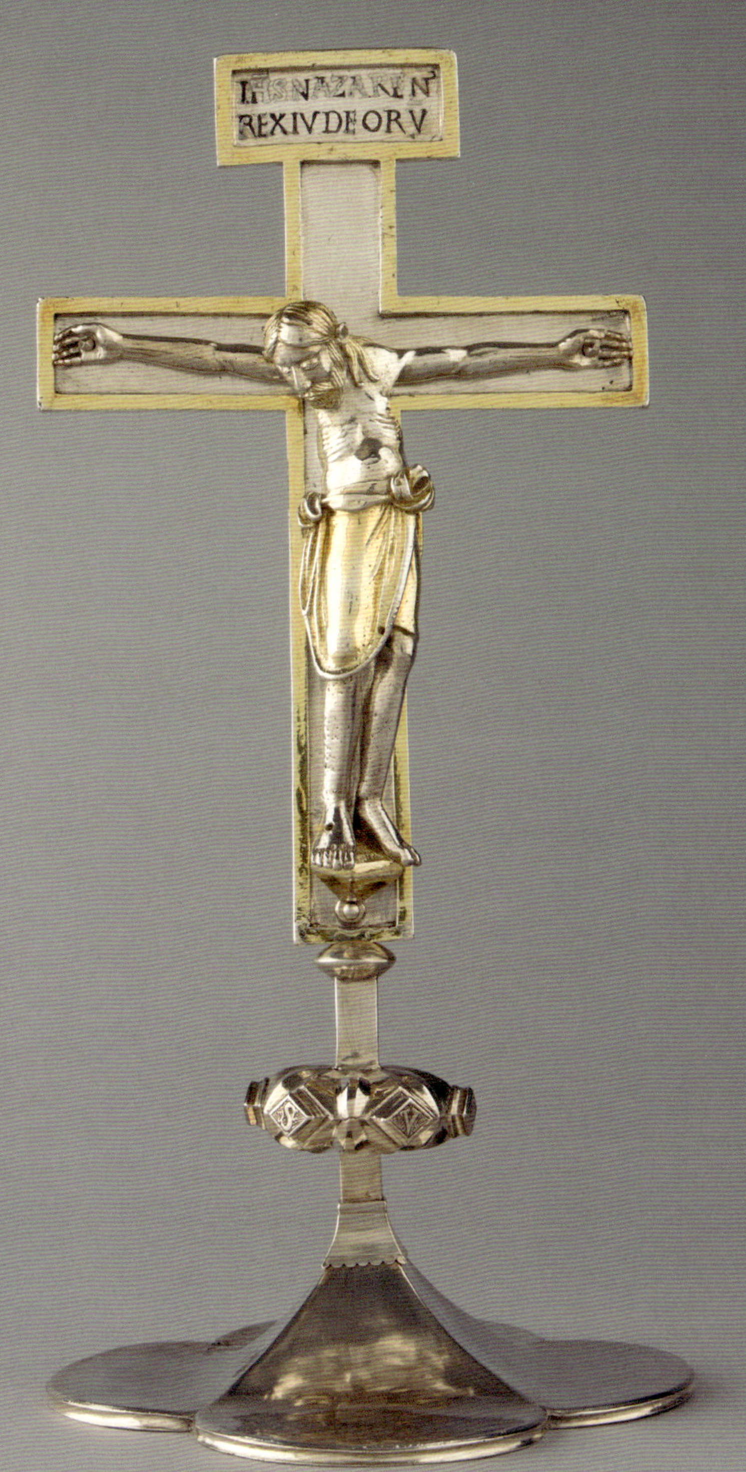

IHS NAZAREN
REX IVDEORV

27 KRUZIFIX AUS RINGELHEIM

Hildesheim (?), um 1000/vor 1022
Lindenholz (Corpus), Eichenholz (Arme)
H. 162 cm, B. 161 cm, T. 25 cm
Dommuseum Hildesheim, Inv. Nr. L 1993-8
(Dauerleihgabe der kath. Pfarrgemeinde St. Marien, Salzgitter)
Aus der ehem. Stiftskirche in Salzgitter-Ringelheim

Das heutige Erscheinungsbild des Kruzifixes als eine von Holzwurm angefressene holzsichtige Skulptur ist weit entfernt vom ursprünglichen Aussehen. Aber bereits die Muskulatur der Arme, das seitlich herabblickende Haupt und die ausgeprägte Bauchpartie lassen erahnen, wie einst eine buntfarbige Bemalung den geschnitzten Holzkörper zu einer lebensnahen Präsenz steigerten. Darin unterscheidet sich die annähernd lebensgroße Figur des Gekreuzigten von der Großen Goldenen Madonna, war diese doch bis auf die Gesichter, Hände und Füße mit Goldblech bekleidet. Zudem enthielt das Kruzifix in einer Aushöhlung im Kopf ein Textilbündel mit Reliquien vom Heiligen Grab. Die bereits in der wirklichkeitsnahen Gestaltung inszenierte Präsenz Christi wird durch deren Wirklichkeit beglaubigt und hinsichtlich der Überwindung des Todes gedeutet. Dass dieses Reliquienbündel wiederum derart beschriftet ist, dass es mit Bischof Bernward in Verbindung gebracht werden kann, bekräftigt die Annahme, dass der Gekreuzigte für das Damenstift Ringelheim vor 1022 hergestellt wurde, als dort eine Schwester des Bischofs Äbtissin war.

FP

Literatur: Lutz 2020; Brandt u. a. 2015, Kat. Nr. 9, S. 34 (Gerhard Lutz);
Kat. Hildesheim 1989, Kat. Nr. 5, S. 85–106 (Hans Jakob Schuffels).

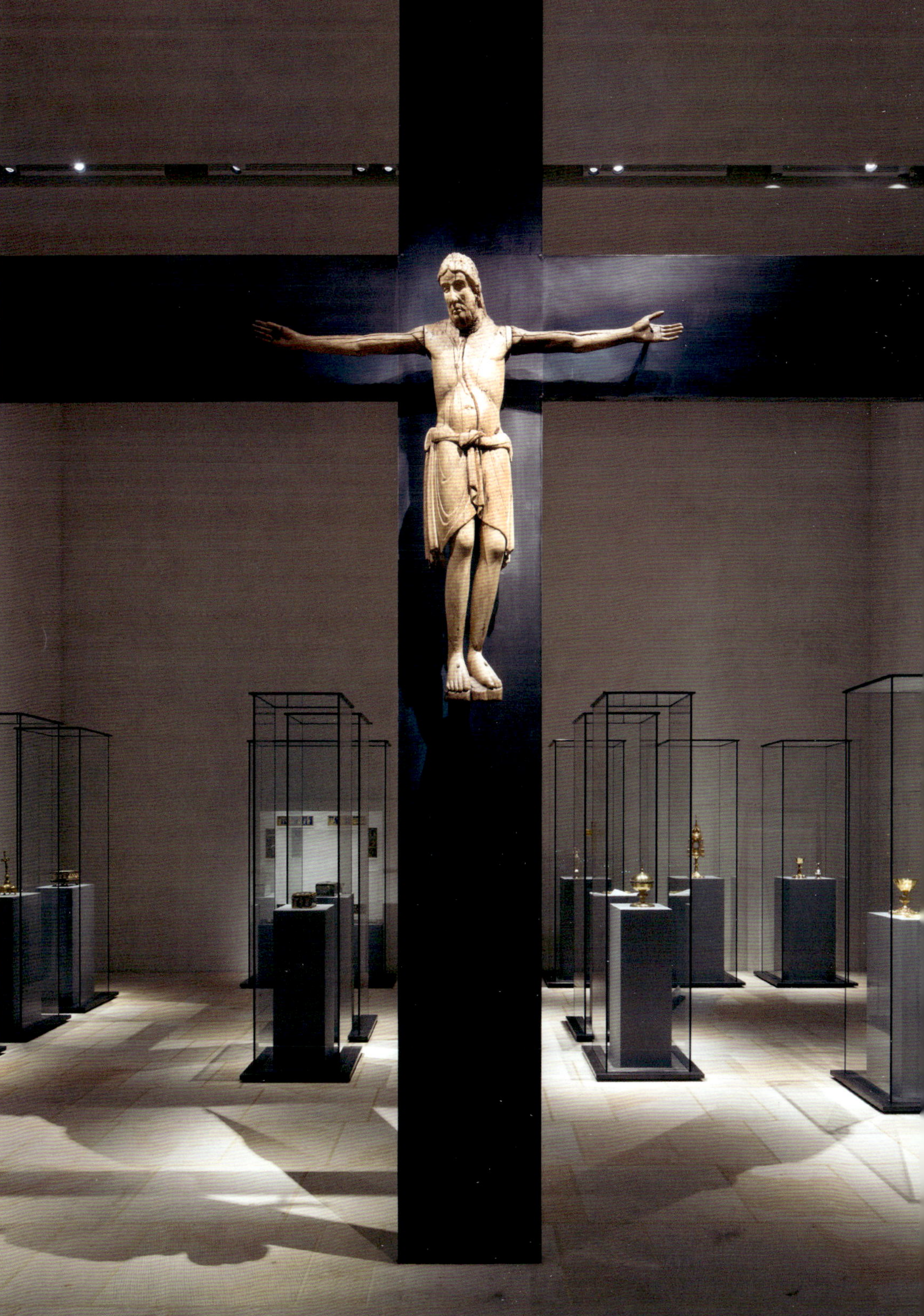

28

ERKANBALDKRÜMME

Hildesheim (?), um 996/vor 1011
Silber, gegossen (?) und vergoldet
H. 11,3 cm
Dommuseum Hildesheim, Inv. Nr. DS 27
Aus dem Dom

Die Krümme zeigt inmitten der Paradiesflüsse den Baum der Erkenntnis, von dem Gott zu essen verboten hat. An der Rückseite greifen Adam und Eva nach den Ästen und kosten von deren Früchten, während in der Krümme Gott Adam belehrend gegenübersteht. Die Herstellung der Krümme wird in Hildesheim unter Bischof Bernward (amt. 993–1022) angenommen. Der Inschrift entsprechend wird sie mit Erkanbald in Verbindung gebracht, der von 996 bis 1011 als Abt das Benediktinerkloster Fulda regierte. Verschiedene Stiftungen Bernwards wie die Bronzetür und das Kostbare Evangeliar greifen das Sündenfallthema auf und stellen der Urmutter Eva als Hauptschuldige die Gottesmutter Maria als Heilsvermittlerin bildlich gegenüber.

FP

Literatur: Brandt u. a. 2015, Kat. Nr. 14, S. 45 (Michael Brandt); Brandt 2013, Nr. 2, S. 153–168; Wesenberg: 1955.

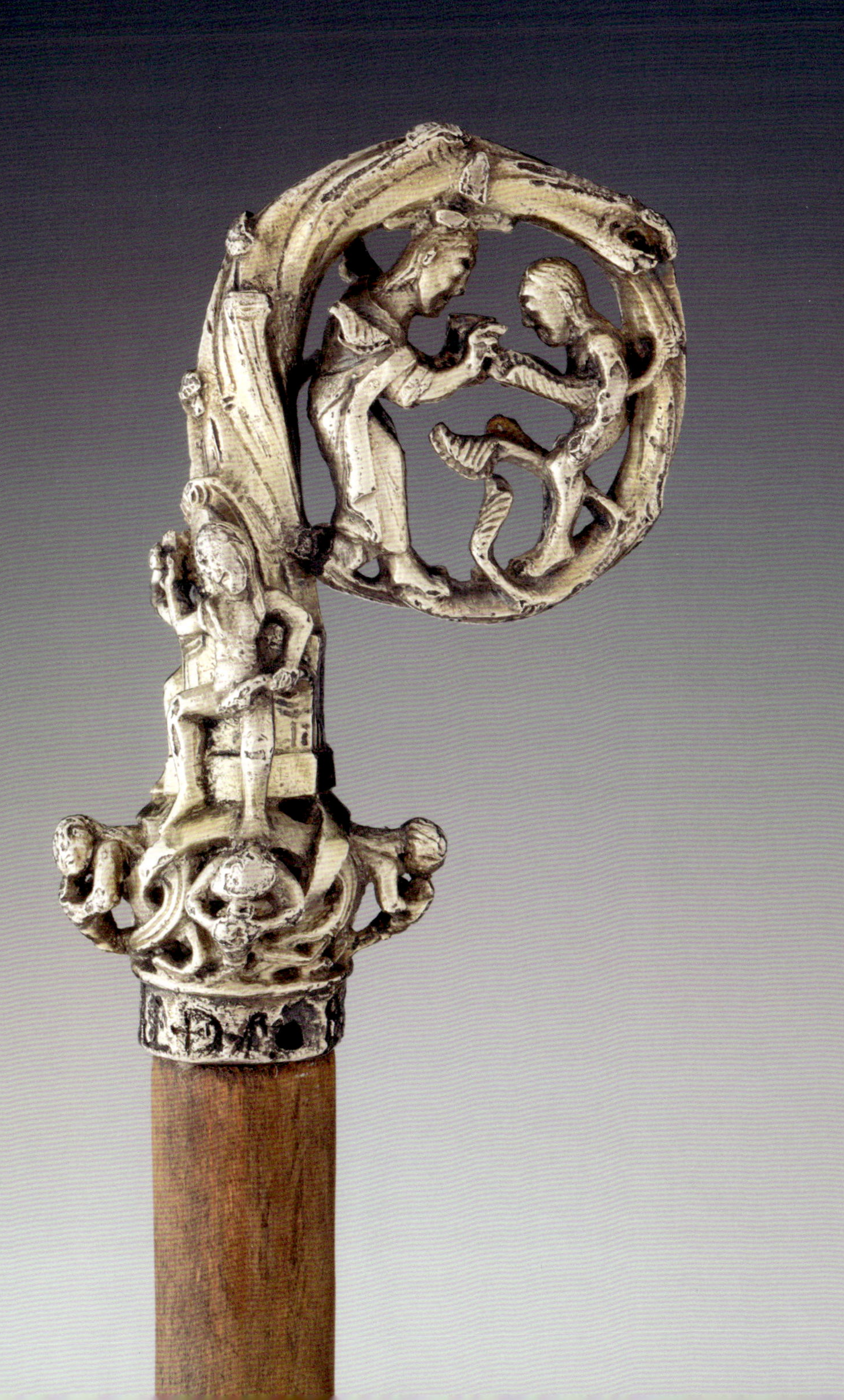

29

HEILIGTUM UNSERER LIEBEN FRAU (SOG. GRÜNDUNGSRELIQUIAR)

Aachen?, frühes 9. Jahrhundert
Silber
H. 9,1 cm, B. 15,2 cm
Dommuseum Hildesheim, Inv. Nr. DS 1

In seiner besonderen Form mit einer halbkreisförmigen Kontur auf ovaler Grundfläche ist das silberne Reliquiengefäß für den Hildesheimer Dom von höchster Bedeutung. Als »Lipsanotheca mariana« benannt, wurde es seit dem Mittelalter mit der Gründungslegende des Hildesheimer Bischofssitzes in Verbindung gebracht, als bei einer Reise Kaiser Ludwigs des Frommen ein Reliquiar in einem Rosenstrauch vergessen und dies als Zeichen für die Ortswahl erkannt wurde. Aufgrund der seitlichen Rankenverzierung sowie deren Vergoldung und Niellorahmung wurde das Reliquiar auch stilistisch in das frühe 9. Jahrhundert datiert. Nur noch schwer lesbar ist die Beschriftung auf dem Kamm, die die Liturgie der Heiligenfeste zitiert. Das Reliquiar birgt Reliquien Christi und Mariens und wurde sowohl bei Prozessionen getragen als auch bei Umritten vom Bischof mitgeführt, es war das Ziel von Marienwallfahrten an den Hildesheimer Dom. Das Reliquiar gehört zu einem beeindruckenden Ensemble von ›Marienbildern‹, die teilweise gemeinsam, teilweise aber auch einzeln in unterschiedlichen liturgischen bzw. politisch-repräsentativen Kontexten verwendet wurden.

FP

Literatur Kratz 2013, S. 198–204; Kat. Frankfurt 2005, S. 96–101 (Michael Brandt); Kat. Hildesheim 1993, Bd. 2, Kat. Nr. VII-2, S. 445–448 (Michael Brandt).

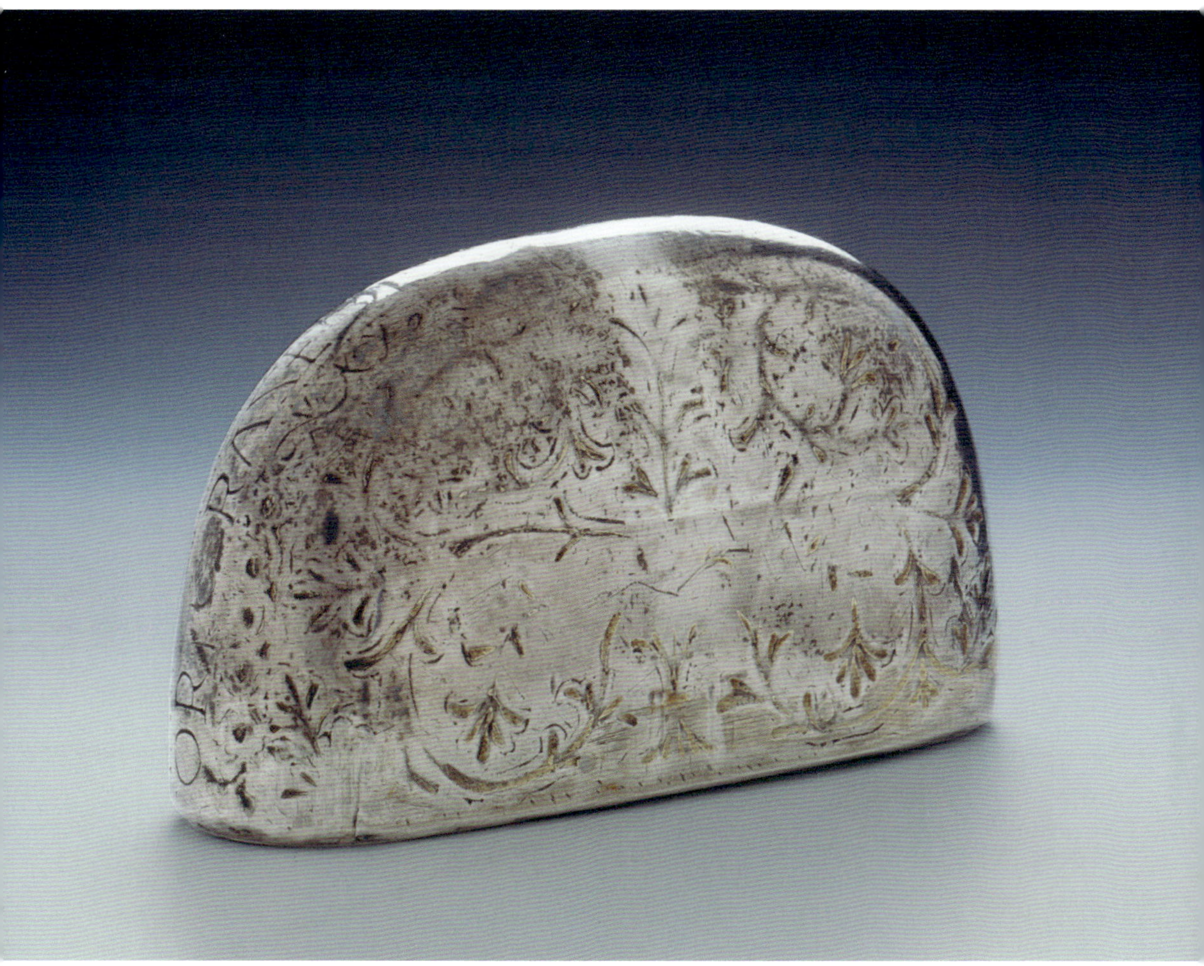

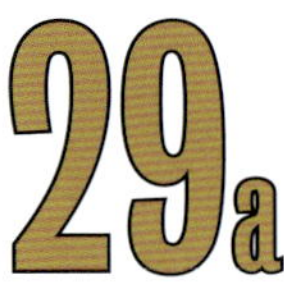

MITTELALTERLICHE KOPIE DES SOG. GRÜNDUNGSRELIQUIARS IN DER FASSUNG DES ORIGINALS

Hildesheim, 14. Jahrhundert
Holz, Silberblech
2. Jahrzehnt 13. Jahrhundert (Edelsteinbänder der Fassung)
Silber gegossen, getrieben, vergoldet, Steinbesatz
Hildesheim, Ende 14. Jahrhundert in neuzeitlicher Überarbeitung (Fuß)
Silber gegossen, getrieben, vergoldet, Steinbesatz
Maße der Reliquienkapsel: H. 9,1 cm, B. 15,2 cm, T. 5 cm
H. gesamt 18,6 cm
Dommuseum Hildesheim, Inv. Nr. DS 2 und DS 1 (Fuß mit Fassung)
Aus dem Dom

Im 14. Jahrhundert wurde vom Gründungsreliquiar (Kat. Nr. 29) eine Nachbildung angefertigt, für die über einen Holzkern in gleicher Grundform ein Silberblech gelegt wurde, in das mittels Punzierung das florale Muster des älteren Objektes, nicht aber dessen Inschrift übertragen wurde. Damit wurde auf die Wiedererkennbarkeit der Erscheinung des Reliquiars großen Wert gelegt. Sowohl das Material als auch die Herstellung über einem Holzkern unterscheiden sich zwar vom Original, aber die darin aufbewahrten Reliquien machen das Reliquiar über die Erscheinung hinaus als Ersatz für das ältere Reliquiar verwendbar. Gegen Ende des 14. Jahrhunderts wurde der Fuß hergestellt, in den Edelsteinbänder einer älteren Fassung integriert wurden und in dem sich sowohl das Original als auch die Nachbildung transportieren ließen. Entsprechend zeugt er von der Nutzung etwa bei Prozessionen, die anscheinend derart umfangreich war, dass eine Nachbildung hilfreich wurde.

FP

Literatur: Kat. Hildesheim 2019, Kat. Nr. 7, S. 243 (Claudia Höhl);
Brandt u. a. 2015, Kat. Nr. 1, S. 23 (Claudia Höhl).

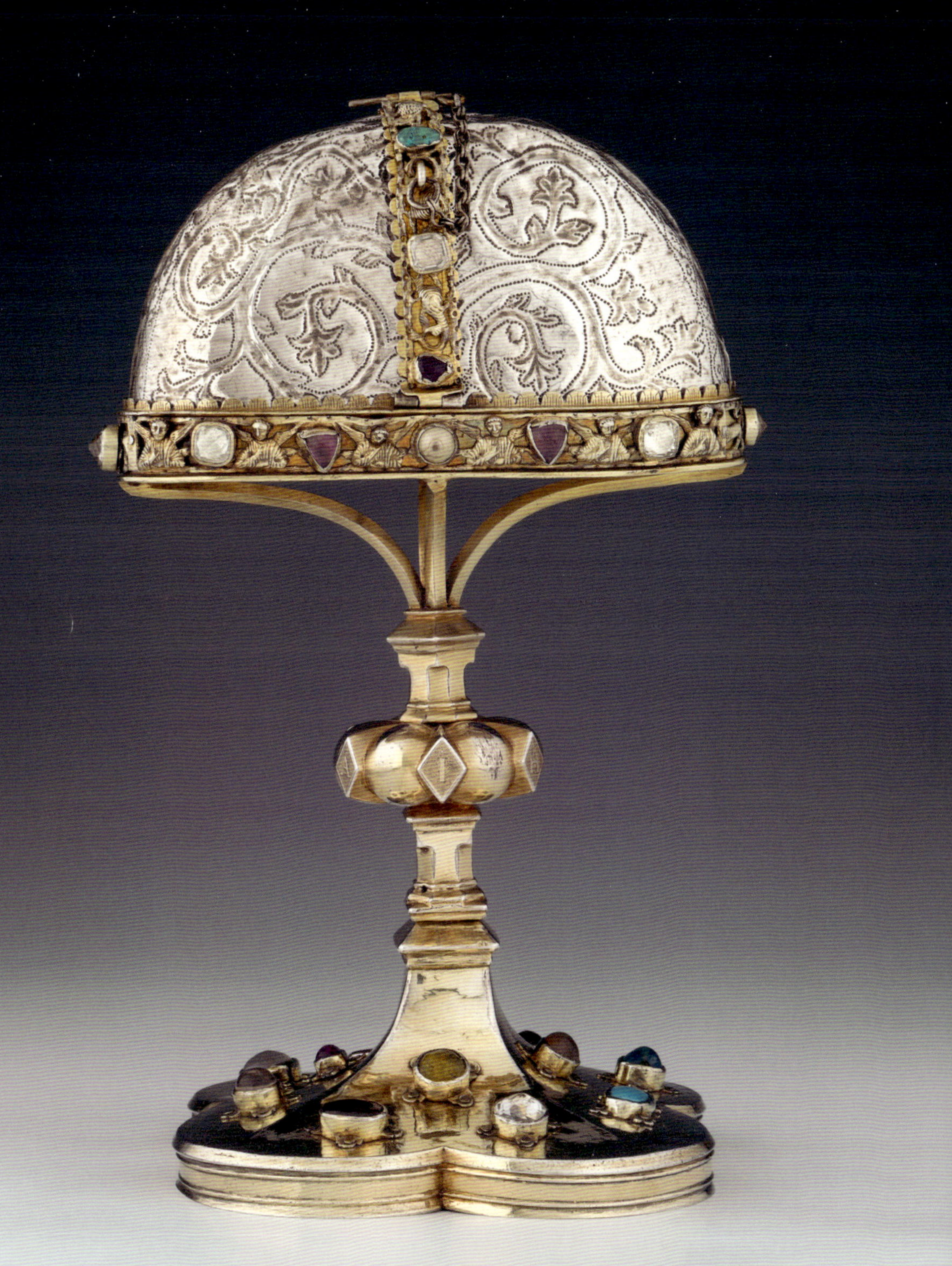

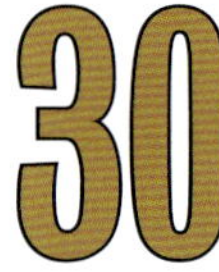

SOG. KEILFÖRMIGES RELIQUIAR

Abbasidisches Reich, 9./10. Jahrhundert (Schachfigur), Hildesheim (?),
2. Hälfte des 10. Jahrhunderts (Bursa), Hildesheim?, 2. Drittel 13. Jahrhundert
(Medaillons der Rückseite), Meister MIK 1597 (Applikation der Vorderseite)
Eichenholzkern, Silber und Kupferbleche, vergoldet, Edelsteine, Bergkristalle
H. 19,5 cm (ohne Kristall), B. 13,3 cm, T. 4,5 cm
Dommuseum Hildesheim, Inv. Nr. DS 4
Aus dem Dom

Mit einem Holzkern aus dem 10. Jahrhundert wurde das Reliquiar über mehrere Jahrhunderte ergänzt und verändert. Neben der bekrönenden abbasidi-
schen Schachfigur aus Bergkristall sowie einem arabisch beschrifteten Stein
und den Medaillons auf der Rückseite weist das Silberrelief mit der Darstellung der Madonna auf die ursprüngliche Verwendung hin. Das Relief aus dem
16. Jahrhundert zeigt Maria bekrönt und mit Zepter als Königin auf dem Mond
stehend in einem Strahlenkranz entsprechend der Beschreibung in der Offen-
barung des Johannes. Ursprünglich soll dieses Relief ein Messgewand geziert
haben, bevor es hier eine neue Verwendung fand. Das Reliquiar in Form eines
Beutels, dessen Reliquien mehrerer Heiliger des Hildesheimer Domes auf der
Unterseite verzeichnet sind, wurde nach dem Gründungsreliquiar als das
zweite Reliquienkästchen der heiligen Maria, als Hierotheca B. V. Mariae, bezeichnet. In der Liturgie des Domes trug es der Subdiakon in der sonntäglichen
Prozession.

FP

Literatur: Kat. Hildesheim 2022, Kat. Nr. 3A, S. 66–69 (Stefan Heidemann) und Kat. Nr. 3B,
S. 82–85 (Marcus Pilz); Brandt u. a. 2015, Kat. Nr. 2, S. 24–25 (Michael Brandt); Kratz 2013, S. 207.

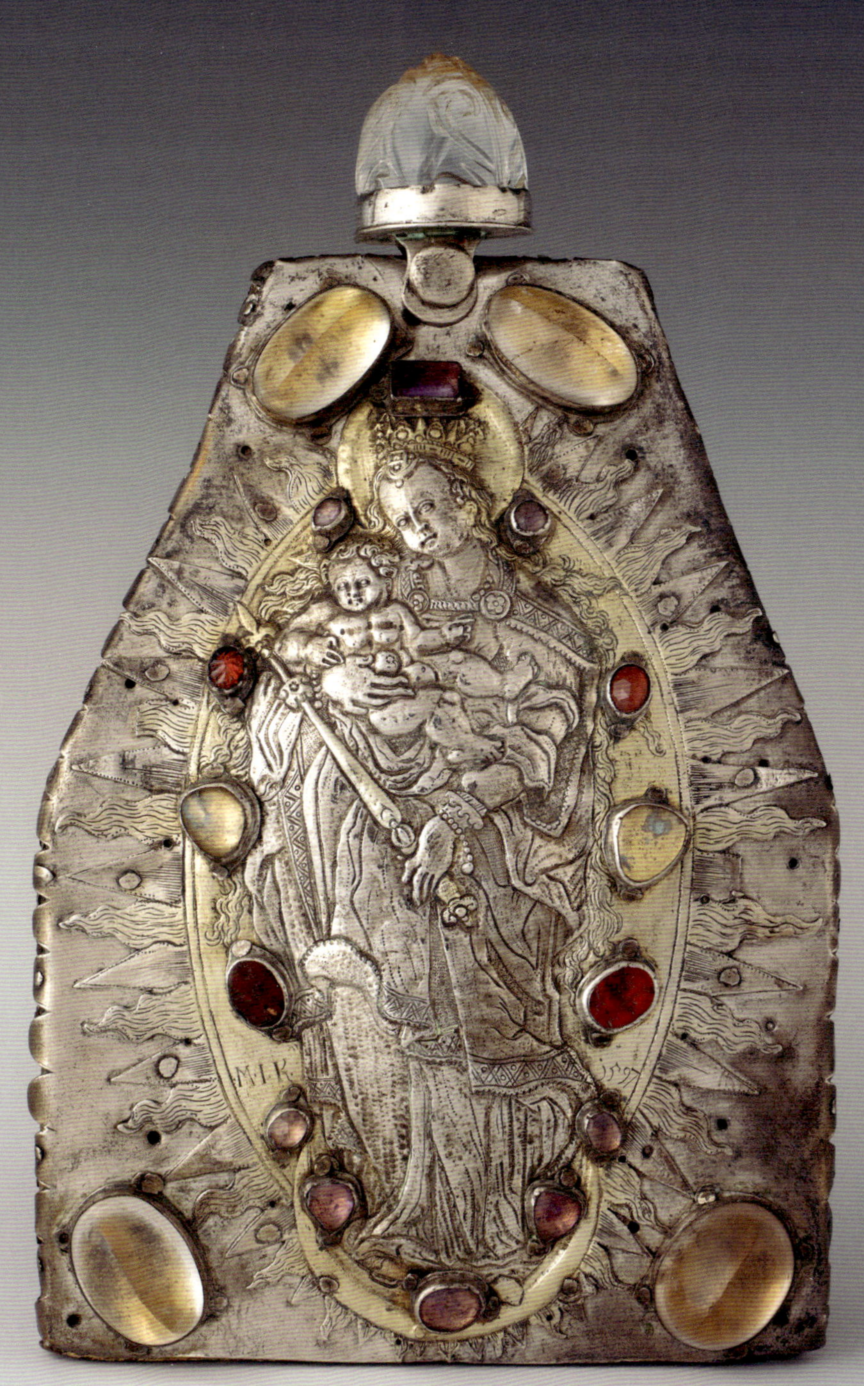

31

SOG. KLEINE MADONNA

Hildesheim, letztes Drittel 12. Jahrhundert, zahlreiche spätere
Überarbeitungen, Restaurierung im 20. Jahrhundert
Lindenholz mit Beschlägen aus Gold und Silber
H. (ohne Krone) ca. 56 cm
Dommuseum Hildesheim, Inv. Nr. DS 36

Ein zweites Marienbild des Hildesheimer Domes hat eine besonders wechsel-
volle Geschichte, die sich deutlich sichtbar am Objekt zu erkennen gibt. Im
17. Jahrhundert wurden wie bei der Großen Madonna auch die Köpfe der Kleinen Madonna ersetzt. Infolge eines Diebstahls 1920 kam es dann zu schwe-
ren Beschädigungen der ganzen Figur. Die nachfolgende Wiederherstellung ist
insbesondere an den Köpfen deutlich als Werk der ersten Hälfte des 20. Jahrhunderts zu erkennen. Auf einem Thron sitzend sind die Gewänder von Maria
und dem Kind mit Goldblechen bekleidet und deren Säume von Streifen mit
Filigran und Edelsteinen verziert. Auf der Brust trägt sie einen Saphir und auf
dem Haupt eine Krone aus dem 12. Jahrhundert. Johann Michael Kratz hat die
Madonna mit ihren Häuptern mit echtem Haar und den enthaltenen Reliquien
im Jahr 1840 beschrieben und er bezeugt auch das Mitführen in Prozessionen.
Auf der Rückseite des Thrones thematisieren Inschriften auf Silberstreifen
einerseits das Paradox der Menschwerdung Gottes und richten andererseits
ein Gebet an Maria. In den neuzeitlichen Schriftquellen und auf den ältesten
Abbildungen treten beide Marienbilder immer gemeinsam auf.

FP

Literatur: Anna Pawlik, 2013 b, S. 147–159; Kratz 2013), S. 317–321;
Kat. Hildesheim 2001, Kat. Nr. 7.4, S. 292 (Gerhard Lutz, Christine Wulf).

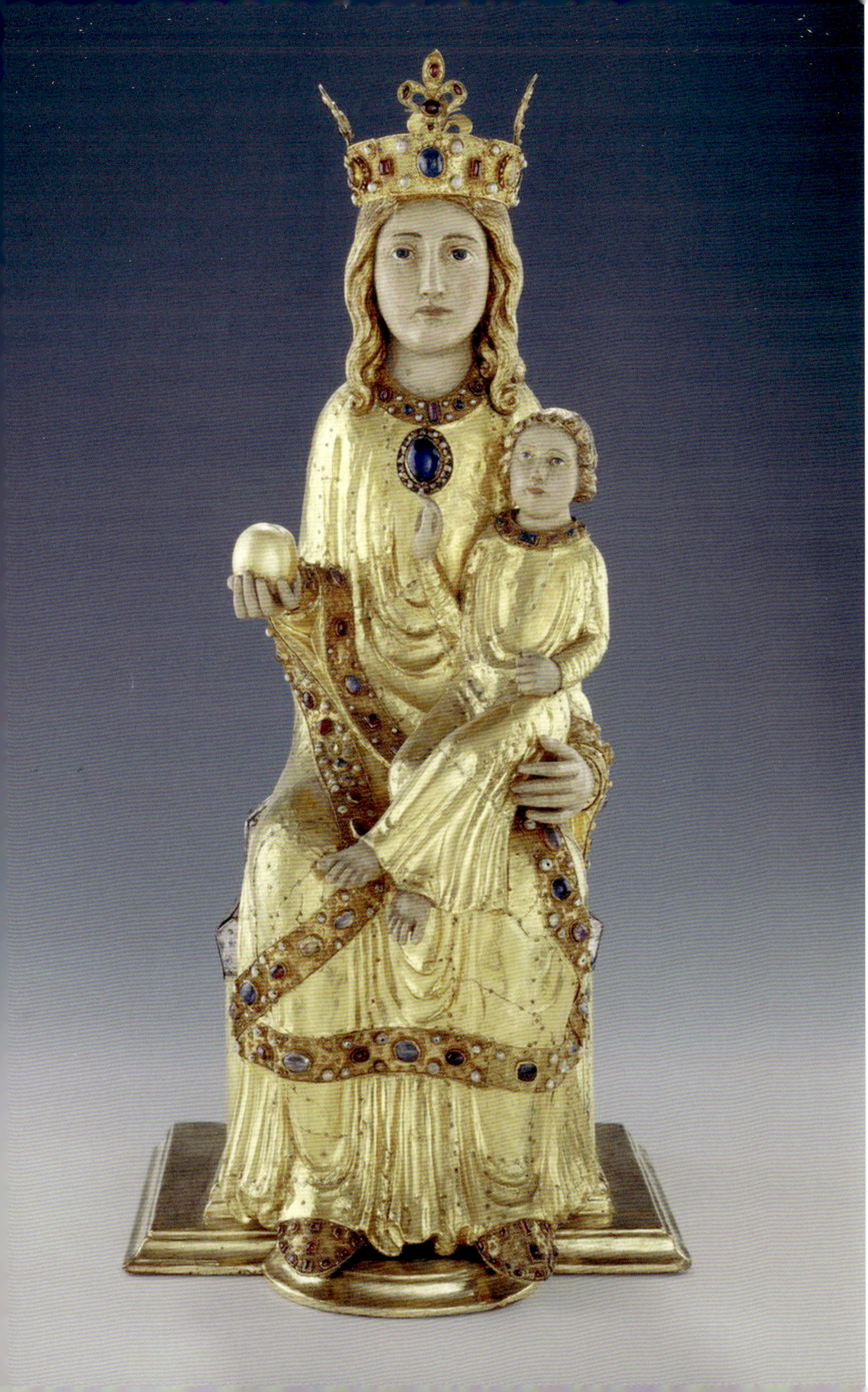

32 KOPFRELIQUIAR DES HEILIGEN OSWALD

Hildesheim, um 1185–1189
Holzkern, Silber, teilweise vergoldet, getrieben, graviert, Niello,
zwei Kronenglieder aus Gold, Zellenschmelz, Filigran, Edelsteine und Perlen
H. 47,5 cm, B. Sockel 27 cm
Dommuseum Hildesheim, Inv. Nr. DS 23

Der heilige König Oswald gehört spätestens seit dem 11. Jahrhundert zu den Hauptpatronen der Hildesheimer Domkirche. Das im 12. Jahrhundert entstandene Reliquiar ist möglicherweise eine Stiftung Heinrichs des Löwen und seiner Frau Mathilde. Im Kontext des Berichts über den Einbruch in die Domkirche und die Beraubung der Goldenen Madonna am Beginn des 13. Jahrhunderts wird auch erwähnt, dass sie zu diesem Zeitpunkt zusammen mit dem Oswaldreliquiar auf dem Hauptaltar stand. Spätestens seit dieser Zeit galt offenbar die gemeinsame Inszenierung der Marienfigur und anderer wichtiger Reliquienbehälter als fester Bestandteil der Liturgie.

FP

Literatur: Brandt u. a. 2015, Kat. Nr. 49, S. 104 (Michael Brandt);
Kat. Hildesheim 2001, Kat. Nr. 4.23, S. 190 (Michael Brandt); Kat. Hildesheim
1989, S. 135–160 (Reiner Cunz, Ria Röthinger, Regula Schorta).

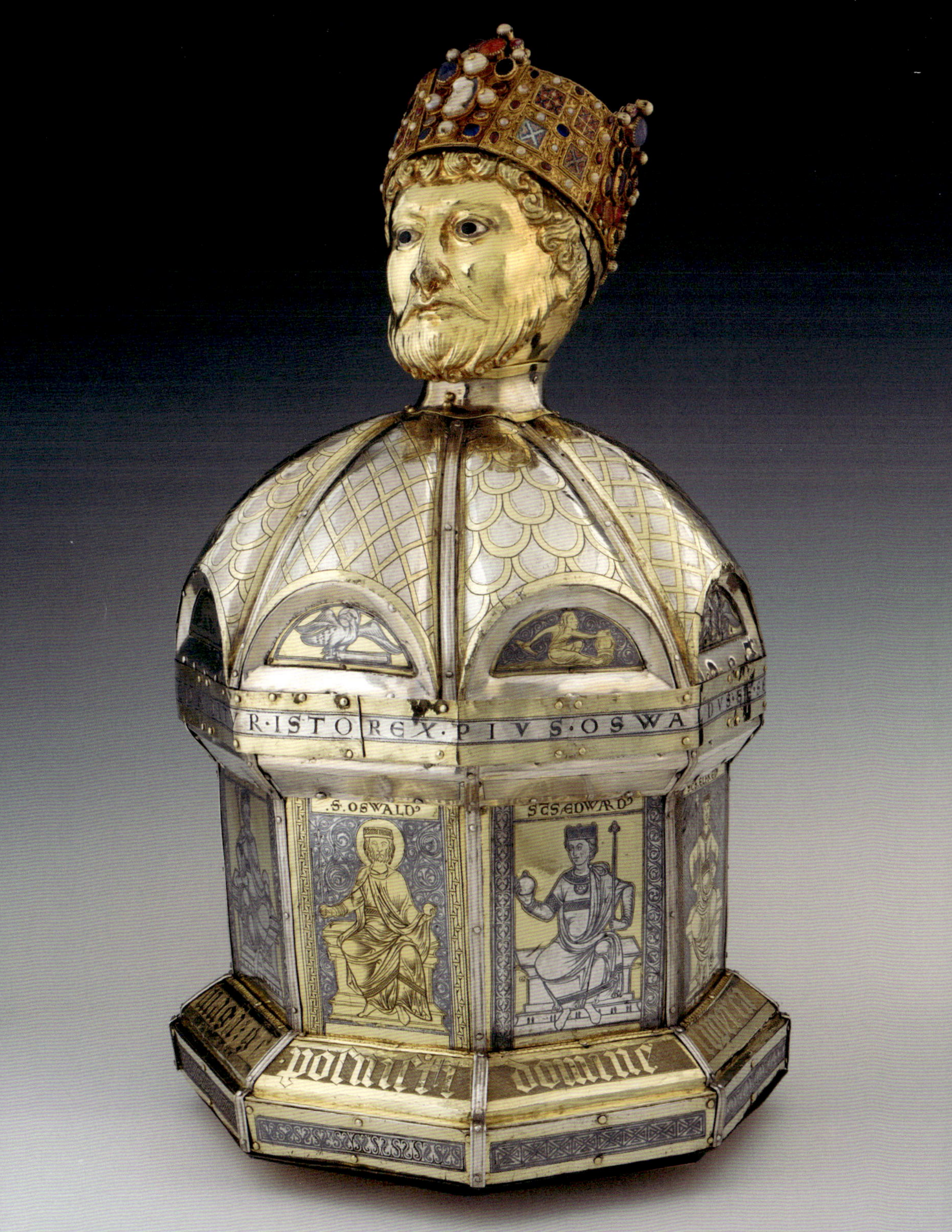
RISTO REX PIVS S OSWA DVS S
.S OSWALD.   STS EDWARDS
polnn domine

33 SOG. JERUSALEMER KREUZ

Russland, 13. Jahrhundert
Silber, Spuren von Vergoldung, Niello
H. 14 cm, B. 10,2 cm, T. 1,7 cm
Dommuseum Hildesheim, Inv. Nr. DS 3
Aus dem Dom

Die mit einem komplexen Bildprogramm und mit zahlreichen Inschriften versehene kreuzförmige Reliquienkapsel wurde auf der Brust getragen. Auf der Vorderseite des Objektes ist die Kreuzigung mit Maria und Johannes zu sehen, umgeben von den vier Erzengeln in den Kreuzesenden. Im vielschichtig aufgebauten Inneren des aufklappbaren Reliquienbehälters befand sich einst eine Kreuzreliquie. Dort dargestellt sind Kaiser Konstantin und seine Mutter Helena, die das Kreuz im 4. Jahrhundert aufgefunden haben soll. Das Objekt kam möglicherweise durch Handelsbeziehungen nach Hildesheim und wurde bislang aufgrund der slawischen Inschriften nach Russland lokalisiert. In Hildesheim erlangte es besondere Bedeutung, weil das Kreuz als Geschenk des Patriarchen von Jerusalem an Karl den Großen interpretiert wurde. Daher rührt auch die Bezeichnung als Jerusalemer Kreuz. Über den Sohn Karls, Ludwig den Frommen, soll es dann bereits zur Gründungszeit des Bistums nach Hildesheim gelangt sein. Wegen dieser Verknüpfung mit der Gründungsgeschichte spielte das Kreuz, kombiniert mit den Marienreliquiaren, eine wichtige Rolle in der Liturgie im Dom und wurde vom Priester bei feierlichen Prozessionen an einer Silberkette um den Hals getragen.

PR

Literatur: Brandt u. a. 2015, Kat. Nr. 56, S. 114–115 (Gerhard Lutz); Kratz 2013, S. 204–206; Ludat 1956.

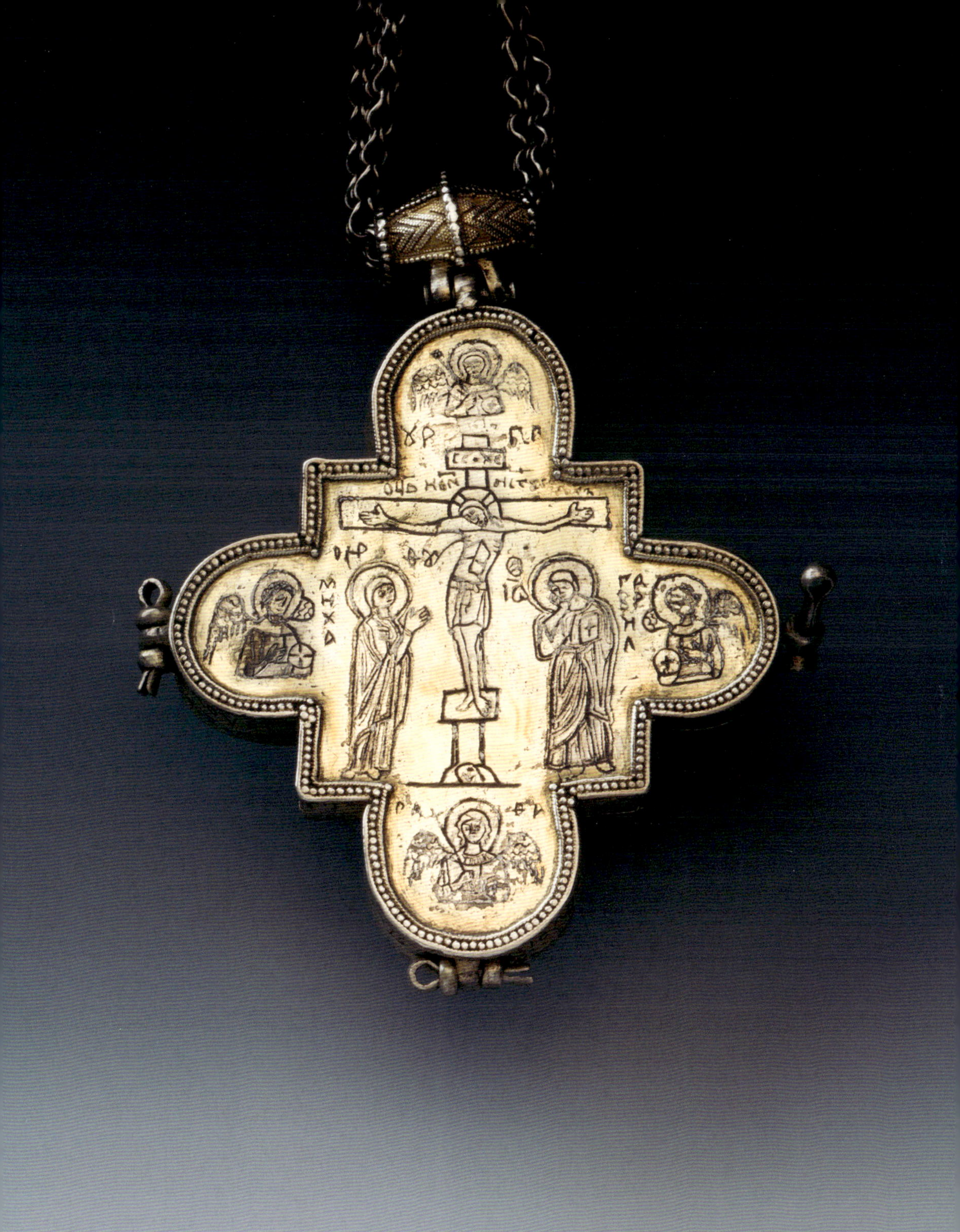

34 GOTTESMUTTER MIT KIND UND KARL DER GROSSE RELIEFBILDER FÜR DEN DOMHOCHALTAR

Anton Syring, Hildesheim 1667
Silber
H. 111,5 cm und 116 cm
Dommuseum Hildesheim, Inv. Nr. DS 71

1667, also nur drei Jahre nach der radikalen Umarbeitung der Großen Goldenen Madonna, ließ der Domdechant Matthias von Korff, gen. Schmiesing, ein aufwendiges Bildensemble mit Silberreliefs anfertigen, das an Festtagen am Hochaltar des Hildesheimer Domes aufgestellt wurde. Im Zentrum des Bildprogramms steht die Darstellung der thronenden Gottesmutter, bekrönt und mit einem Zepter in der rechten Hand. Das Kind, die Rechte segnend erhoben und mit der Weltkugel in der anderen Hand, steht auf ihrem linken Knie. Damit entstand eine weitere, an besondere liturgische Anlässe gebundene Marienbildinszenierung, deren Gesamtprogramm mit Karl dem Großen, Ludwig dem Frommen, Bernward und Godehard die historischen Wurzeln des Bistums in den Vordergrund stellt. Dazu passt die in derselben Zeit stattfindende Verknüpfung der Großen Goldenen Madonna mit der Gründungsgeschichte und dem Rosenstock.

CH

Literatur: Kat. Hildesheim 1998, Kat. Nr. 8 und 9, S. 50–52 (Ulrich Knapp).

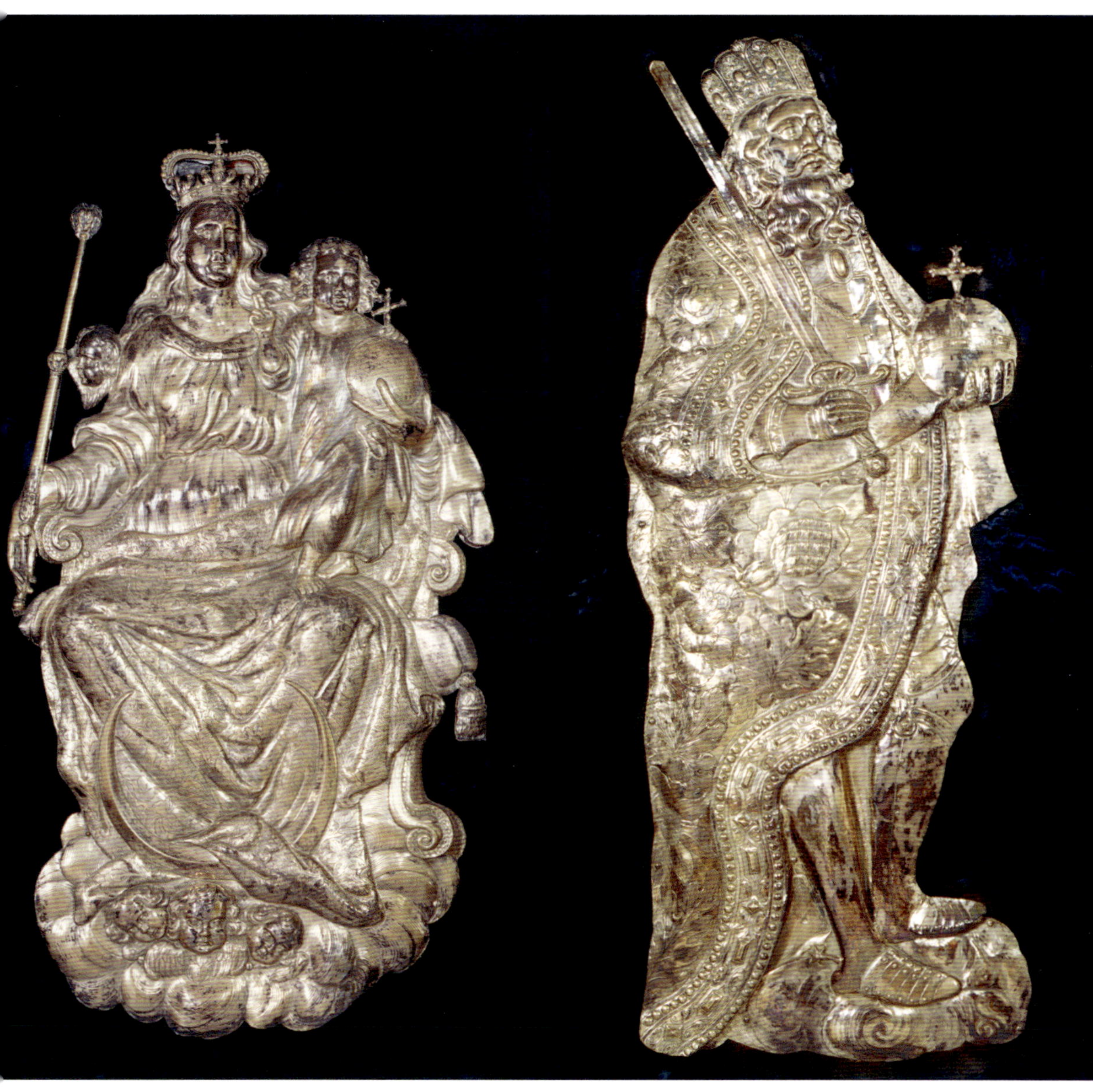

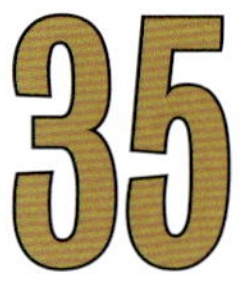

35 JOHANN CHRISTIAN ROSENTHAL
ENCHIRIDION HILDESIENSE

Hildesheim, 1716
Papier mit eingebundenen Pergamentblättern
Göttingen Staats- und Universitätsbibliothek, 2° Cod. Ms. Histor. 436

Der Band enthält Texte und Bilder zur Geschichte des Bistums Hildesheim, die der Hildesheimer Geschichtsschreiber Johann Christian Rosenthal zusammengestellt und kommentiert hatte. Dazu zählte eine Liste der Bischöfe sowie eine illustrierte Zusammenstellung der bedeutenden Denkmäler der Domkirche. Im Enchiridion ist die älteste Darstellung der Großen Goldenen Madonna erhalten geblieben. Die farbige Illustration zeigt sie bekrönt mit Zepter und Krone, das Kind mit Weltkugel und der deutlich sichtbaren Adleragraffe auf der Brust. Auch der Steinbesatz des Thrones und die barocken Thronwangen sind gut erkennbar. Der Großen Goldenen Madonna zugeordnet wird die Kleine Goldene Madonna gezeigt, außerdem das Reliquienkreuz aus der Zeit um 1400 (Hildesheim, Dommuseum, Inv. Nr. D 37) und das Fragment des Kanakrugs (Hildesheim, Dommuseum, Inv. Nr. DS 5).

CH

Literatur: http://bilder.manuscripta-mediaevalia.de/hs//katalogseiten/
HSK0718_b142_jpg.html, abgerufen am 22.05.2024.

Imago maior B. Virginis MARIÆ.	Imago minor B. Virginis MARIÆ.

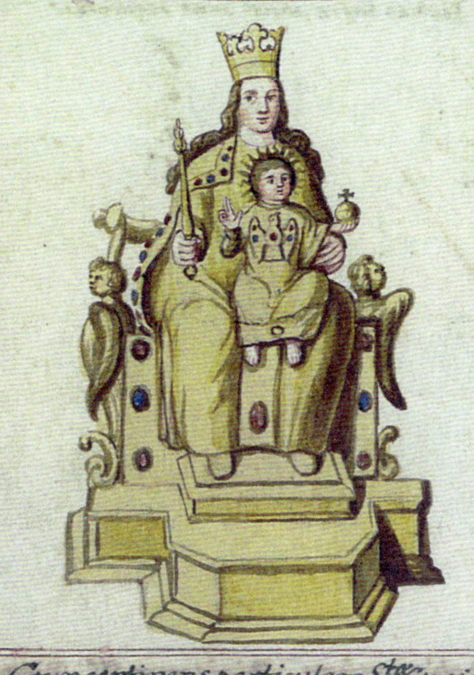 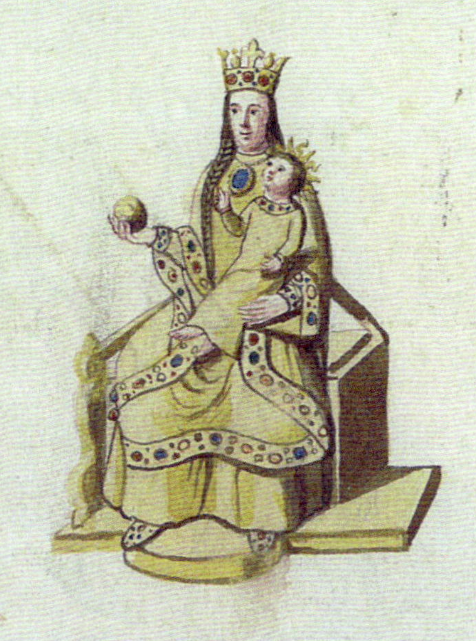

Crux continens particulam St̃æ Crucis.	Pars unius Hydriæ Canæ Galilææ.

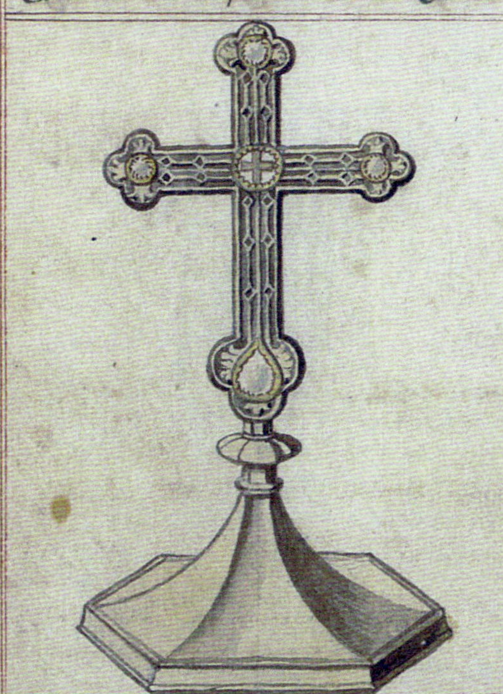 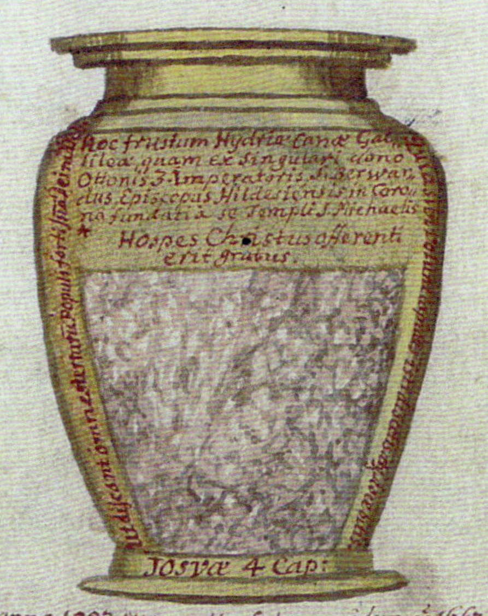

* anno 1003. suspendit; sed cum eadem aõ 1662. in
terram c…… male confracta est, pro Hydria hujus ho-
nore, hu…… ……ndi fecit altari, Nicolaus Everhardus
à Schnctlag …… hujus Ecclesiæ Cathedralis Canonicus.

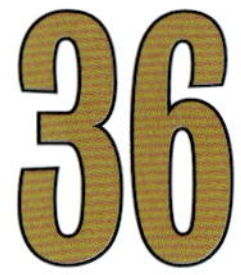

GLORIOSA ANTIQUITAS HILDESINA

Hildesheim, nach 1724
Papier, Kupferstich
24,4 x 17,4 cm (Motivgröße)
Dommuseum Hildesheim, Inv. Nr. 242

Die Grafik zeigt unter einer lateinischen Beschriftung den barocken Vierungsturm des Domes und zu dessen beiden Seiten oben die Figuren der Großen und der Kleinen Goldenen Madonna. Der Kupferstich wurde vom Hildesheimer Bildhauer Johann Ludwig Brandes angefertigt und ist Teil seiner zwölf Blätter umfassenden Serie, die unter dem Titel »Gloriosa Antiquitas Hildesina« die bedeutenden Kunstschätze Hildesheims wiedergibt. Der ursprünglich barocke Vierungsturm trug die Glocken für das Chorgebet. Links oben sitzt die Große Goldene Madonna auf einem Thron, dessen Verzierung mit Engeln und einem Steinbesatz erkennbar ist. Maria mit langem gelockten Haar hält Krone, Zepter und Reichsapfel. Das Jesuskind mit Segensgestus trägt eine Adleragraffe auf der Brust. Die kleinere Madonna lässt ebenfalls den Thron, den mit Steinbesatz verzierten Mantelsaum, das zu einem Zopf geflochtene Haar und die Krone erkennen. Mit dieser Grafik sind die zweitältesten bildlichen Zeugnisse der beiden Marienbilder des Hildesheimer Domes erhalten. Das Titelbild der Kupferstichfolge inszeniert die Gottesmutter ebenso thronend mit dem Kind auf ihrem linken Bein sitzend. Sie trägt eine barocke Bügelkrone ähnlich der für die Goldene Madonna erhaltenen Votivkrone. Im unteren Bildfeld tragen Karl der Große und Ludwig der Fromme als Gründerfiguren die Domkirche.

FP

Literatur: Kat Hildesheim 2018a, S. 39 – 41; Kat. Hildesheim 2000, Kat. Nr. A 2.1-12, S. 398 – 405 (Andrea Groß); Kat. Hildesheim 1991, Kat. Nr. 91, S. 219 – 222 (Elisabeth Epe).

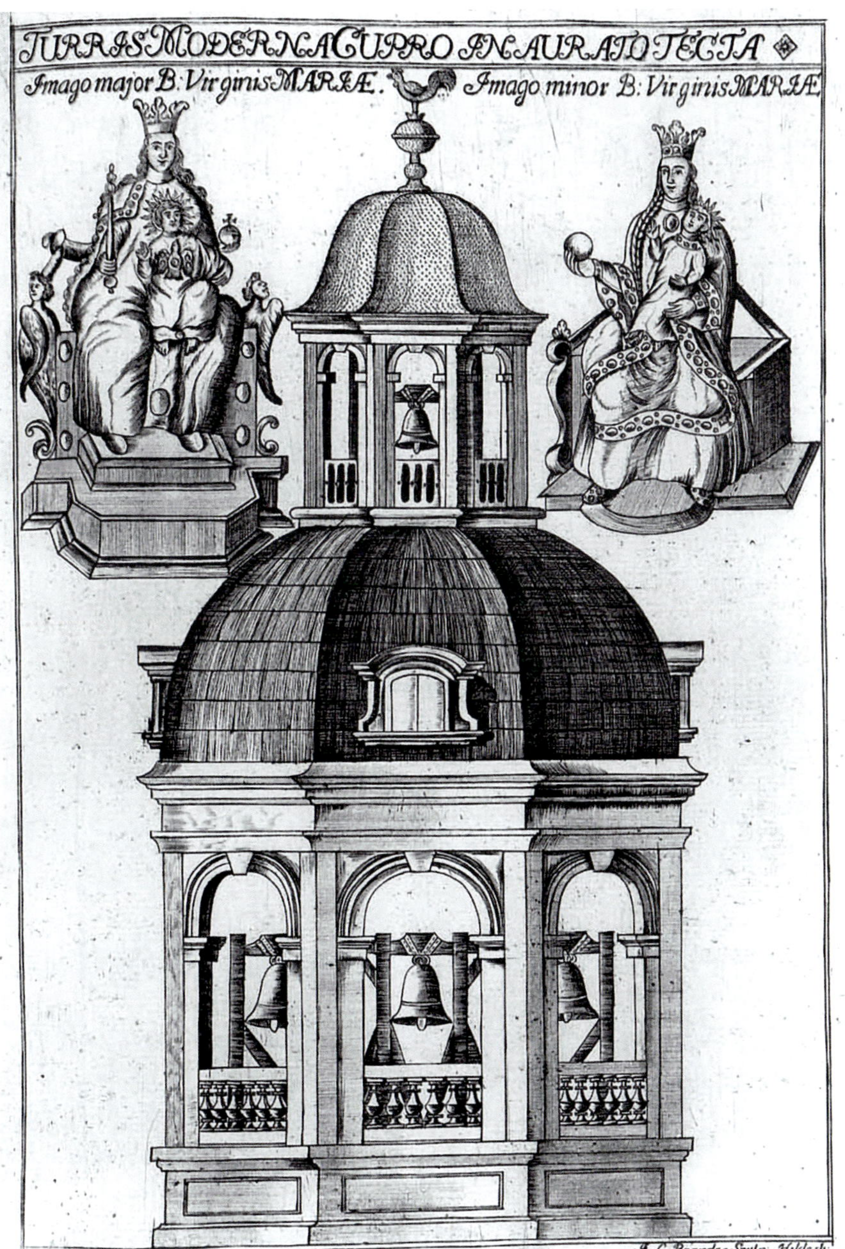
TURRIS MODERNA CUPRO INAURATO TECTA
Imago major B: Virginis MARIÆ.
Imago minor B: Virginis MARIÆ
J. L. Brandes Sculp: Hildesh:

37 THRONENDE MUTTERGOTTES

1. Hälfte 12. Jahrhundert
Weidenholz, Reste verschiedener Fassungen
H. 43,5 cm, B. 18,5 cm, T. 17,5 cm
Dommuseum Hildesheim, Inv. Nr. 1989–1

Die Skulptur zeigt Maria auf einem Thronhocker mit Kissen sitzend. Ihr Umhang liegt an Kopf und Schultern eng an, während die weiten Ärmel herabhängen, bevor sich unter dem Gewand die Knie und Unterschenkel abzeichnen. Ihre linke Hand und das vermutlich auf dem Schoß aufstehende Christuskind sind verloren, mit der rechten Hand reicht sie eine Kugel nach vorne. Darin kann ein Apfel und damit eine typologische Anspielung auf Maria als der neuen Eva erkannt werden. Die Herkunft der im Kunsthandel für das Dommuseum erworbenen Skulptur ist nicht belegbar, sie soll aber aus der Region Hildesheim stammen. Nach einer Restaurierung in der zweiten Hälfte des 20. Jahrhunderts wurden neuere Übermalungen entfernt und heute sind nurmehr wenige Farbreste erhalten, die jedoch aus unterschiedlichen Zeiten zu stammen scheinen. Zu rekonstruieren ist damit eine aus Holz geschnitzte sitzende Maria mit Kind, die ursprünglich farbig bemalt war. In einer schmalen Öffnung auf der Rückseite waren möglicherweise bei dieser Skulptur Reliquien eingelegt, welche erneut die Verbindung von dreidimensionaler Skulptur, wirklichkeitsnaher Bemalung und echter Reliquien beobachten lassen.

FP

Literatur: Kat. Hannover 2015, S. 249 (Antje-Fee Köllermann); Kat. Hildesheim 1989: Kirchenkunst des Mittelalters, Kat. Nr. 7, S. 119–124 (Ernst-Ludwig Richter, Michael Brandt).

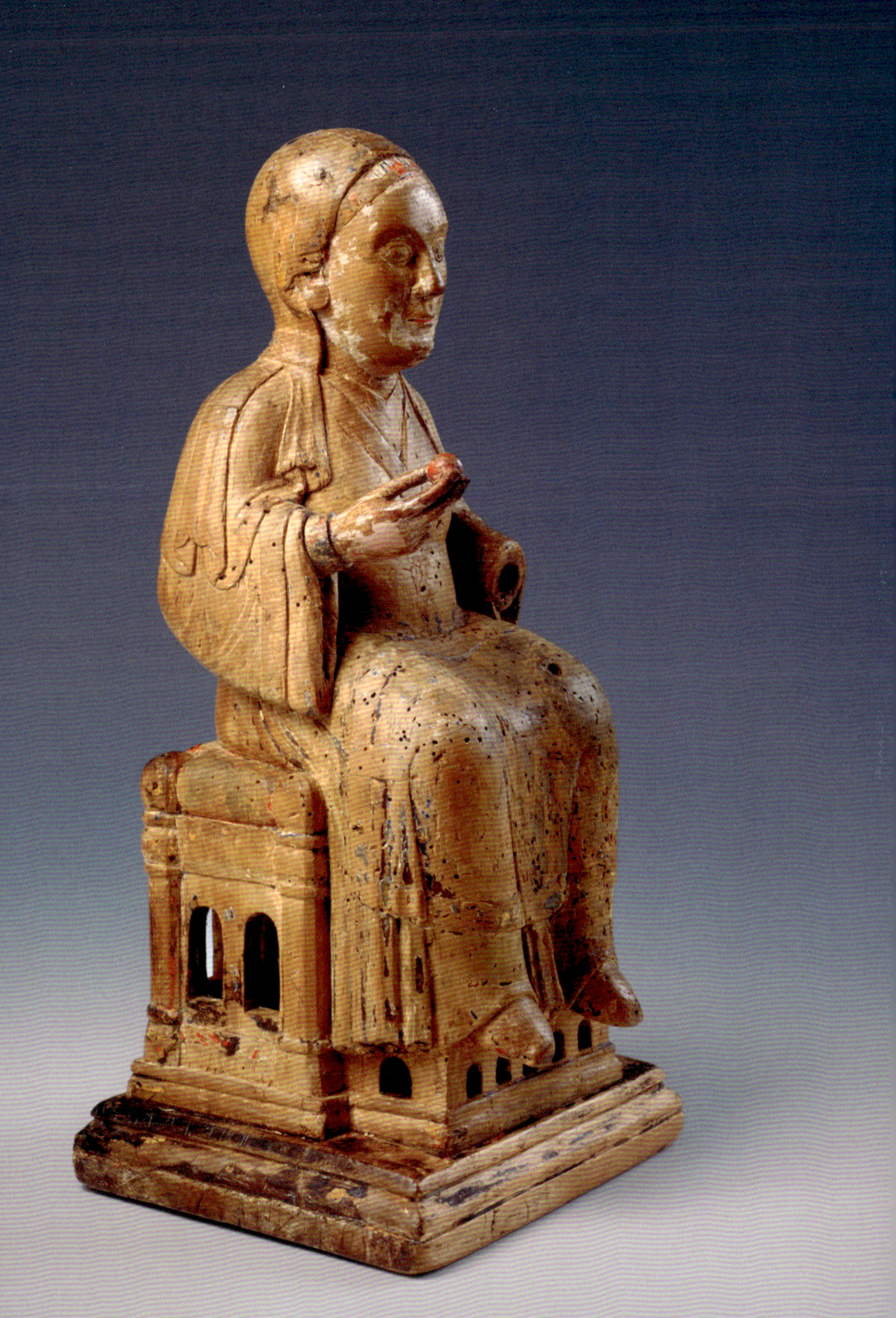

THRONENDE MADONNA

Niedersachsen (Hildesheim), 1100–1150
Bronze, gegossen, feuervergoldet
Kratzer, Risse, Vergoldung partiell abgerieben, Ausbesserung am linken
Oberarm, Kind und Schmuckauflagen abgängig
H. 39,4 cm, B. 16,1 cm, T. 17,9 cm
Hannover, Museum August Kestner, Inv. Nr. 461
Sammlung Friedrich Culemann, Hannover

Die Madonna im Typus einer Sedes Sapientiae sitzt frontal auf einem kastenförmigen Thron mit arkadenartigen Nischen und Kissen, ihre Füße ruhen auf einem Schemel. Nagellöcher deuten auf heute verlorene Zierelemente hin. Das schmal geschnittene Übergewand mit weiten Ärmeln war an Arm- und Halsausschnitten ebenfalls mit Zierbändern versehen. Ein eng anliegendes, etwa schulterlanges Kopftuch bedeckt die Haare der Gottesmutter. Ihre rechte Hand umschließt eine Kugel als Herrschaftssymbol. Mit der linken Hand stützt sie das nicht mehr erhaltene Jesuskind, das vermutlich ebenfalls frontal sitzend dargestellt war. Abriebstellen in der Vergoldung sowie ein Befestigungsloch auf dem Schoß der Madonna lassen darauf schließen.

Die Figur wurde als Bronzehohlguss gefertigt. Über ihre Entstehungsumstände, Funktion oder Gebrauch ist nichts bekannt, doch wurde sie aufgrund ihrer Stilistik den Hildesheimer Bronzewerkstätten zugeschrieben. Trotz der unterschiedlichen Materialität ähnelt ihre Formensprache der Großen Goldenen sowie der kleinen hölzernen Madonna in Hildesheim. Das maskenhaft modellierte Gesicht mit den mandelförmigen Augen und den Brauenbögen, die in eine schlanke Nase übergehen, erinnert zudem an das bronzene Kopfreliquiar aus Stift Fischbeck, das ebenfalls Mitte des 12. Jahrhunderts in einer niedersächsischen Werkstatt entstanden ist. Der Guss mit unterschiedlich starken Wandungen, die teilweise Risse aufweisen, deutet möglicherweise auf eine weniger erfahrene Werkstatt hin.

MB

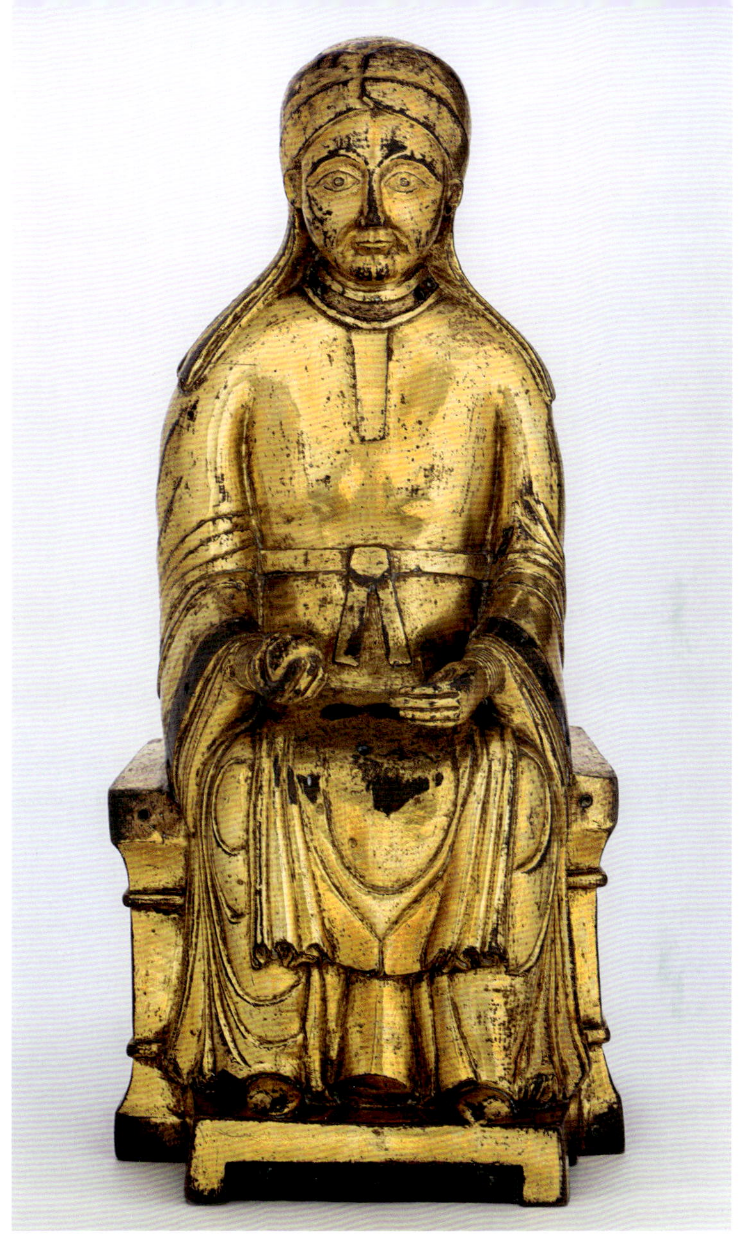

Literatur: Kat. Hildesheim 2001, Kat. Nr. 7.3, S. 291 (Gerhard Lutz); Kat. Münster 1972, Kat. Nr. 4; Stuttmann 1966, Kat. Nr. 10, S. 22 f.; Kat. Hannover 1962, Kat. Nr. 65, S. 45, Abb. 35; Woldering 1961, S. 32, Abb. 72; dies.: 21956, S. 35; Kat. Antwerpen 1954, Kat. Nr. 536, S. 107; Lüthgen 1923, S. 169; Habicht 1917, S. 13; Lüer 1909, S. 301; Schuchhardt 21904, Kat. Nr. 300, S. 23.

THRONENDE MADONNA

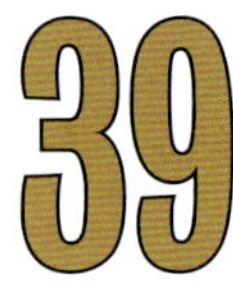

Niedersachsen, 13. Jahrhundert
Holz, farbig gefasst
H. 49,1 cm, B. 15,8 cm, T. 18,5 cm
Leihgabe der Kirchengemeinde Wollbrandshausen
Dommuseum Hildesheim, Inv. Nr. L 1978–22

Die Gottesmutter wird frontal sitzend gezeigt, das Kind sitzt im rechten Winkel zur Mutter auf ihrem linken Knie. Maria ist bekrönt und hält die Weltkugel als Attribut, Christus hat in der Linken ein Buch und die Rechte segnend erhoben. Maria trägt keinen Schleier, sondern lange Zöpfe, die seitlich auf die Schultern herabfallen. Die Statue stand in der Dorfkirche in Wollbrandshausen im Eichsfeld bis 1704 in der Mitte des Altares über dem Tabernakel und wurde im 18. Jahrhundert sogar in das 9. Jahrhundert datiert und als »uralt« bezeichnet, ein Hinweis auf die Bedeutung der Statue in der Ortstradition. Die Skulptur ist ein gutes Beispiel für die Verbreitung und Verehrung solcher, in der Regel hölzernen, Sitzmadonnen ohne Metallverkleidung im ländlichen Raum.

CH

Unpubliziert.

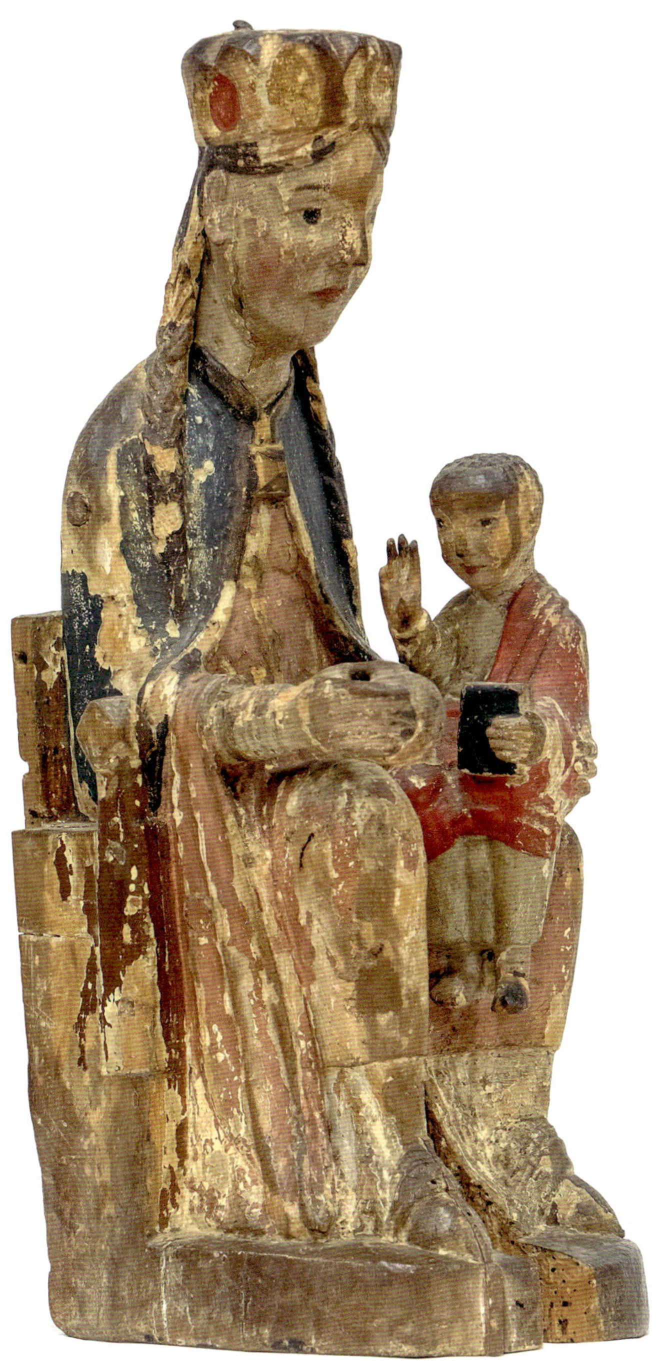

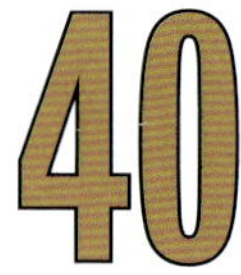

THRONENDE MUTTERGOTTES AUS DEM MINDENER DOM

Niedersachsen (?), um 1235/40 und 14. Jahrhundert (Krone Mariens)
Holz, Silberblech, vergoldet, Glassteine, Edelsteine
H. 42,5 cm, B. 29,5 cm
Minden, Dom-Museum, Inv. Nr. 88

Aus Silberblech wurde dieses Bild Mariens über einen heute verlorenen Holzkern getrieben und vergoldet. In der technischen Meisterschaft der Herstellung aus der Silberplatte wurden dabei ältere Vorbilder wie die Goldenen Madonnen aus Essen und Hildesheim aufgegriffen und zeitgemäß interpretiert. Auf einem Thron sitzend ist der Körper Mariens von einem umfassenden, Falten werfenden Gewand umhüllt, dessen Stoff sie zwischen den Fingern in Falten ertastet. Nur Gesichter und Hände erscheinen silbern, während Gewand und Thron vergoldet sind. Auf ihrem Schoß sitzt das Christuskind, das möglicherweise durch byzantinische Vorbilder beeinflusst mit weit nach hinten gerecktem Kopf zur Mutter emporschaut, die den in die Ferne gerichteten Blick nur leicht zur Seite wendet. Sowohl das Christuskind als auch Maria tragen eine Krone, wobei diejenige Mariens eine spätere Erneuerung eines älteren Vorbildes sein kann. An der Brust Mariens wie auch an ihrem Rücken zeugen Löcher von dort eventuell früher befestigten Schmuckstücken oder textilen Bekleidungen.

FP

Literatur: Pawlik 2013b, S. 147–159; Kat. Münster 2012, Kat. Nr. 11, S. 125–126 (Petra Marx).

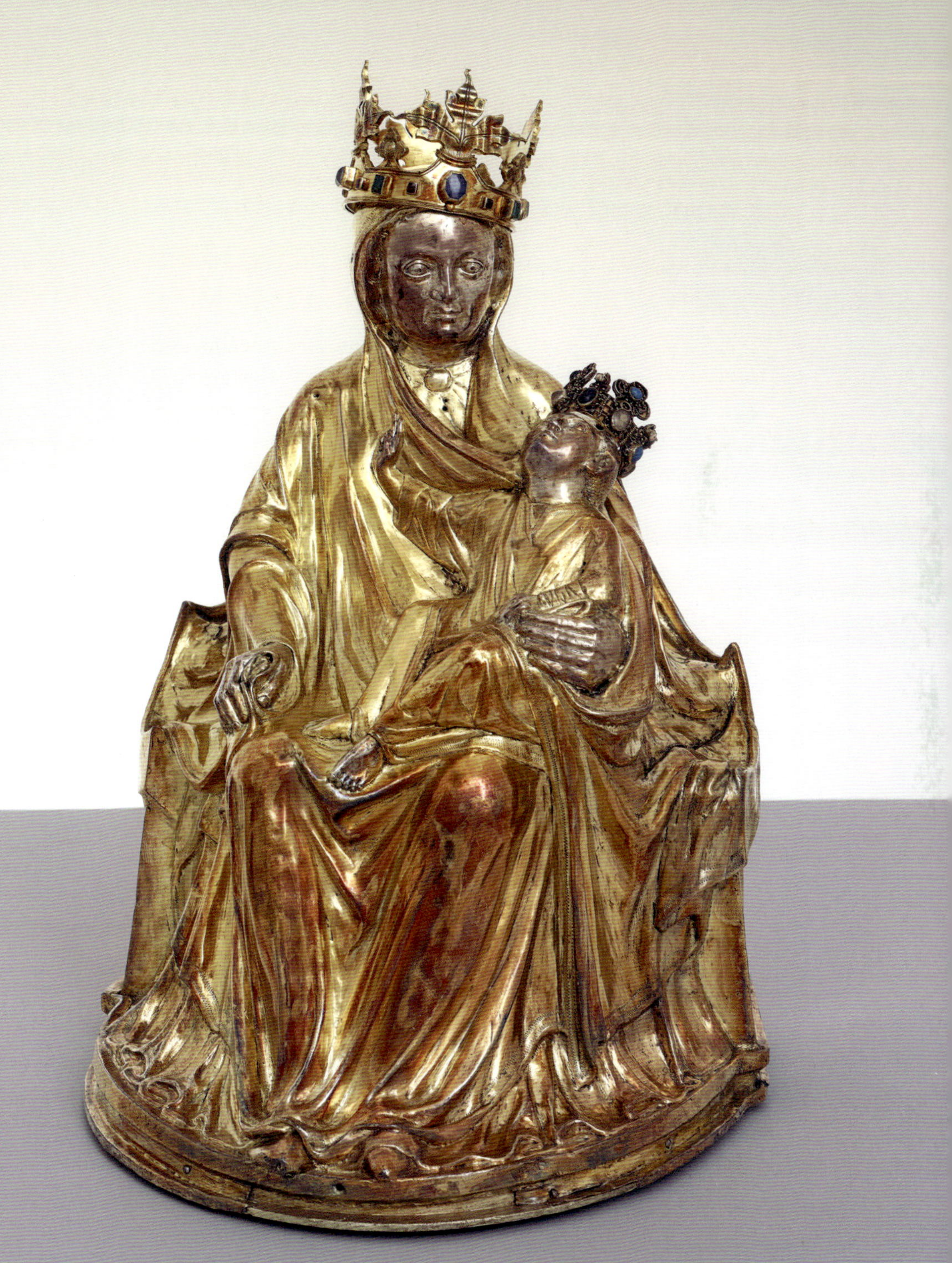

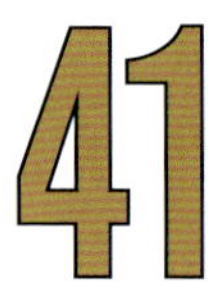

THRONENDE MADONNA AUS STIFT ST. JOHANN IN OSNABRÜCK

Norddeutschland (Osnabrück?), um 1290
Eichenholz, Silber, vergoldet, bemalt
H. 55 cm
Osnabrück, St. Johann

Auf einer Thronbank, deren Rückenlehne die gesamte Figur umfasst, sitzt Maria mit dem Kind auf ihrem Schoß. Über einem Eichenholzkern sind die Metallplatten an der Figur befestigt und sie lassen das faltenreiche Gewand in goldenem Glanz erscheinen, wobei die Säume mit Filigran akzentuiert sind. Köpfe und Hände jedoch sind aus Holz geschnitzt und bemalt, was einen Kontrast zwischen dem metallischen Gewand und der lebensnahen Farbgebung der Hautpartien entstehen lässt. Damit gibt die Figur zumindest einen Eindruck von der ursprünglichen Gestaltung der Großen Goldenen Madonna in Hildesheim. Mit den goldenen Gewändern wird die Tradition der goldenen Madonnenfiguren aufgegriffen und in der Ausgestaltung des Faltenwurfs zeitgemäß interpretiert. Vermutlich wurde die Figur für die in der zweiten Hälfte des 13. Jahrhunderts neu gebaute Stiftskirche St. Johannes geschaffen und dort in ein Ensemble auf dem Hochaltar integriert, denn ein Reliquienverzeichnis aus dem frühen 14. Jahrhundert nennt den Hochaltar als deren Aufbewahrungsort. Daher kann dort ein Reliquienretabel vorgestellt werden, in dessen Gefachen Reliquiare standen. In deren Mitte thronte die Madonna, die vielleicht ebenfalls Reliquien enthielt.

FP

KATALOG

Literatur: Kat. Münster 2012, Kat. Nr. 265, S. 436 – 437 (Reinhard Karrenbrock).

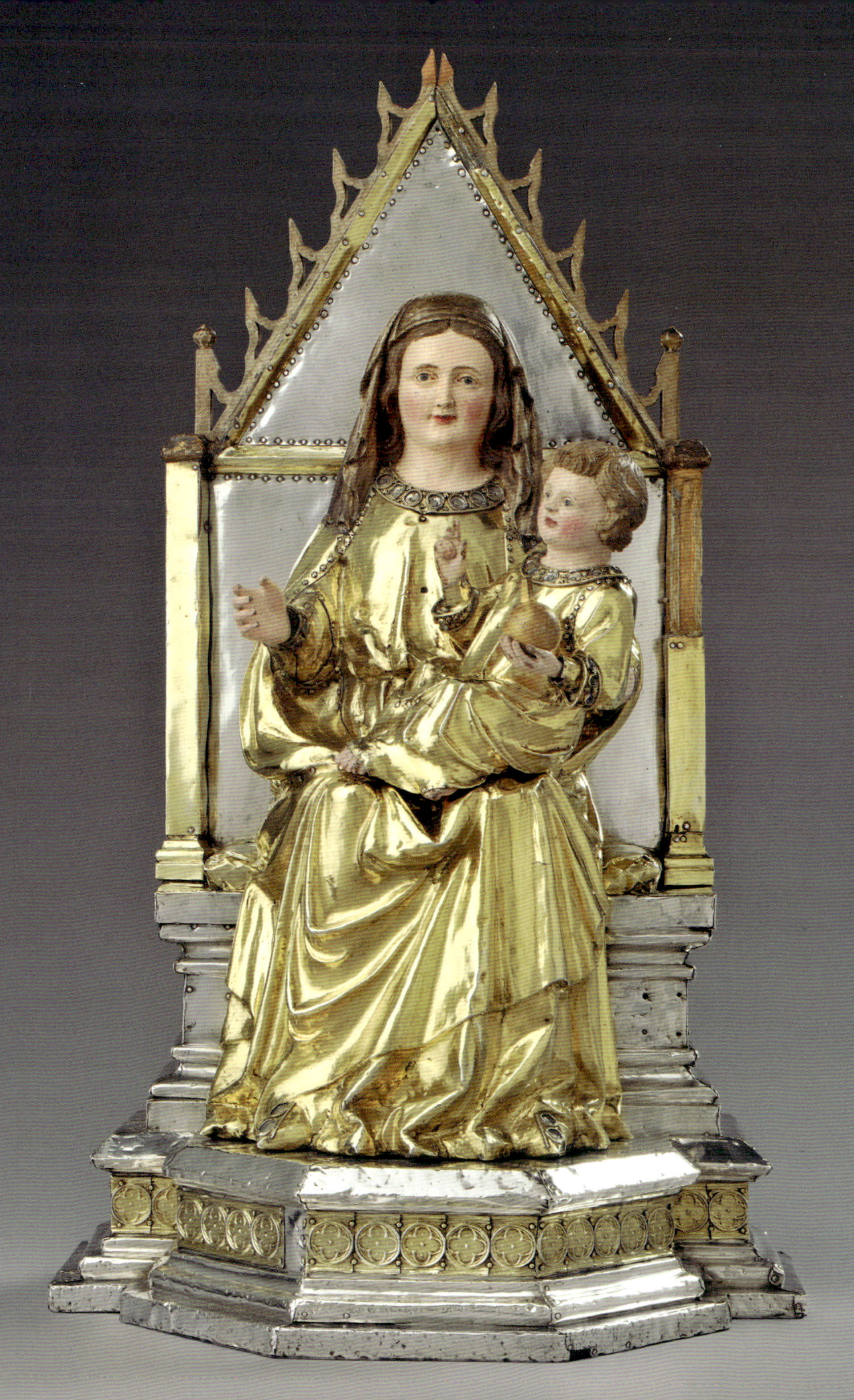

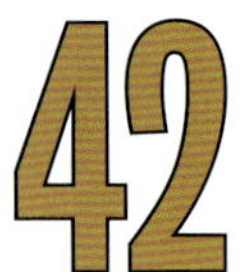

STATUETTE DER MUTTERGOTTES

Lothringen oder Champagne (?), 2. Drittel 14. Jahrhundert
Elfenbein, Silber, vergoldet, Bergkristall
Statuette H. 25,5 cm; Sockel H. 9,5 cm
Hildesheim, Dommuseum, Inv. Nr. DS 41

Die zierliche Elfenbeinstatuette stammt aus dem Hildesheimer Kartäuser-
kloster und war vermutlich ein Geschenk Bischof Gerhards (amt. 1365–1398),
welches er an das von ihm in den 1380er Jahren gegründete Kloster übergab.

Der Darstellungstyp der stehenden Gottesmutter mit dem Kind auf dem
Arm setzte sich im Verlauf des 13. und 14. Jahrhunderts vielfach durch. Die
körperliche Verbindung zwischen Maria und Christus wird durch die zärtliche
Berührung und den Blickkontakt verbildlicht. Fest zum Bildtypus gehört die
Kennzeichnung als Himmelskönigin durch die Krone. Reinheit und Transzen-
denz werden hier nicht durch Edelmetall, sondern durch das ebenso kostbare
Material Elfenbein inszeniert.

CH

Literatur: Kat. Hildesheim 2021, Kat. Nr. 33, S. 150 (Pavla Ralcheva);
Kat. Hildesheim 2019, Kat. Nr. 51, 332–333 (Gerhard Lutz).

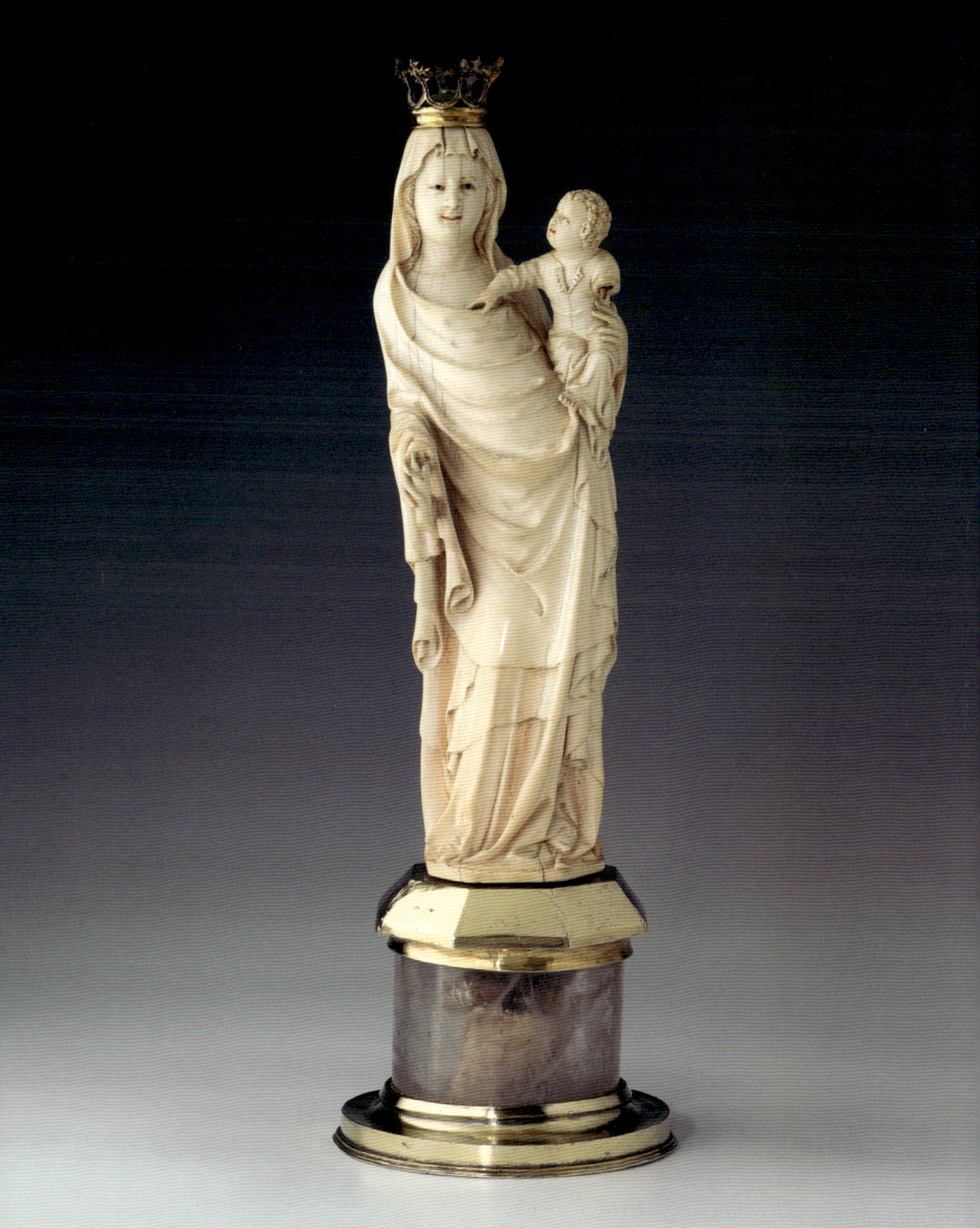

43 KOPIE DER GOLDENEN MADONNA IN ESSEN

Martina Flößer, 2006
Kunststoff, Metallfarbe
H. 75 cm, B. 30, 5 cm, T. 37 cm
Domschatz Essen, Dauerleihgabe des Essener Aalto-Theaters

Die einzige originalgroße Kopie der berühmten Goldenen Madonna in Essen entstand in einem völlig ungewöhnlichen Kontext, nämlich als Requisite für eine Inszenierung von Andrew Lloyd Webbers Musical »Jesus Christ Superstar« 2006 im Essener Aalto-Theater. Eine Szene spielte im Depot der Vatikanischen Museen und dort war die Goldene Madonna neben Michelangelos Pietà und weiteren Heiligenbildern zu sehen. Es ging also nicht um eine Restaurierungsmaßnahme wie in Essen und Hildesheim und schon gar nicht um die Schaffung einer »Ersatzfigur« für den liturgischen Raum wie die goldblechverkleidete Kopie von Siegfried Springer in Hildesheim. Die Einbindung der Figur in den Theaterkontext hängt mit der besonderen Popularität und Bekanntheit der Statue in Essen zusammen, was sich auch in der umgangssprachlichen Benennung der Marienfigur als »Essen sein Schatz« widerspiegelt.

CH

Literatur: Kat. Essen 201, Kat. Nr. 35, S. 122 (Rainer Teuber).

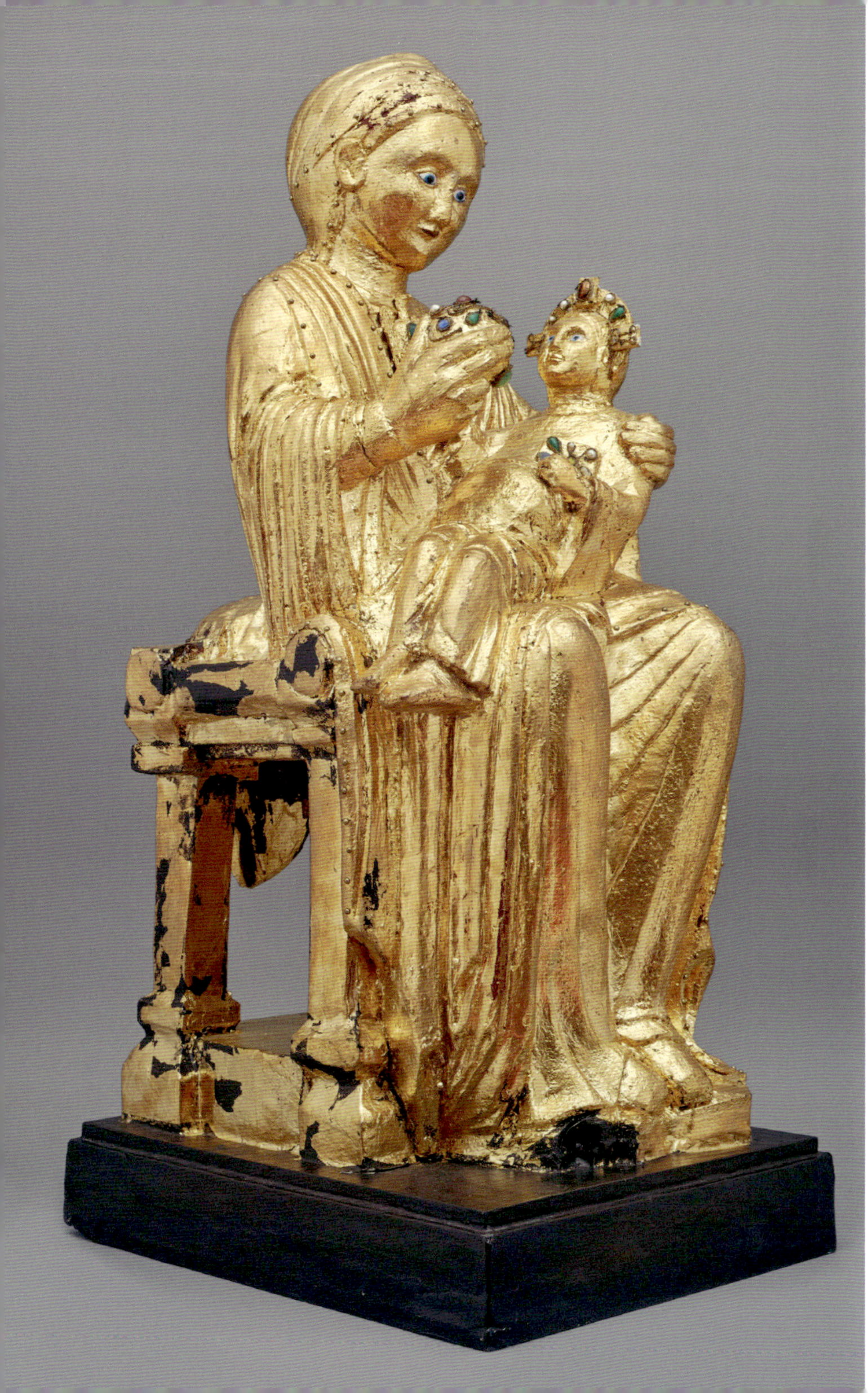

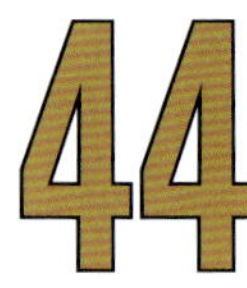

ERNST AUS'M WEERTH

Kunstdenkmäler des Christlichen Mittelalters in den Rheinlanden.
I. Abtheilung: Bildnerei, I–IIIter Band
Leipzig, 1857–1868
Dommuseum Hildesheim, Inv. Nr. GR 2024-66

In einem großformatigen Band hat Ernst aus'm Weerth die Abbildungen der mittelalterlichen Kunstwerke des Rheinlandes zusammengeführt. Die Publikation enthält eine der ältesten Darstellungeng der Essener Goldenen Madonna. Auf den als XXIV und XXV bezeichneten Tafeln wird sie zusammen mit den vier Vortragekreuzen und einer Chormantelschließe gezeigt. Bei der Gestaltung der Illustration waren die Symmetrie und die Verteilung über die Fläche für die Anordnung bestimmend, während die Größenverhältnisse der Objekte untereinander nicht in Beziehung stehen. Die von der Druckerei Weber und Deckers in Köln hergestellte farbige Lithografie ist eine der prachtvollsten des Bandes, die sowohl Details etwa der Emails verzeichnet als auch den goldenen Glanz der Objekte wiedergibt. Dieser Bildband, zu dem drei erläuternde Textbände gehören, war die erste systematische Publikation der mittelalterlichen Kunstwerke der preußischen Rheinlande. Der aus einer traditionsreichen Bonner Familie stammende Kunstkenner, Sammler und Gründungsdirektor des Bonner Provinzialmuseums Ernst aus'm Weerth hat diese als Pionierleistung verfasst und herausgegeben.

FP

Literatur: Clemen 1909.

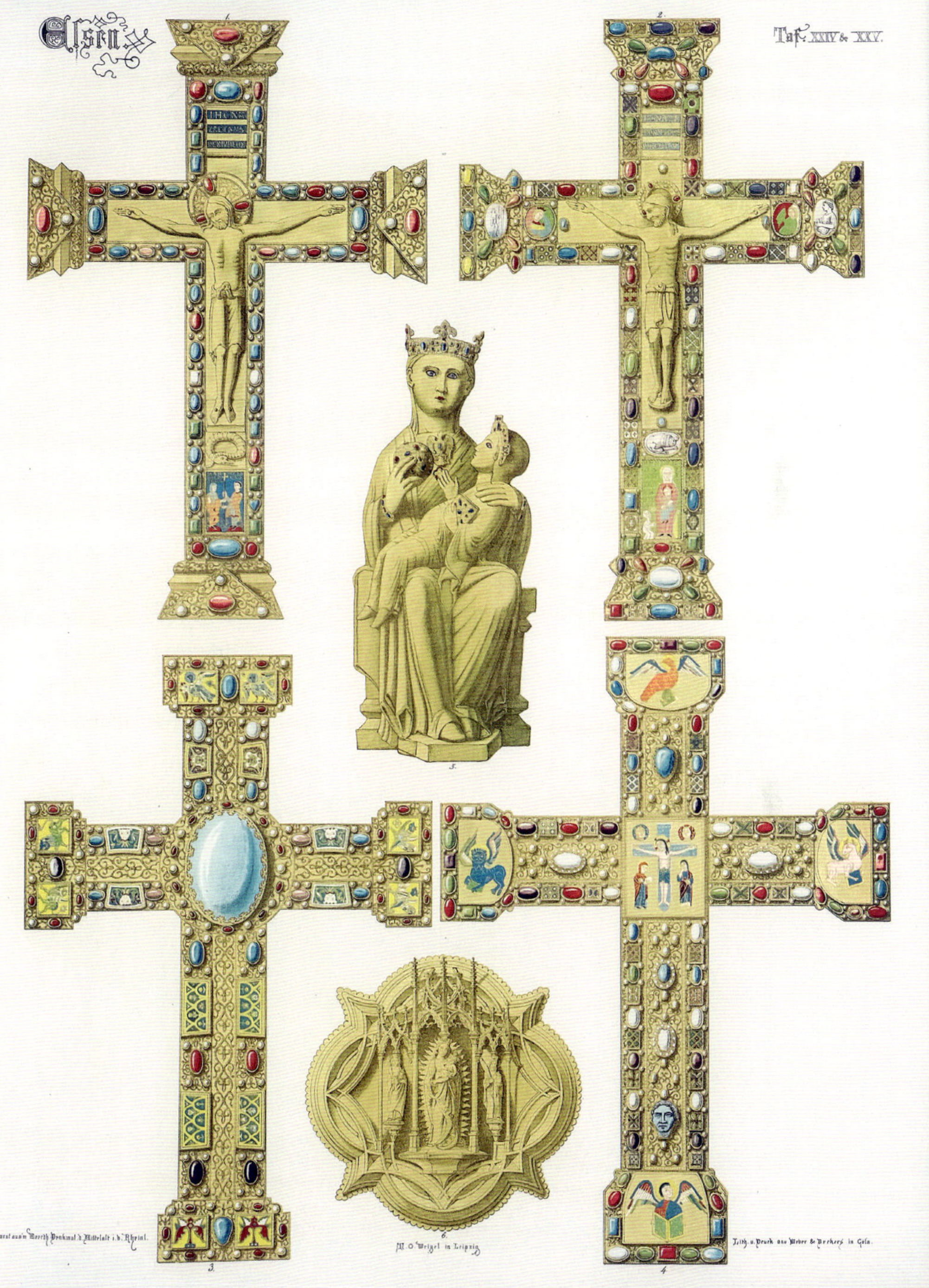

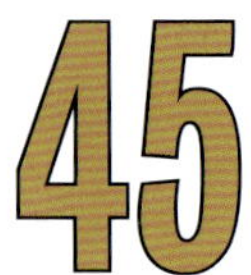

GROSSE GOLDENE MADONNA
KOPIE MIT GOLDBESCHLÄGEN

Münster 1974
Kunststoff, galvano-plastische Goldblechkopien
H. 69,5 cm, B. 25 cm, T. 25 cm
Dommuseum Hildesheim, Inv. Nr. DS 82b

Da das Original der Großen Goldenen Madonna nicht mehr regelmäßig im Gottesdienst genutzt werden sollte, erfolgte die Anfertigung einer vergoldeten Kopie als Ersatz, während das Original im Museum ausgestellt war. Als besonders aufwendig erwies sich die Kopie der Goldbleche, die der Restaurator Jürgen Lehmler aus Havixbeck übernahm. 1977 erfolgte eine Überarbeitung der Beschläge durch den Kölner Goldschmied Peter Bolg.

Die Verwendung des Originals im Dom war nach der Abnahme der Kopfergänzungen im Kontext der Wiederanbringung der Filigranbeschläge 1991 endgültig nicht mehr möglich. Auch nach der Anfertigung der neuen Köpfe durch Walter Moroder blieb die Große Goldene Madonna im musealen Kontext. Die Kopie kommt bis heute immer wieder im liturgischen Kontext zum Einsatz

CH

Literatur: Kat Hildesheim 2018b, S. 7–23, bes. 14; Höhl 2021.

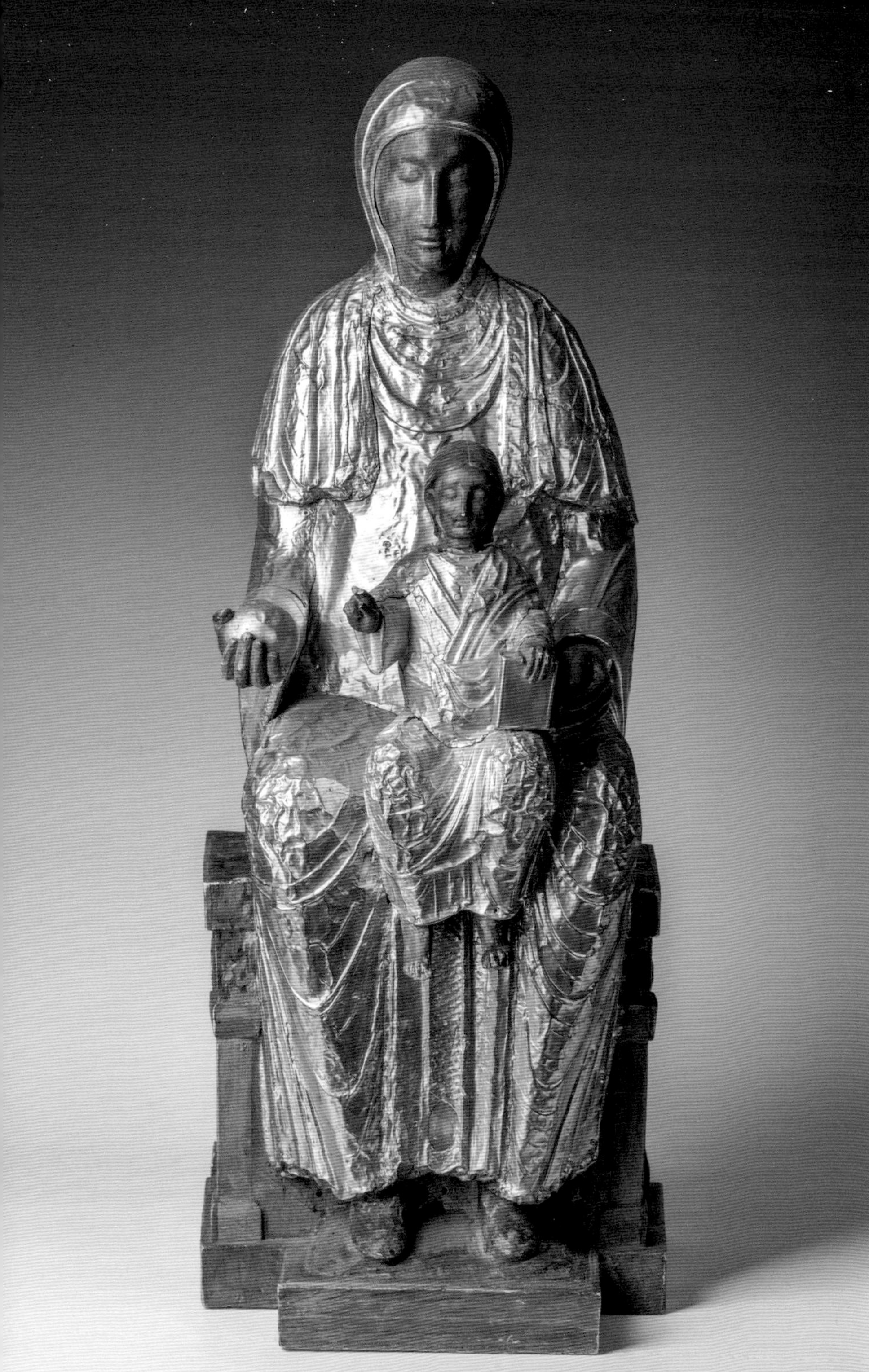

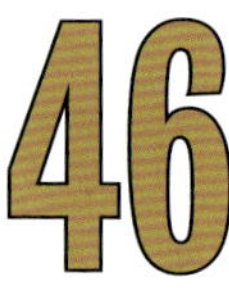

KOPIE DER IMAD-MADONNA IM ZUSTAND BIS 1968

Westfälisches Landesamt für Denkmalpflege Münster, 1968
Epoxydharz-Abformung aus der Negativform, nach Befund gefasst
H. 113 cm, B. 45 cm, T. 53 cm
Paderborn, Diözesanmuseum Paderborn, Inv. Nr. KME 9a

Diese Kopie gibt die Imad-Madonna im Zustand wieder, den die Figur zwischen 1952 und 1968 zeigte: Das seit 1762 seiner Metallverkleidung beraubte Bildwerk erhielt 1866 und 1886 eine neue Farbfassung, zu der insbesondere auch plastische, vergoldete Stuckborten gehörten, die einen Goldschmiedebesatz imitieren sollten. Da diese sehr hart und schwer zu entfernen waren, wurden sie bei der von Alois Fuchs veranlassten Renaturierungsmaßnahme von 1917 beibehalten, während er die vorhandenen Fassungen weitgehend abnehmen ließ. 1952 erhielt die Figur dann einen vereinheitlichenden steinfarbenen Anstrich und darüber eine Holzlasur, sodass fortan ein dunkler Braunton das Erscheinungsbild der Imad-Madonna prägte. Dieses ist heute in der hier behandelten Kopie überliefert – doch war dies nicht der ursprüngliche Zweck der Kopie. Sie war eigentlich anfertigt worden, um eine exakte Nachbildung der Madonna zu erhalten, um das kostbare und empfindliche Original fortan auf Ausstellungen zu vertreten. Die Kopie wurde 1968 in der Restaurierungswerkstatt des Westfälischen Landesamtes für Denkmalpflege in Münster angefertigt – dort entschied man sich erst im Laufe der Untersuchungen am Original, alle späteren Farbfassungen abzunehmen und die Madonna auf die ursprüngliche Substanz hin freizulegen, sodass die Kopie nun zur Dokumentation wurde.

HK

Literatur: Claussen/Endemann 1971, S. 79, dazu Anm. 1; zu den Fassungen des 19. und 20. Jahrhunderts: ebd., S. 80, 91, 124 f. – Vgl. auch den Beitrag von Holger Kempkens in diesem Band.

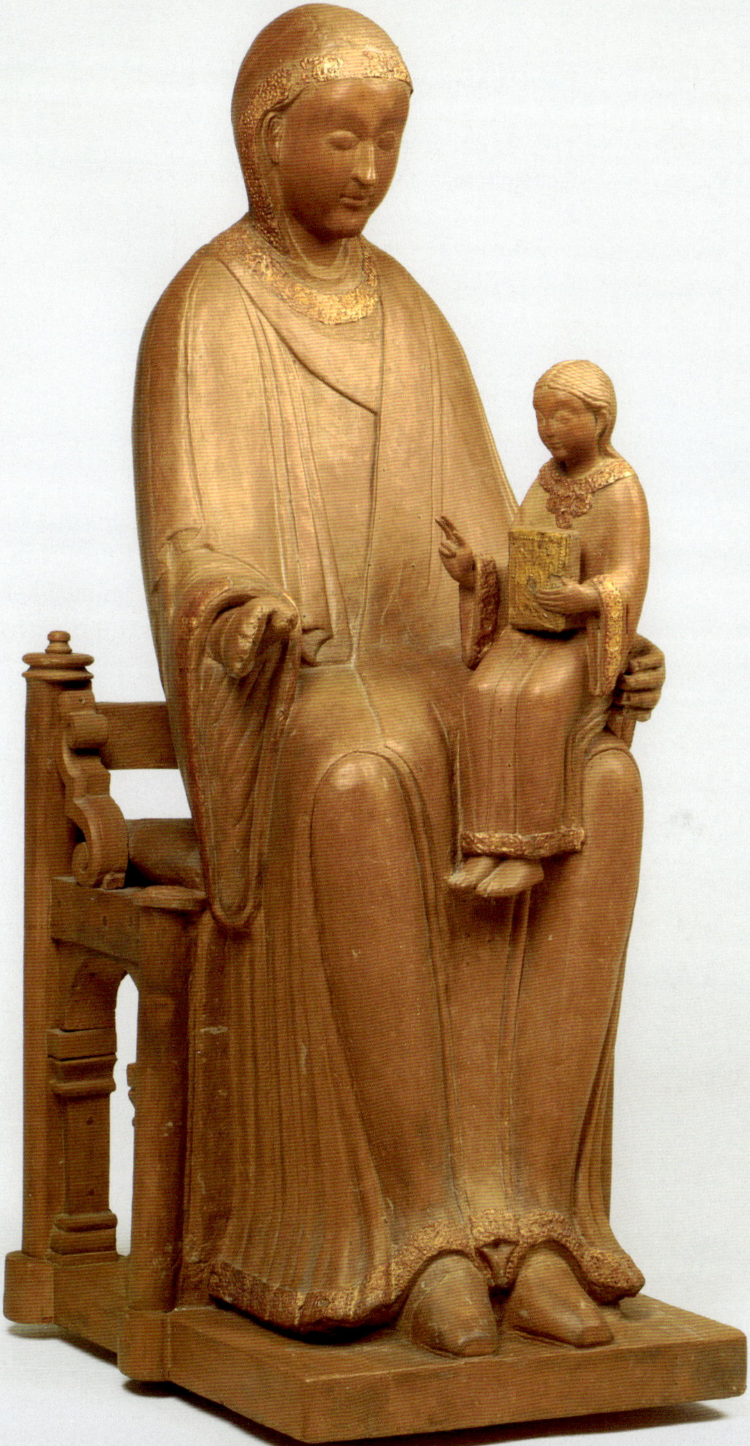

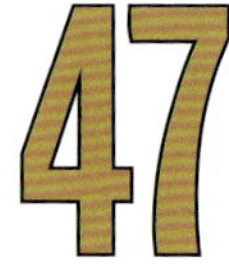

KOPIE DER IMAD-MADONNA IM ZUSTAND SEIT 1970 MIT WIEDERGABE DER BEFUNDE DER ERSTEN FARBFASSUNG VON VOR 1058

Westfälisches Landesamt für Denkmalpflege Münster, 1970
Epoxydharz-Abformung aus der Negativform, nach Befund gefasst mit
exakter Wiedergabe der Fassungsreste der ersten Farbfassung von vor 1058
H. 113 cm, B. 45 cm, T. 53 cm
Paderborn, Diözesanmuseum Paderborn, Inv. Nr. KME 9

Nach der Entscheidung, alle späteren Hinzufügungen – die Farbfassungen, die
Stuckborten, die Kittungen und die Holzergänzungen – vom Original der Imad-
Madonna abzunehmen und das Bildwerk auf seine ursprüngliche Substanz
zurückzuführen, ergab sich auch die Notwendigkeit, eine Kopie der Madonna
in diesem ›neuen‹ Zustand anzufertigen, die künftig anstelle des Originals auf
auswärtigen Ausstellungen gezeigt werden sollte (vgl. Kat. Nr. 46). Auf der
neuen Epoxydharz-Abformung wurden dazu alle noch erhaltenen Fassungsbe-
funde exakt wiedergegeben, sodass sie kaum vom Original zu unterscheiden
ist. Die am Original überlieferten Befunde der ersten Farbfassung von vor 1058
sind nur noch sehr rudimentär erhalten. Die größten Partien haben sich dabei
auf dem Rücken der Madonna bewahrt, wo gut zu erkennen ist, dass der weiße
Gewandstoff durch kräftig rote Faltenlinien, die den geschnitzten Faltenzügen
folgen, aber auch zusätzlich aufgebracht worden sind, gegliedert wurde. Die
Tunika Mariens wies zudem ein Streumuster aus kleinen roten Kreisornamenten auf. Fast vollständig erhalten ist außerdem die rote und mennigefarbene
Farbfassung des Buches, das das Christuskind hält – sie war jahrhundertelang
durch den Deckelbeschlag (Kat. Nr. 48) geschützt. Größere Partien der ersten
Farbfassung haben sich zudem im Bereich des Throns erhalten.

HK

Literatur: Zu den Befunden des Bildwerkes und der ersten Farbfassung:
Claussen/Endemann 1971, S. 91–101, 116–122; Endemann 2009, S. 128–132. –
Vgl. auch den Beitrag von Holger Kempkens in diesem Band.

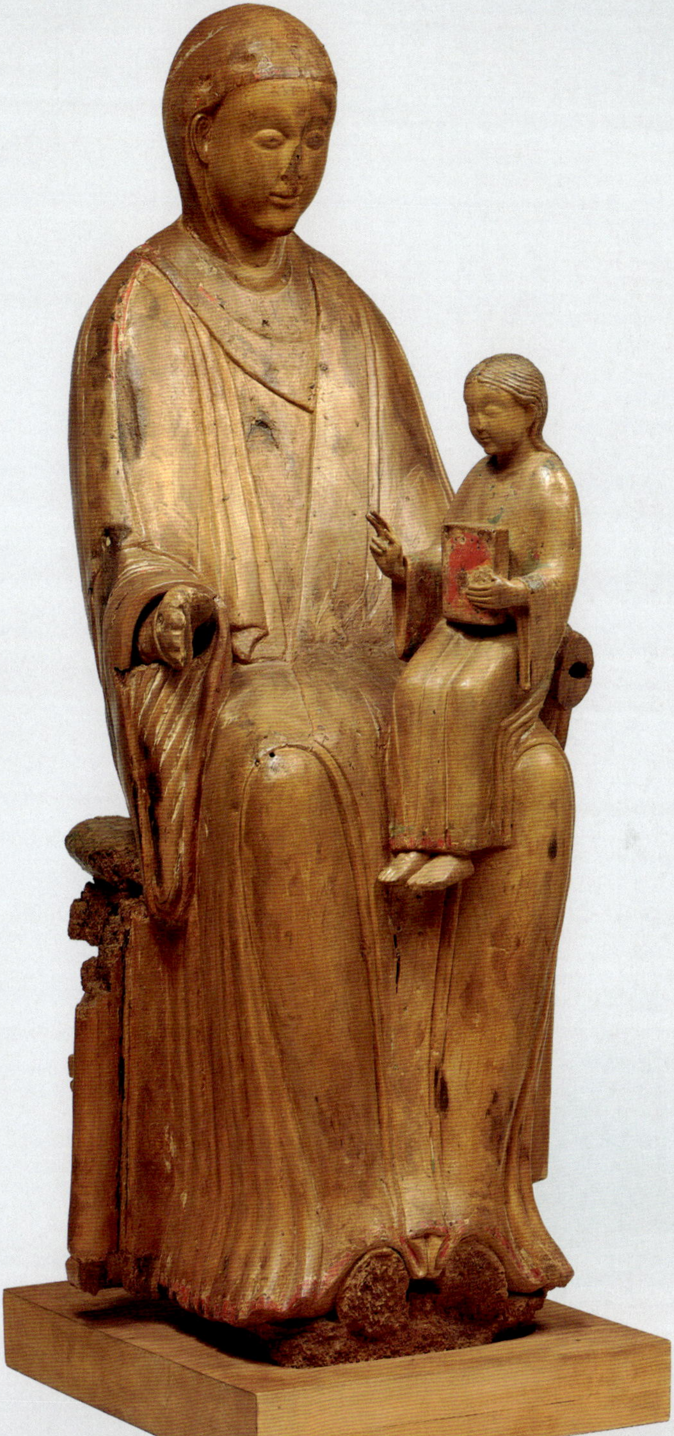

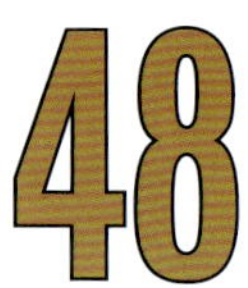

BESCHLAGBLECH VOM BUCH DES CHRISTUSKINDES DER IMAD-MADONNA

Westfalen, zwischen 1058 und 1076
Kupferblech, getrieben, vergoldet; Zustand: Oberfläche berieben und verkratzt
H. 8,5 cm, B. 6 cm, T. 0,1 cm
Paderborn, Diözesanmuseum Paderborn, Inv. Nr. Sk 1a

Von der Metallverkleidung aus vergoldetem Kupferblech, mit der die beim Dombrand 1058 versengte Imad-Madonna bald danach versehen wurde, blieb außer 297 Nägeln und winzigen Blechresten nur dieses Beschlagblech erhalten, das für das Buch des Lebens, das das Christuskind hält, gefertigt wurde und das bis zur Restaurierung von 1968–1970 darauf verblieb. Das Beschlagblech, das die Hand des Kindes ausspart, ist vollständig vergoldet und weist eine differenzierte Gliederung auf: Ein breiter Randstreifen wird seitlich von je einer Reihe aus rückseitig getriebenen Perlen, die von Ritzlinien eingefasst werden, begleitet. Das Fehlen der inneren Perlreihenecken sowie Nagelspuren deuten auf einen verlorenen Steinbesatz an den Ecken hin. Das Mittelfeld nahm ehemals ein größerer ovaler Schmuckstein ein, worauf noch ein gesägter Ausschnitt hindeutet, der von einem getriebenen Perlkranz eingefasst wird. Seitlich stellen größere Perlbuckel die Verbindung zum Rahmenstreifen her, während oben und unten fünfteilige Palmetten aus gratigen, eingerollten Blättern, umsäumt von einer Ritzlinie, die freie Fläche füllen.

Die Palmetten finden motivische Parallelen unter anderem in Emails auf dem Andreas-Tragaltar in Trier (um 980/90) und dem Nimbus des Christuskindes der Goldenen Madonna in Essen (um 990). Ihre gratigen Formen begegnen auch auf dem Rückdeckel eines Bucheinbandes aus dem Schatz von Enger (Anfang 11. Jahrhundert; SMPK-Kunstgewerbemuseum, Inv. Nr. 1888,634). Die getriebenen Perlreihen finden sich in vergleichbarer Form auf dem Petrus-Schrein (um 1025/50 oder um 1071) im Mindener Domschatz und dem Erpho-Kreuz (um 1090) in St. Mauritz in Münster. Diese Vergleiche bestätigen die Datierung des Deckelbeschlages in die Wiederherstellungsphase der Madonna nach dem Dombrand 1058 noch unter Bischof Imad (amt. 1051–1076).

HK

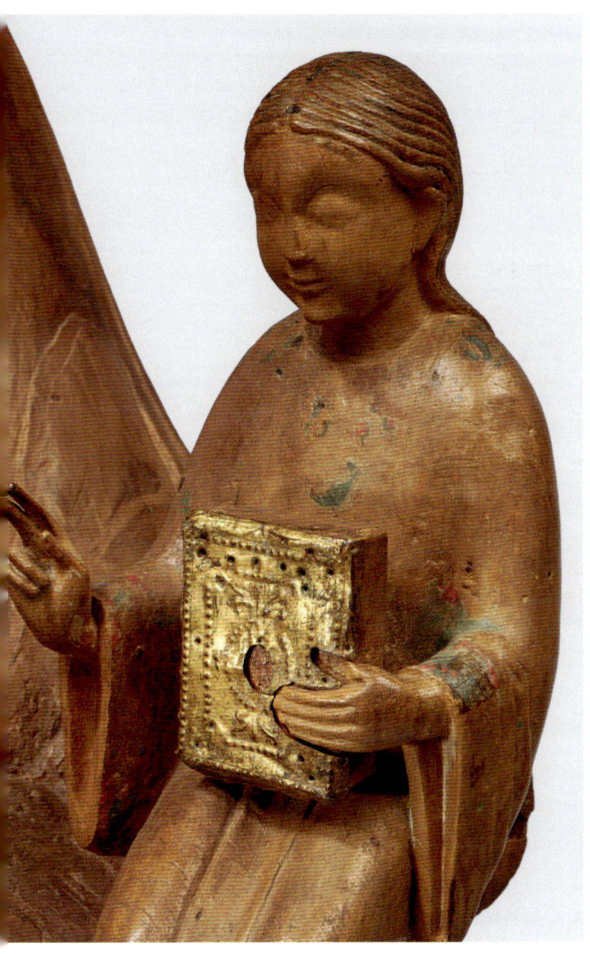 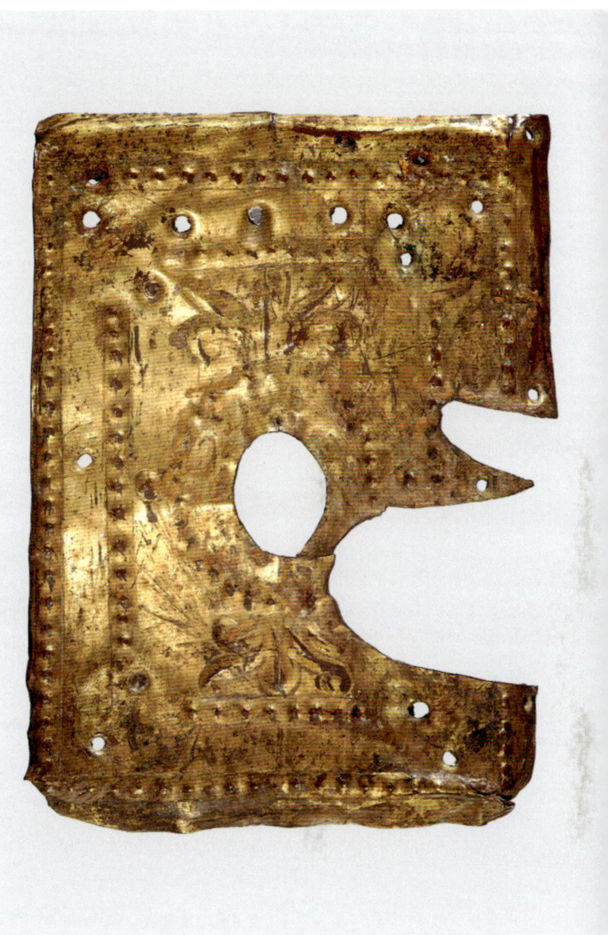

Literatur: Claussen/Endemann 1971, S. 107–110, 122–124.

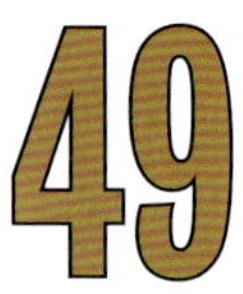

VERKLEINERTE NACHSCHNITZUNG DER IMAD-MADONNA MIT REKONSTRUKTION DER URSPRÜNGLICHEN FARBFASSUNG VON VOR 1058

Schnitzerei: Firma Norbert Vinatzer, St. Ulrich in Gröden (Südtirol), 2010;
Farbrekonstruktion: Firma Ars Colendi, Paderborn, 2010
Holz, geschnitzt
H. 45 cm, B. 19 cm, T. 16,5 cm
Paderborn, Diözesanmuseum Paderborn, Inv. Nr. KME 556

Auf dieser maßstäblich verkleinerten Version der Imad-Madonna wurde flächendeckend eine Rekonstruktion der ursprünglichen Farbfassung gemäß den am Original gemachten Befunden aufgetragen. Demnach waren die Tunika und die Palla Mariens – das um Haupt und Oberkörper gewickelte Tuch – weiß gefasst, die jeweiligen Säume und Faltenlinien durch rote Farbe betont, hinzu kam ein gelbliches Innenfutter. Die Tunika besaß zudem eine zusätzliche Musterung aus Kreisornamenten mit umgebenden Pünktchen und mittlerem Punkt, ihr Saum zeigte Sternornamente.

Die mittelblaue Tunika des Kindes zeigte ein Streumuster aus achtstrahligen roten Sternchen mit gelben Punkten an den Spitzen, ebenso das dunkelgrün gefasste Sitzkissen. Auch der Thronsitz Mariens wies eine fein differenzierte Farbfassung in Dunkelgrün, Mennigerot und Blau auf. Die Haare des Christusknaben waren dunkelbraun gefasst, sein Buch leuchtete in kräftigem Rot und Mennige. Für die Inkarnatpartien gibt es nur wenige Befunde, sie wurden daher nach analogen Vergleichen rekonstruiert.

HK

Literatur: Zu Befund und Rekonstruktion der ersten Farbfassung:
Claussen/Endemann 1971, S. 92–101, 119–122; Endemann 2009, S. 129–132,
dazu Abb. 3. – Vgl. auch den Beitrag von Holger Kempkens in diesem Band.

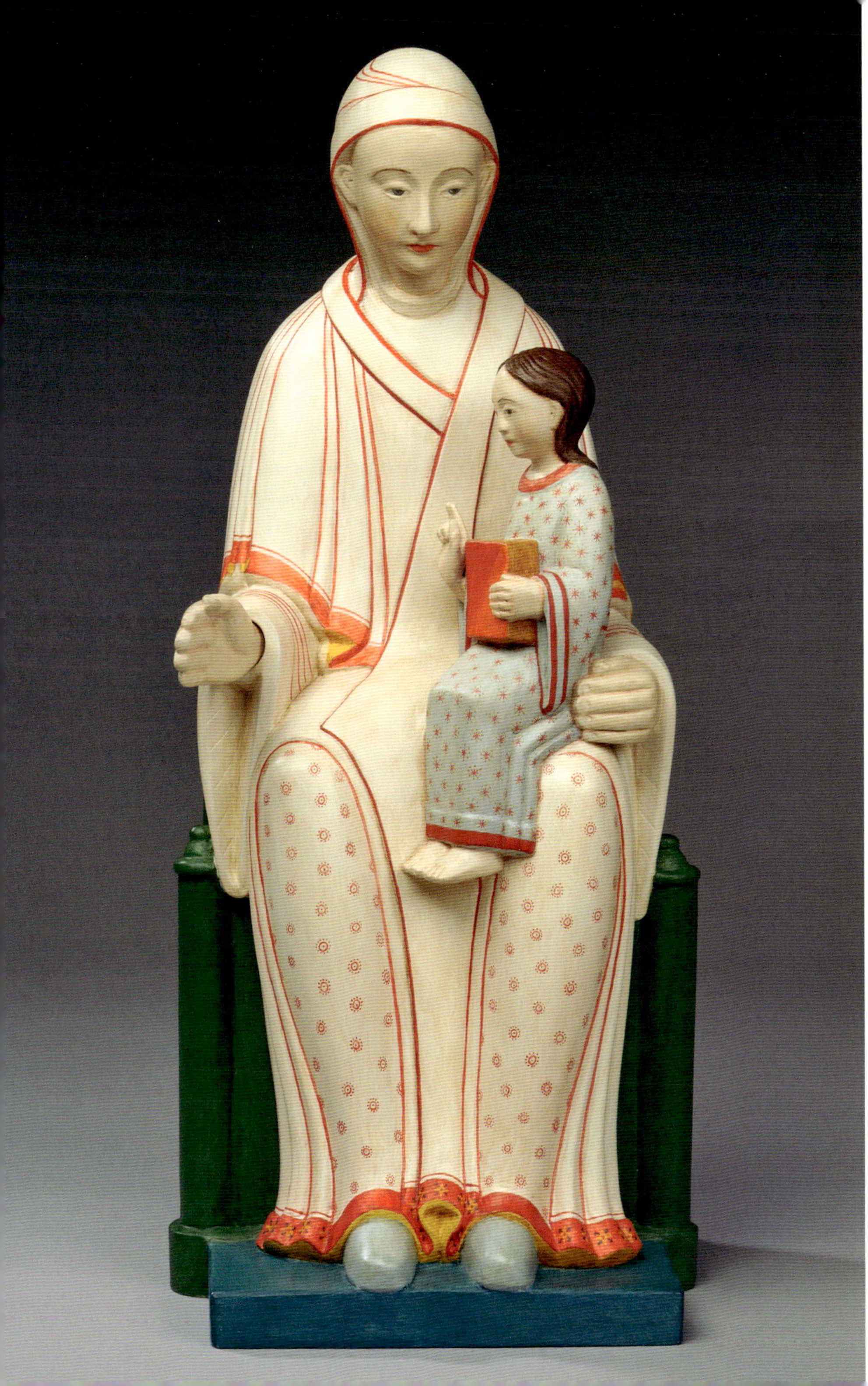

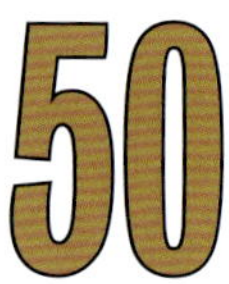

VERKLEINERTE NACHSCHNITZUNG DER IMAD-MADONNA

Firma Norbert Vinatzer, St. Ulrich in Gröden (Südtirol), 2010
Lindenholz, geschnitzt
H. 23 cm, B. 10 cm, T. 8,5 cm.
Paderborn, Diözesanmuseum Paderborn, Inv. Nr. KME 556

Die maßstäblich verkleinerte Nachschnitzung der Imad-Madonna gibt als Schnitzwerk die plastischen Elemente des Originals wieder (wobei beim Thron auf die offenen Arkaden verzichtet wird) und ergänzt sie um eine Teilfassung, insbesondere an den Säumen und Faltenzügen, in Rot, die sich – wie beim Buch des Kindes – an den originalen Fassungsbefunden orientiert, aber stellenweise auch ergänzend darüber hinausgeht.

Diese ›Miniaturausgabe‹ der Imad-Madonna gehört zu einer Gruppe von Nachbildungen, die im Auftrag des Erzbistums Paderborn im Grödnertal von der Firma Norbert Vinatzer geschnitzt wurden, um bei besonderen Anlässen als Geschenk zu dienen.

HK

Unpubliziert.

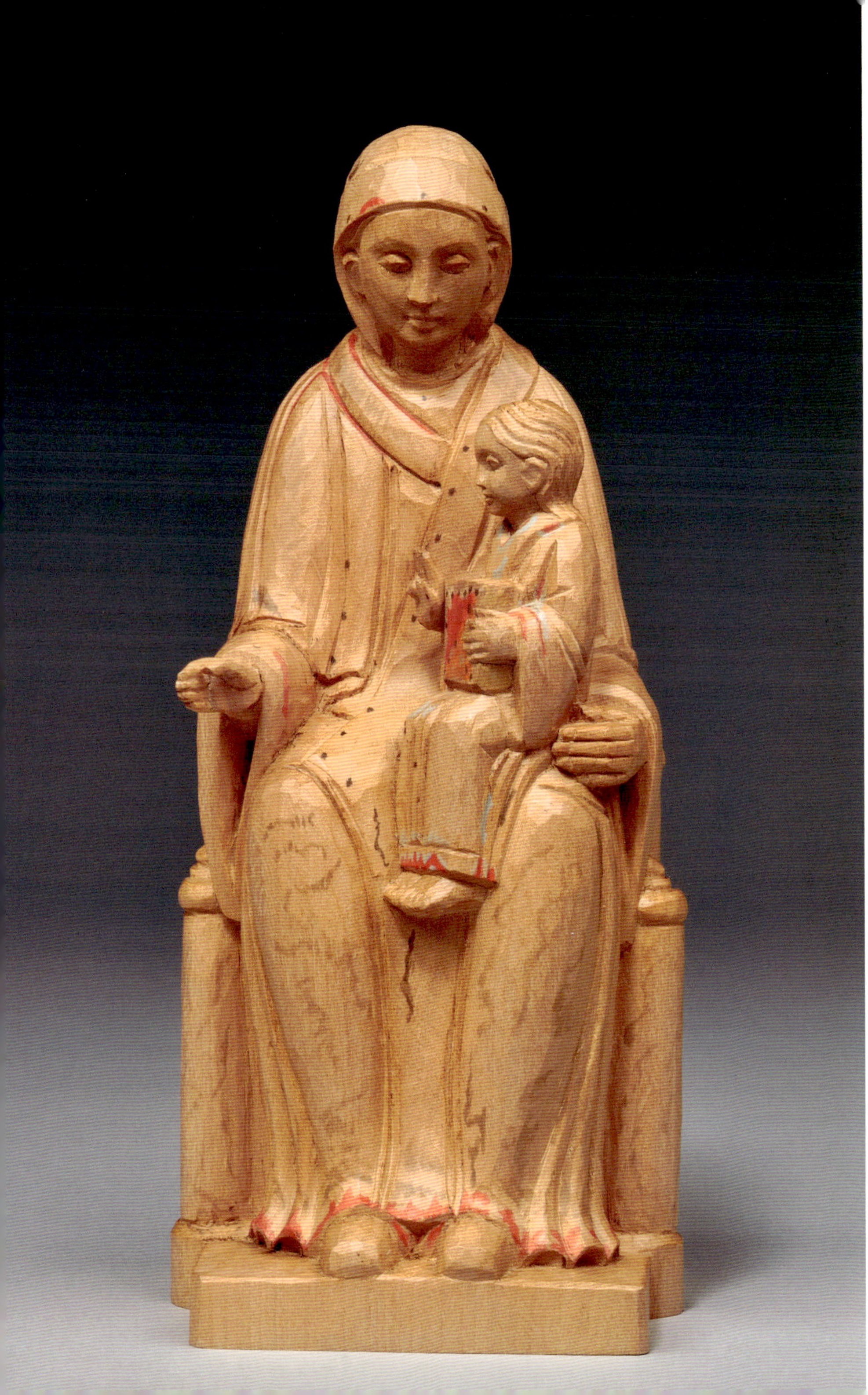

QUELLEN

HANDSCHRIFTLICHE QUELLEN

(Liber) Ordinarius novus ecclesiae hildensemensis (1473), Dombibliothek Hildesheim, Hs. 793.

GEDRUCKTE QUELLEN

Graduale Romanum. Graduale Sacrosanctae Romanae Ecclesiae de tempore et de sanctis SS: D. N. Pii. X. Pontificis Maximi iussu restitutum et editum ad exemplar editionis typicae concinatum et rhythmicis signis a Solesmensibus monachis diligenter ornatum, Paris, Tournai, Rom, New York 1961.

Liber usualis missae et officiii pro dominicis et festi cum cantu gregoriano ex ditione Vaticana adamussim excerpto et rhythmicis signis in subsidium cantorum a Solesmensibus monachis diligenter ornato, Paris, Tournai, Rom 1937

Vita Bernwardi episcopi Hildesheimensis, in: Vitae quorundam episcoporum saeculum X, XI, XII / Lebensbeschreibungen einiger Bischöfe des 10.–12. Jahrhunderts, hg. und übers. von Hatto Kallfelz (Ausgewählte Quellen zur deutschen Geschichte des Mittelalters. Freiherr-vom-Stein-Gedächtnisausgabe, Bd. 22), Darmstadt 1973 (ND 1986), S. 263–361.

LITERATUR

Armengaud 2016 Michel Armengaud: Orcival trésor médiéval, Saint-Genès-Champanelle 2016.

Ascorbe Muruzábal 2021 David Ascorbe Muruzábal: La coronación de Santa María la Real de Pamplona 1946, Pamplona 2021.

Bärsch 2007 Jürgen Bärsch: Kunstwerke im Dienste der Liturgie. Gebrauch und Funktion liturgischer Sachkultur im mittelalterlichen Gottesdienst des Frauenstifts Essen nach dem Zeugnis des Liber ordinarius, in: … wie das Gold den Augen leuchtet. Schätze aus dem Essener Frauenstift, hg. von Birgitta Falk (Essener Forschungen zum Frauenstift, Bd. 5), Essen 2007, S. 13–38.

Beer 2002 Manuela Beer: Ottonische und frühsalische Monumentalskulptur. Entwicklung, Gestalt und Funktion von Holzbildwerken des 10. und frühen 11. Jahrhunderts, in: Die Ottonen. Kunst – Architektur – Geschichte, hg. von Klaus Gereon Beuckers, Johannes Cramer und Michael Imhof, Petersberg 2002, S. 129–152.

Beer 2010 Manuela Beer: Orte und Wege. Überlegungen zur Aufstellung und Verwendung frühmittelalterlicher Marienfiguren, in: Luft unter die Flügel … Beiträge zur mittelalterlichen Kunst. Festschrift für Hiltrud Westermann-Angerhausen, hg. von Andrea Hülsen-Esch und Dagmar Täube (Studien zur Kunstgeschichte, Bd. 181), Hildesheim 2010, S. 99–121.

Bellendorf u. a. 2024 Paul Bellendorf, Leander Pallas, Katharina Christa Schüppel: Serialität im Mittelalter. Blei als Material mittelalterlicher Madonnenskulpturen, in: Visuelle und materielle Kulturen weiblicher Heiligkeit in Spätantike und Mittelalter, hg. von Katharina Christa Schüppel, Bamberg 2024 (in Vorbereitung).

Belting-Ihm 1992 Christa Belting-Ihm: Die Programme der christlichen Apsismalerei vom vierten Jahrhundert bis zur Mitte des achten Jahrhunderts (Forschungen zur Kunstgeschichte und Christlichen Archäologie, Bd. 4), Wiesbaden 1992 (OA 1960).

Berghoff 2021/22 Kathrin Berghoff: Die Essener Krone. Neue Ansätze zu Datierung und Funktion, in: Das Münster am Hellweg 72 (2021/22), S. 12–67.

Berschin/Kuder 2015 Walter Berschin, Ulrich Kuder: Reichenauer Buchmalerei 850–1070, Wiesbaden 2015.

Beuckers 2002 Klaus Gereon Beuckers: Das ottonische Stifterbild. Bildtypen, Handlungsmotive und Stifterstatus in ottonischen und frühsalischen Stifterdarstellungen, in: Die Ottonen. Kunst – Architektur – Geschichte, hg. von Klaus Gereon Beuckers, Johannes Cramer und Michael Imhof, Petersberg 2002, S. 62–102.

Beuckers 2012 Klaus Gereon Beuckers: Bernward und Willigis. Zu einem Aspekt der bernwardinischen Stiftungen, in: 1000 Jahre St. Michael in Hildesheim. Kirche – Kloster – Stifter, hg. von Gerhard Lutz und Angela Weyer (Schriften des Hornemann-Instituts, Bd. 14), Petersberg 2012, S. 142–152.

Beuckers 2015 Klaus Gereon Beuckers: Zum Filigran der Goldenen Madonna in Essen, in: Zeitschrift des deutschen Vereins für Kunstwissenschaft 69 (2015), S. 57–76.

Beuckers 2021 Klaus Gereon Beuckers: Bemerkungen zur kunsthistorischen Spätdatierung des Westbaus von St. Pantaleon in Köln, in: Jahrbuch des Kölnischen Geschichtsvereins 84 (2021), S. 7–42.

Beuckers 2025 Hoc opus eximium Bernwardi praesulis arte factum cerne deus mater et alma tua. Der Einband des Kostbaren Evangeliars Bischof Bernwards, in: Das Kostbare Evangeliar Bischof Bernwards von Hildesheim. Faksimile der Handschrift DS 18 der Dombibliothek Hildesheim, bearb. von Klaus Gereon Beuckers, Martina Giese und Harald Wolter-von dem Knesebeck, Luzern 2025 (in Vorbereitung).

Bölling 2023 Jörg Bölling: Prozessions- und Pilgerwege der Hildesheimer Kathedrale im Spiegel mittelalterlicher Quellen. Godehard-Viten – *Liber Ordinarius – Liber precum*, in: Die Kathedrale im Kontext der mittelalterlichen Stadt. Liturgie und ihre sakraltopographischen Bezüge, hg. von Jürgen Bärsch und Stefan Kopp (Liturgiewissenschaftliche Quellen und Forschungen, Bd. 116), Münster 2023, S. 143–198.

Bölling 2024 Jörg Bölling: Godehards Heiligkeit. Mittelalterliche Reformanliegen im Spiegel Hildesheimer Hagiographie, Liturgie und Siegelverwendung, in: Bischof Godehard von Hildesheim (1022–1038). Lebenslinien – Reformen – Aktualisierungen, hg. von Jörg Bölling, Thomas Scharf-Wrede und Monika Suchan (Quellen und Studien zur Geschichte und Kunst im Bistum Hildesheim, Bd. 16), Regensburg 2024, S. 299–327.

Bosselmann-Ruickbie/Stolz 2009 Antje Bosselmann-Ruickbie, Yvonne Stolz: Ottonischer Nimbus oder byzantinischer Halsschmuck? Zur Goldenen Madonna und zehn trapezoiden Emails auf dem Kreuznagelreliquiar und dem Theophanukreuz im Essener Domschatz, in: Mitteilungen zur Spätantiken Archäologie und Byzantinischen Kunstgeschichte 6 (2009), S. 77–99.

Brandt 1993 Das Kostbare Evangeliar des Heiligen Bernward, hg. von Michael Brandt, München 1993.

Brandt 2008 Michael Brandt: Bernward und Byzanz, in: Scrinium Kilonense. Buchkunst im Mittelalter und Kunst der Gegenwart. Festschrift für Ulrich Kuder, hg. von Hans-Walter Stork, Babette Tewes und Christian Waszak, Nordhausen 2008, S. 43–54.

Brandt 2013 Michael Brandt: Geschaffen wie aus einem Guss, Festschrift für Michael Brandt zum 65. Geburtstag, hg. von Claudia Höhl und Gerhard Lutz, Regensburg 2013, 117–136.

Daraus Nr. 1: »... und gezieret mit Edelgesteinen«. Zur großen Madonna im Hildesheimer Domschatz, erstmals erschienen in: Bernwardinische Kunst, Göttingen 1988; Nr. 2: Erkanbalds Krümme, erstmals erschienen in: Iconografia christiana. Festschrift für P. Gregor Martin Lechner OSB zum 65. Geburtstag, hg. von Werner Telesko u. Leo Andergassen, Regensburg 2005, S. 45–60; Nr. 3: Bernward von Hildesheim und seine Schätze, erstmals erschienen in: Jahrbuch für Geschichte und Kunst im Bistum Hildesheim 79/80, 2011/12, S. 73–95.

Brandt u. a. 2015 Dommuseum Hildesheim. Ein Auswahlkatalog, hg. von Michael Brandt, Claudia Höhl und Gerhard Lutz, Regensburg 2015.

Brandt 2016 Michael Brandt: Bernwards Tür (Schätze aus dem Dom zu Hildesheim, Bd. 3), Regensburg 22016 (OA 2010).

Braun 1922 Joseph Braun: Meisterwerke der deutschen Goldschmiedekunst vorgotischer Zeit, München 1922.

Büchsel 1993 Martin Büchsel: Ottonische Madonna (Liebieghaus Monographie, Bd. 15), Frankfurt 1993.

Büchsel/Müller 2010 Martin Büchsel, Rebecca Müller (Hg.): Intellektualisierung und Mystifizierung mittelalterlicher Kunst. »Kultbild: Revision eines Begriffs (Neue Frankfurter Forschungen zur Kunst, Bd. 10), Berlin 2010.

Buggeln u. a. 2017 Religion in Museums. Global and Multidisciplinary Perspectives, hg. von Gretchen Buggeln, Crispin Paine und S. Brent Plate, London u. a. 2017.

Cabrero-Ravel u. a. 1995 Laurence Cabrero-Ravel, Brigitte Ceroni, Bénédicte Renaud: Notre-Dame d'Orcival. Puy-de-Dôme (Inventaire Général des monuments et richesses artistiques de la France, Région Auvergne), Clermont-Ferrand 1995.

Claussen 1974 Hilde Claussen: Zur Restaurierung der Paderborner Imad-Madonna, in: Die Gottesmutter. Marienbild im Rheinland und in Westfalen, hg. von Leonhard Küppers, Bd. 1, Recklinghausen 1974, S. 51–84.

Claussen/Endemann 1971 Hilde Claussen, Klaus Endemann: Zur Restaurierung der Paderborner Imad-Madonna, in: Westfalen 48 (1970) (erschienen 1971), S. 79–125.

Clemen 1906 Paul Clemen: Die Erhaltung der Goldenen Madonnenstatue im Schatz der Münsterkirche in Essen, in: Bonner Jahrbücher 9 (1906), S. 182–187.

Clemen 1909 Paul Clemen: Nekrologie, in: Kunstchronik. Wochenschrift für Kunst und Kunstgewerbe N.F. 20 (1909).

Cohen 2000 Adam S. Cohen: The Uta Codex. Art, Philosophy, and Reform in Eleventh-Century Germany, Pennsylvania 2000.

Delcor 1984 Mathias Delcor: Les vierges romanes tardives du Roussillon dans l'histoire et dans l'art, in: Les Cahiers de Saint-Michel de Cuxa 15 (1984), S. 101–142.

Didier 1993 Robert Didier: Notre-Dame de Walcourt. Une vierge ottonienne et son revers du XIIIe siécle, in: Le Bulletin de l'Institut Royal du Patrimoine artistique 25 (1993), S. 9–77.

Eckenfels-Kunst 2008 Sybille Eckenfels-Kunst: Goldemails. Untersuchungen zu ottonischen und frühsalischen Goldzellenschmelzen, Diss. Stuttgart, Berlin 2008.

Enaud 1961 François Enaud: Remise en état de la statue de la Vierge à l'Enfant d'Orcival, in: Les Monuments historiques de la France 7 (1961), S. 79–88.

Endemann 2009 Klaus Endemann: Das Kultbild des Bischofs – zur Imad-Madonna des Paderborner Doms, in: Westfalen 87 (2009), S. 121–148.

Endemann 2012 Klaus Endemann: Zur Holzskulptur des frühen Mittelalters: Voraussetzungen und Funktion – Schnitztechnik und Fassung, in: Zeitschrift für Kunsttechnologie und Konservierung 26 (2012), S. 400–434

Español 2005 Francesca Español: El escenario litúrgico de la catedral de Girona (s. XI–XIV), in: Hortus Artium Medievalium 11 (2005), S. 213–232.

Falk 2003 Birgitta Falk: »ein Mutter gottesbild mit gold plattirt« – Zum Erhaltungszustand der Goldenen Madonna des Essener Doms, in: Das Münster am Hellweg 56 (2003) (= Alfred Pothmann – Hüter und Bewahrer – Forscher und Erzähler – Gedenkschrift, Essen 2003), S. 159–174.

Falk 2014 Birgitta Falk: Die Geschichte des Evangelienbuches der Essener Äbtissin Theophanu, in: Geschichte, Funktion und Bedeutung mittelalterlicher Goldschmiedekunst: interdisziplinäre Forschungsbeiträge zur Ausstellung »Goldene Pracht. Mittelalterliche Schatzkunst in Westfalen«, hg. von Marx, Petra (Westfalen 91 [2013]), Münster 2014, S. 165–192.

Falk/Pawlik 2013 Birgitta Falk, Anna Pawlik: Die Schatzstücke im Essener Liber ordinarius, in: Netzwerke der Memoria [Festschrift für Thomas Schilp], hg. von Jens Lieven, Michael Schlagheck und Barbara Welzel, Essen 2013, S. 119–156.

Fehrenbach 1996 Frank Fehrenbach: Die Goldene Madonna im Essener Münster. Der Körper der Königin (Kunstort Ruhrgebiet, Bd. 4), Ostfildern 1996.

Fernández Gracia 2022 Ricardo Fernández Gracia: Apuntes sobre la liturgia en la catedral de Pamplona. Ritos, magnificencia y poder, in: Sarmental 1 (2022), S. 85–104.

Fernández Ladreda 1988 Clara Fernández Ladreda: Imagineria medieval mariana (en Navarra), Pamplona 1988.

Ferrand 2023 Ferrand, Bibliothèque du Patrimoine, 145, f. 130v, in: Rivista di Storia della Miniatura 27 (2023), S. 17–28.

Fischer-Lichte 2014 Erika Fischer-Lichte: *Ästhetik des Performativen*, Frankfurt am Main 92014.

Forsyth 1972 Ilene H. Forsyth: The Throne of Wisdom. Wood Sculptures of the Madonna in Romanesque France, Princeton 1972.

Fricke 2007 Beate Fricke: Ecce Fides: Die Statue von Conques, Götzendienst und Bildkultur im Westen, München 2007.

Fricke 2015 Beate Fricke: Fallen idols, risen saints: Sainte Foy of Conques and the revival of monumental sculpture in medieval art, Turnhout 2015.

Friske 2014/15 Matthias Friske: Der Fund im Heiligen Grab von Gernrode – ein Fixpunkt für die

Datierung eines mittelalterlichen Kunstwerkes, in: Quedlinburger Annalen 16 (2014/15), S. 46–59.

Fuchs 1918 Alois Fuchs: Die Goldene Madonna des Bischofs Imad von Paderborn, in: Zeitschrift für Christliche Kunst 31 (1918), S. 30–35.

Fussbroich 1991 Helmut Fussbroich: Metamorphosen eines Grabes. Grabstätten der Theophanu in der ehemaligen Benediktinerabtei St. Pantaleon, in: Kaiserin Theophanu. Begegnung des Ostens und des Westens um die Wende des ersten Jahrtausends. Gedenkschrift des Kölner Schnütgen-Museums zum 1000. Todesjahr der Kaiserin, hg. von Anton von Euw und Peter Schreiner, 2 Bde., Köln 1991, Bd. 2. S. 231–241.

Gaborit 2012 Jean-René Gaborit: La Vierge de Thuir et ses ›sœurs‹. Un cas de production sérielle à la fin de l'époque romane, in: Le plaisir de l'art du Moyen Âge. Commande, production et réception de l'œuvre d'art. Mélanges en hommage à Xavier Barral i Altet, hg. von Rosa Alcoy, Paris 2012, S. 522–529.

Germes-Dohmen 2014 Ina Germes-Dohmen: Vom Kultbild zur Bistumspatronin – die Goldene Madonna, in: Das Münster am Hellweg 67 (2014), S. 88–107.

Gernrode 2007 Das Heilige Grab in Gernrode, Bestandsdokumentation und Bestandsforschung, hg. vom Landesamt für Denkmalpflege und Archäologie Sachsen-Anhalt (Beiträge zur Denkmalpflege in Sachsen-Anhalt, Bd. 3), Berlin 2007.

Giese 2010 Martina Giese, Der Adler als kaiserliches Symbol in staufischer Zeit, in: Stefan Burkhardt, Thomas Metz, Bernd Schneidmüller und Stefan Weinfurter (Hg.), Staufisches Kaisertum im 12. Jahrhundert. Konzepte – Netzwerke – Politische Praxis, Regensburg 2010, S. 323–360.

Goldschmidt/Weitzmann 1931 Adolf Goldschmidt, Kurt Weitzmann: Die byzantinischen Elfenbeinskulpturen des X.–XIII. Jahrhunderts, Bd. 2: Reliefs, Berlin 1934.

Goullet/Iogna-Prat 1996 Monique Goullet, Dominique Iogna-Prat: La Vierge en Majesté de Clermont-Ferrand, in: Marie. Le culte de la Vierge dans la société médiévale, hg. von Dominique Iogna-Prat, Éric Palazzo und Daniel Russo, Paris 1996, S. 383–405.

Grotefend 1891/92 Hermann Grotefend: Zeitrechnung des Deutschen Mittelalters und der Neuzeit, Bd. 1–2, Hannover 1891 u. 1892.

Gussone 1995 Nikolaus Gussone: Das Marienheiligtum im Domschatz zu Hildesheim. Gründungsheiligtum und Gründungsgedenken im Lebensrhythmus von Bistum, Stadt und Gesellschaft, in: Rhythmus in Saisonalität. Kongreßakten des 5. Symposions des Mediävistenverbandes in Göttingen 1993, hg. von Peter Dilg, Gundolf Keil und Dietz-Rüdiger Moser, Sigmaringen 1995, S. 269–295.

Habicht 1917 Victor Curt Habicht: Die mittelalterliche Plastik Hildesheims (Studien zur deutschen Kunstgeschichte 195/Beiträge zur niedersächsischen Kunstgeschichte, Bd. 2), Straßburg 1917.

Hahn/Weiss 2013 Hans Peter Hahn, Hadas Weiss: Introduction. Biographies, Travels and Itineraries of Things, in: Mobility, Meaning & Transformation of Things. Shifting Contexts of Material Culture Through Time and Space, hg. von Hans Peter Hahn und Hadas Weiss, Oxford, Oakville 2013, S. 1–14.

Härtel 1984 Die Handschriften im Domschatz zu Hildesheim, hg. von Helmar Härtel (Mittelalterliche Handschriften in Niedersachsen, Heft 7), Wiesbaden 1984.

Härtel u. a. 1991 Handschriften der Dombibliothek zu Hildesheim. Erster Teil: Hs 124a-Hs. 698, beschrieben von Marlies Stähli, Helmar Härtel, Renate Giermann und Marina Arnod, Wiesbaden 1991.

Höhl 2021 Claudia Höhl: Das Kultbild als Fragment. Die große Goldene Madonna Bischof Bernwards, in: Das Fragment im digitalen Zeitalter. Möglichkeiten und Grenzen neuer Techniken in der Restaurierung, Tagungsband der interdisziplinären Tagung der HAWK Hochschule für angewandte Wissenschaft und Kunst Hildesheim/Holzminden/Göttingen in Kooperation mit der ICOMOS AG Konservierung Restaurierung und dem Verband der Restauratoren e.V. 2021 (Schriften des Hornemann Instituts, Bd. 21, hg. von Angela Weyer), S. 288–299.

Humann 1904 Georg Humann: Die Kunstwerke der Münsterkirche zu Essen, Düsseldorf 1904.

Kat. Antwerpen 1954 De Madonna in de kunst, Ausst. Kat. Koninklijk Museum voor Schone Kunsten Antwerpen, Antwerpen 1954.

Kat. Bamberg 2000 Das Buch mit 7 Siegeln. Die Bamberger Apokalypse, Ausst. Kat. Staatsbibliothek Bamberg, hg. von Gude Suckale-Redlefsen und Bernhard Schemmel, Wiesbaden 2000.

Kat. Essen 2019 Essen sein Schatz. Die Goldene Madonna, Ausst. Kat. Domschatz Essen 2019/20, Essen 2019.

Kat. Essen 2009 Gold vor Schwarz. Der Essener Domschatz auf Zollverein, Ausst. Kat. Ruhrmuseum Essen, hg. von Birgitta Falk, Essen 2009.

Kat. Essen 1956 Werdendes Abendland an Rhein und Ruhr, Ausst. Kat. Villa Hügel Essen [Katalog Victor H. Elbern], Essen 1956.

Kat. Frankfurt 2005 Die Macht des Silbers. Karolingische Schätze im Norden, Ausst. Kat. Archäologisches Museum Frankfurt und Dommuseum Hildesheim, hg. von Egon Wamers und Michael Brandt, Regensburg 2005.

Kat. Hannover 1962 Hildesia Sacra. Ausstellung zum 79. Deutschen Katholikentag, Ausst. Kat. Kestner-Museum Hannover, Hannover 1962. .

Kat. Hannover 2015 Madonna. Frau Mutter Kultfigur, Ausst. Kat. Niedersächsisches Landesmuseum Hannover, hg. von Katja Lembke, Zwickau 2015.

Kat. Hildesheim 1989 Kirchenkunst des Mittelalters. Erhalten und Erforschen, Ausst. Kat. Diözesan-Museum Hildesheim, hg. von Michael Brandt, Hildesheim 1989.

Kat. Hildesheim 1991 Schatzkammer auf Zeit. Die Sammlung des Bischofs Eduard Jakob Wedekin 1796–1870, Ausst. Kat. Diözesan-Museum Hildesheim, hg. von Michael Brandt, Hildesheim 1991.

Kat. Hildesheim 1993 Bernward von Hildesheim und das Zeitalter der Ottonen, Ausst. Kat. Dom- und Diözesan-Museum sowie Roemer- und Pelizaeus-Museum Hildesheim, hg. von Michael Brandt und Arne Eggenbrecht, 2 Bde., Mainz 1993.

Kat. Hildesheim 1998 Barockes Silber, Ausst. Kat. Dom-Museum Hildesheim, hg. von Ulrich Knapp, Petersberg 1998.

Kat. Hildesheim 1999 Buch und Bild im Mittelalter, Ausst. Kat. Dom-Museum Hildesheim, hg. von Ulrich Knapp, Petersberg 1999.

Kat. Hildesheim 2000 Ego sum Hildensemensis. Bischof, Domkapitel und Dom in Hildesheim 815 bis 1810, Ausst. Kat. Dom-Museum Hildesheim, hg. von Ullrich Knapp, Petersberg 2000.

Kat. Hildesheim 2001 Abglanz des Himmels. Romanik in Hildesheim, Ausst. Kat. Dom-Museum Hildesheim, hg. von Michael Brandt, Regensburg 2001

Kat. Hildesheim 2018a Claudia Höhl, Hans Peter Riese: Walter Moroder. Hinter den Dingen, Ausst. Kat. Dommuseum Hildesheim, Regensburg 2018.

Kat Hildesheim 2018b Felix Prinz, Transfer Bernwardsäule, Ausst. Kat. Dommuseum Hildesheim, Regensburg 2018.

Kat. Hildesheim 2019 ZeitenWende 1400. Hildesheim als europäische Metropole im Mittelalter, Ausst. Kat. Dommuseum Hildesheim, hg. von Claudia Höhl, Gerhard Lutz und Felix Prinz, Regensburg 2019.

Kat. Hildesheim 2022 Islam in Europa. 1000 – 1250, Ausst. Kat. Dommuseum Hildesheim, hg. von Claudia Höhl, Felix Prinz und Pavla Ralcheva, Regensburg 2022.

Kat. Köln 2014 Die Heiligen Drei Könige. Mythos, Kunst und Kult, Ausst. Kat. Museum Schnütgen Köln, hg. von Manuela Beer u. a., München 2014.

Kat. Mainz 1993 Irland und das Book of Kells, Ausst. Kat. Gutenberg-Museum Mainz, bearb. von Anton von Euw, Mainz 1993.

Kat. Münster 1972 Die Paderborner Imad-Madonna und das Soester Scheibenkreuz im Umkreis romanischer Kunst in Westfalen, Ausst. Kat. Landesmuseum für Kunst und Kulturgeschichte, Münster 1972.

Kat. Münster 2012 Goldene Pracht. Mittelalterliche Schatzkunst in Westfalen, Ausst. Kat. LWL-Landesmuseum für Kunst und Kulturgeschichte und Domkammer des Bistums Münster, München 2012.

Kat. New York 1997 The Glory of Byzantium. Art and Culture of the idle Byzantine Era A. D. 843 – 1261, Ausst. Kat. The Metropolitan Museum of Art

New York, hg. von Helen C. Evans und William D. Wixom, New York 1997.

Kat. New York 2013 Medieval Treasures from Hildesheim, Ausst. Kat. The Metropolitan Museum of Art New York, hg. von Peter Barnet, Michael Brandt und Gerhard Lutz, New York 2013.

Kat. Paderborn 2006 Canossa 1077 – Erschütterung der Welt. Geschichte, Kunst und Kultur am Aufgang der Romanik, Ausst. Kat. Museum in der Kaiserpfalz, Erzbischöfliches Diözesanmuseum und Städtische Galerie am Abdinghof Paderborn, hg. von Christoph Stiegemann und Matthias Wemhoff, 2 Bde., München 2006.

Kat. Paderborn 2009 Für Königtum und Himmelreich: 1000 Jahre Bischof Meinwerk von Paderborn, Ausst. Kat. Museum in der Kaiserpfalz und im Erzbischöfliches Diözesanmuseum Paderborn, hg. v. Christoph Stiegemann und Martin Kroker, Regensburg 2009.

Kat. Paderborn 2018 Gotik – der Paderborner Dom und die Baukultur des 13. Jahrhunderts in Europa, Ausst. Kat. Erzbischöfliches Diözesanmuseum Paderborn, hg. v. Christoph Stiegemann, Petersberg 2018.

Kat. Wolfenbüttel 1991 Mittelalterliche Handschriften der Dombibliothek in Hildesheim, Ausst. Kat. Herzog August Bibliothek Wolfenbüttel, hg. von Jochen Bepler und Helmar Härtel, Wolfenbüttel 1991.

Kat. Walcourt 2000 Le Culte de Notre-Dame de Walcourt, Ausst. Kat. Pfarrei Notre-Dame Walcourt, hg. von Georges Dereine, Namur 2000.

Kayser 1866 J. Kayser: Kunstbericht aus der Diöcese Paderborn, in: Organ für christliche Kunst 16 (1866), S. 66.

Kingsley 2014 Jennifer Kingsley: The Bernward Gospels. Art, Memory, and the Episcopate in Medieval Germany, Philadelphia 2014.

Kirschbaum 1968 Artikel »Adler« im Lexikon der christlichen Ikonographie, hg. von Engelbert Kirschbaum SJ in Zusammenarbeit mit Günter Bandmann, Wolfgang Braunfels, Johannes Kollwitz, Wilhelm Mrazek, Alfred A. Schmid und Hugo Schnell, Rom, Freiburg, Basel, Wien 1968, Bd. 1, Sp. 70 – 76 (L. Wehrhahn-Stauch).

Klemm 2004 Elisabeth Klemm: Die ottonischen und frühromanischen Handschiften der Bayerischen Staatsbibliothek Bamberg (Katalog der illuminierten Handschriften der Bayerischen Staatsbibliothek in München, Bd. 2), 2 Bde., Wiesbaden 2004.

Kratz 2013 Johann Michael Kratz, Der Dom zu Hildesheim. Seine Kostbarkeiten, Kunstschätze und sonstigen Merkwürdigkeiten, Hildesheim 1840 (Nachdruck Hildesheim 2013).

Kruppa/Wilke 2006 Das Bistum Hildesheim 4. Die Hildesheimer Bischöfe von 1221 bis 1398, hg. von Nathalie Kruppa und Jürgen Wilke (Germania sacra, hg.vom Max-Planck-Institut für Geschichte, Neue Folge 46), Berlin, New York 2006.

Labusiak 2009 Thomas Labusiak: Die Ruodrechtgruppe der ottonischen Reichenauer Buchmalerei, Berlin 2009.

Lehmann 1957 Edgar Lehmann: Rezension von Rudolf Wesenberg, Bernwardinische Plastik, in: Deutsche Literaturzeitung für Kritik der internationalen Wissenschaft 78/2 (1957), S. 143 – 149.

Lesser 2019 Bertram Lesser: Zwischen Kloster und Stadt. Das Semireligiosentum im spätmittelalterlichen Hildesheim, in: ZeitenWende 1400. Hildesheim als europäische Metropole im Mittelalter, Ausst. Kat. Dommuseum Hildesheim, hg. von Claudia Höhl, Gerhard Lutz und Felix Prinz, Regensburg 2019, S. 109 – 123.

Ludat 1956 Herbert Ludat: Das Jerusalemer Kreuz. Ein russisches Reliquiar im Hildesheimer Domschatz, Köln, Graz 1956.

Lutz 2017 Triumph und Tod. Frühe Kruzifixe, hg. von Gerhard Lutz (Kunststücke, Heft 2), Regensburg, Hildesheim 2017.

Lutz 2020 Gerhard Lutz: The Crucifix from Ringelheim and Bernward of Hildesheim: sculpture and veneration in the time around 1000, in: Christ on the Cross. The Boston Crucifix from the Flud Collection, hg. von Gerhard Lutz und Shirin Fozi, Turnhout 2020, S. 360 – 389.

Lüer 1909 Hermann Lüer: Geschichte der Metallkunst 2: Kunstgeschichte der edlen Metalle, Stuttgart 1909.

Lüthgen 1923 Eugen Lüthgen: Romanische Plastik in Deutschland, Bonn, Leipzig 1923.

Meehan 2020 Bernard Meehan: Book of Kells. Das Meisterwerk keltischer Buchmalerei, Darmstadt 2012 (engl. OA 2012).

Mitchell 2006 Jon P. Mitchell: Performance, in: Handbook of Material Culture, hg. von Chris Tilley u. a., London u. a. 2006, S. 384–401.

Müller 2010 Rebecca Müller: Das geträumte Bild. Die Marienstatue in Clermont. Mit einer Übersetzung der visio Rotberti, in: Kultbild – Revision eines Begriffs. Intellektualisierung und Mystifizierung mittelalterlicher Kunst. hg. von Martin Büchsel und Rebecca Müller (Neue Frankfurter Forschungen zur Kunst, Bd. 10), Berlin 2010, S. 99–131.

Müller 2014 Andreas Müller: Das Heilige Grab in der Stiftskirche St. Cyriakus zu Gernrode, Passau 2014.

Ott 1998 Joachim Ott: Krone und Krönung. Die Verheißung und Verleihung von Kronen in der Kunst von der Spätantike bis um 1200 und die geistige Auslegung der Krone, Mainz 1998.

Notin 2011 Véronique Notin: Les Vierges médiévales limousines en cuivre doré, in: L'œuvre de Limoges et sa diffusion. Trésors, objets, collections, hg. von Danielle Gaborit-Chopin und Frédéric Texier, Rennes 2011, S. 89–102.

Pawlik 2010 Anna Pawlik: … et reintratum monasterium per ianuam sub thronulo – Überlegungen zur Position mittelalterlicher Marienbilder im Kirchenraum, in: Das Münster am Hellweg 63 (2010), S. 69–80.

Pawlik 2013a Anna Pawlik: Das Bildwerk als Reliquiar? Funktionen früher Großplastik im 9. bis 11. Jahrhundert (Studien zur internationalen Architektur- und Kunstgeschichte, Bd. 98), Petersberg 2013.

Pawlik 2013b Anna Pawlik: Die Gandersheimer Madonna – Annäherung an ein verlorenes Marienbild, in: Der Gandersheimer Schatz im Vergleich. Zur Rekonstruktion und Präsentation von Kirchenschätzen (Studien zum Frauenstift Gandersheim und seinen Eigenklöstern, Bd. 4), Regensburg 2013, 147–159.

Pentcheva 2018 Bissera V. Pentcheva: Phenomenology of Light. The Glitter of Salvation in Bessarion's Cross, in: The Oxford Handbook of Light in Archeology, hg. von Costas Papadopoulos und Holley Moyes, Oxford 2018, S. 374–392.

Pfändtner/Gullath 2012 Karl-Georg Pfändtner, Brigitte Gullath: Der Uta Codex. Frühe Regensburger Buchmalerei in Vollendung. Die Handschrift Clm 13601 der Bayerischen Staatsbibliothek, Luzern 2012.

Pothmann 1978 Alfred Pothmann: Die »Goldene Madonna« der Essener Domkirche, in: Das Münster am Hellweg 31 (1978), S. 117–130.

Röckelein 2002 Hedwig Röckelein: Reliquientranslationen nach Sachsen im 9. Jahrhundert. Über Kommunikation, Mobilität und Öffentlichkeit im Frühmittelalter (Beihefte der Francia, Bd. 48), Stuttgart 2002.

Röckelein 2012 Hedwig Röckelein: Bernward von Hildesheim als Reliquiensammler, in: 1000 Jahre St. Michael in Hildesheim. Kirche – Kloster – Stifter, hg. von Gerhard Lutz und Angela Weyer (Schriften des Hornemann-Instituts, Bd. 14), Petersberg 2012, S. 107–127.

Ronig 1999 Franz Ronig: Ein romanisches Evangeliar aus Helmarshausen im Trierer Domschatz (Ms. Nr. 142/124/67), Trier 1999.

Roth 2018 Saskia Roth: Der Hochaltar des Hildesheimer Domes und sein Reliquienschatz. Der Ort und seine Geschichte (Quellen und Studien zur Geschichte und Kunst im Bistum Hildesheim, Bd. 13.1), Regensburg 2018.

Schieffer 1999 Rudolf Schieffer: Reliquientranslationen nach Sachsen, in: 799 Kunst und Kultur der Karolingerzeit. Karl der Große und Papst Leo III. in Paderborn. Beiträge zum Katalog der Ausstellung Paderborn 1999 [Bd. 3], hg. von Christoph Stiegemann und Matthias Wemhoff, Mainz 1999, S. 484–497.

Schorta 1993 Regula Schorta: Seidengewebe und Schließe, in: Das Kostbare Evangeliar des Heiligen Bernward, hg. von Michael Brandt, München 1993, S. 61–62.

Schneidmüller u. a. 2022 Bernd Schneidmüller u. a.: Die Bamberger Apokalypse. Visionen vom Ende der Zeit, Darmstadt 2022.

Schuchhardt 1904 Carl Schuchhardt (Hg.): Führer durch das Kestner-Museum, Abt. 2: Mittelalter und Neuzeit, Hannover 21904.

Schüppel 2021 Katharina Christa Schüppel: Madonnenskulpturen mit silbernen Oberflächen. Zur Medialität weiblicher Heiligkeit im Mittelalter, in: superficies. Oberflächengestaltungen von Bildwerken in Mittelalter und Früher Neuzeit, hg. von Magdalena Bushart und Andreas Huth (Interdependenzen. Die Künste und ihre Techniken, Bd. 6), Köln, Wien 2021, S. 215–236.

Schüppel 2022 Katharina Christa Schüppel: Die Madonna bekleiden. Zwölf Apostel auf dem Mantel der Walcourt-Madonna, in: Bamberger Perspektiven. Studien zur Kunst des Mittelalters, hg. von Stephan Albrecht, Lena Ulrich und Clara Forcht (Forschungen des Instituts für Archäologische Wissenschaften, Denkmalwissenschaften und Kunstgeschichte, Bd. 13), Bamberg 2022, S. 9–16.

Schüppel 2023 Katharina Christa Schüppel: De l'encre sur du parchemin. Dessiner la Vierge dans Clermont-Ferrand, Bibliothèque du Patrimoine, 145, f. 130v, in: Rivista di Storia della Miniatura 27 (2023), S. 17–28.

Schulz-Mons 2010 Christoph Schulz-Mons: Das Michaeliskloster in Hildesheim. Untersuchungen zur Gründung durch Bischof Bernward 993–1022 (Quellen und Dokumentationen zur Stadtgeschichte Hildesheims, Bd. 20), 2 Bde., Hildesheim 2010.

Stiegemann 2014 Diözesanmuseum Paderborn: Werke in Auswahl, hg. von Christoph Stiegemann im Auftrag der Erzdiözese Paderborn, Petersberg 2014.

Stork 2008 Hans-Walter Stork: Mittelalterliche Buchkästen, in: Scrinium Kilonense. Buchkunst im Mittelalter und Kunst der Gegenwart. Festschrift für Ulrich Kuder, hg. von Hans-Walter Stork, Babette Tewes und Christian Waszak, Nordhausen 2008, S. 291–319.

Stuttmann 1966 Ferdinand Stuttmann: Mittelalter 1. Bronze, Email, Elfenbein (Hannover, Kestner-Museum Bildkataloge, Bd. 8), Hannover 1966.

Suckale-Redlefsen 2004 Gude Suckale-Redlefsen: Die Handschiften des 8. bis 11. Jahrhunderts der Staatsbibliothek Bamberg (Katalog der illuminierten Handschriften der Staatsbibliothek Bamberg, Bd. 1), 2 Bde., Wiesbaden 2004.

Sureda i Jubany 2013 Marc Sureda i Jubany: Les lieux de la Vierge. Notes de topo-liturgie mariale en Catalogne (XIe–XVe siècles), in: Marie-Pasquine Subes und Jean-Bernard Mathon (Hg.): Vierges à l'Enfant médiévales de Catalogne. Mises en perspectives. Suivie du Corpus des Vierges à l'Enfant (XIIe–XVe s.) des Pyrénées-Orientales (Collection Histoire de l'Art, Bd. 5), Perpignan 2013, S. 39–70.

Von Ahn/Mannhardt 2020 Trier: sakrale Schätze, Kostbarkeiten aus 1500 Jahren: ein Auswahlkatalog, hg. von Jürgen von Ahn und Kirstin Mannhardt, Petersberg 2020.

Welzel 2007 Barbara Welzel: Die »Goldene Madonna« als Erinnerungsort Europas, in: … wie das Gold den Augen leuchtet. Schätze aus dem Essener Frauenstift (Essener Forschungen zum Frauenstift, Bd. 5), hg. von Birgitta Falk, Thomas Schilp und Michael Schlagheck, Essen 2007, S. 81–94.

Wesenberg 1955 Rudolf Wesenberg: Bernwardinische Plastik. Zur ottonischen Kunst unter Bischof Bernward von Hildesheim (Denkmäler deutscher Kunst), Berlin 1955.

Woldering 1956 Irmgard Woldering: Führer durch das Kestner-Museum, Hannover 21956.

Woldering 1961 Irmgard Woldering: Meisterwerke des Kestner-Museums zu Hannover, Honnef 1961.

Wolter-von dem Knesebeck 2016 Harald Wolter-von dem Knesebeck: Bernward von Hildesheim und sein kostbares Evangeliar (Vorträge im Europäischen Romanik Zentrum, Bd. 6), Halle 2016.

Wulf 2003 Christine Wulf: Die Inschriften der Stadt Hildesheim (Die Deutschen Inschriften, Bd. 58; Göttinger Reihe, Bd. 10), 2 Bde., Wiesbaden 2003.

INTERNETQUELLEN

https://dom-essen.de/geschichte, abgerufen am 18.03.2024.

http://www.christoph-stender.de/projekte/schatz-ansichten/reden-und-statements/rueckblick-christoph-stender/, abgerufen am 17.04.2024.

https://www.aachener-domschatz.de/krone-der-margarete-von-york/, abgerufen am 17.04.2024

http://bilder.manuscripta-mediaevalia.de/hs//katalogseiten/HSK0718_b142_jpg.htm, abgerufen am 22.05.2024.

BILDNACHWEIS

CLAUDIA HÖHL

Abb. 1 © Dommuseum Hildesheim, Foto: Florian Monheim | Abb. 2 © Dommuseum Hildesheim | Abb. 3 © Domschatz Essen | Abb. 4 © Dommuseum Hildesheim | Abb. 5 © Dommuseum Hildesheim, Foto: Ansgar Hoffmann | Abb. 6 © Dommuseum Hildesheim, Foto: Frank Tomio | Abb. 7 © Dommuseum Hildesheim, Foto: Florian Monheim

KLAUS GEREON BEUCKERS

Abb. 1: Dommuseum Hildesheim | Abb. 2: Bibliothèque communitaire et interuniversitaire, Département Patrimoine, Ms. 145, fol. 130v | Abb. 3: Hildesheim Dom | Abb. 4: Dommuseum Hildesheim, Cod. 18, fol. 17v–17r | Abb. 5: München, Bayerische Staatsbibliothek, Clm 13601, fol. 1v–2r; Abbildung entnommen aus: Das Evangeliar der Äbtissin Hitda. Eine ottonische Prachthandschrift aus Köln, Darmstadt 2010, Abb. 19, S. 34/35 | Abb. 6: Rom, Santa Maria in Trastevere; Abbildung entnommen aus: Jean Hubert, Jean Pocher, W.F. Volbach, Frühzeit des Mittelalters. Von der Völkerwanderung bis an die Schwelle der Karolingerzeit, München 1968, Abb. 128, S. 114 | Abb. 7: Dommuseum Hildesheim, Cod. 18 | Abb. 8: Dommuseum Hildesheim, Cod. 18

JÖRG BÖLLING

Abb. 1 Foto: Jörg Bölling | Abb. 2 © Dombibliothek Hildesheim | Abb. 3 © Dombibliothek Hildesheim | Abb. 4 © Dommuseum Hildesheim, Foto: Florian Monheim | Abb. 5 © Dommuseum Hildesheim

KATHARINA CHRISTA SCHÜPPEL

Abb. 1: Domschatz Essen, Foto: Christoph Diehl, Dortmund | Abb. 2: Foto: Katharina Christa Schüppel | Abb. 3: Foto: Katharina Christa Schüppel | Abb. 4: Archivo Catedral de Pamplona | Abb. 5 © Dommuseum Hildesheim | Abb. 6 © Dommuseum Hildesheim | Abb. 7: Ausstellungskatalog Gold vor Schwarz. Der Essener Domschatz auf Zollverein, S. 49

ANDREA WEGENER

Abb. 1: © Domschatz Essen, Foto: Christian Diehl, Dortmund | Abb. 2: © Domschatz Essen, Foto: Christian Diehl, Dortmund | Abb. 3: © Domschatz Essen, Foto: Christian Diehl, Dortmund | Abb. 4: © Domschatz Essen, Fotoarchiv | Abb. 5: © Domschatz Essen, Fotoarchiv | Abb. 6: © Domschatz Essen, Foto: Christian Diehl, Dortmund

HOLGER KEMPKENS

Abb. 1–4: Erzbischöfliches Diözesanmuseum Paderborn, Foto: Ansgar Hoffmann, Schlangen | Abb. 5: Hohe Domkirche Trier, Domschatz | Abb. 6: Liebieghaus, Frankfurt a. M., Foto: Rühl und Bormann | Abb. 7: Klaus Endemann, Kirchheim | Abb. 8: LWL-Denkmalpflege, Landschafts- und Baukultur in Westfalen, Münster

KATALOG

© Dombibliothek Hildesheim, S. 130-31, 155 | © Dommuseum Hildesheim, Foto: Florian Monheim: S. 119, 121, 123, 129, 135, 136, 137, 139, 141, 143, 145, 159, 161, 163, 165, 169, 171, 173, 175, 193 | © Dommuseum Hildesheim, Foto: Ansgar Hoffmann, S. 199 | © Dommuseum Hildesheim, Foto: Chris Gossmann, S. 187 | © Dommuseum Hildesheim, S. 125, 151, 153, 157, 167, 177, 181, 182, 197 | © Diözesanmuseum Paderborn, Foto: Ansgar Hoffmann, S. 201, 203, 205, 207, 209 | © Domschatz Essen, Foto: Christian Diehl, S. 127, 195 | © Stephan Kube, S. 189 | Domschatz Aachen, S. 133 | Museum August Kestner, Hannover, S. 185 | Niedersächsische Staats- und Universitätsbibliothek Göttingen, S. 179 | Abbildung S. 191 entnommen aus: Goldene Pracht. Mittelalterliche Schatzkunst in Westfalen, München 2012, Nr. 265, S. 436